人事労働法

——いかにして法の理念を企業に浸透させるか

大内伸哉

Shinya Ouchi

弘文堂

はしがき

　弘文堂の編集者の清水千香さんとは，これまで単著として2007年に『雇用社会の25の疑問』（現在，第3版），2008年に『労働法学習帳』（現在，第3版），2009年に『最新重要判例200労働法』（現在，第6版），2017年に『AI時代の働き方と法』を二人三脚で刊行してきた。単著以外でも，2011年に『労働法演習ノート』，2014年に『有期労働契約の法理と政策』でお世話になった。私の著作活動は，清水さんなしでは語れない。そんな清水さんが，早くから私に課していたミッションが，労働法の教科書を書くことだった。

　労働法の教科書といえば，すでに弘文堂からは菅野和夫先生の大著が出ているし，その他にも多くの教科書が次々と刊行されているので，私があえて書くべきものはなさそうだった（実務家向けの概説書は，すでに『労働法実務講義』（日本法令）を書いていた）。だからといって，誰でも書けそうなものを書くのは，自分のスタイルには合わない。ただ，やってみたいと前から考えていたことはあった。それは多くの教科書が長大化するなか，余分な部分をできるだけそぎ落としながらも，自説を十分に展開した濃密な教科書の執筆である。

　濃密な内容とするためには，私自身の理論体系をしっかり固めなければならない。若い頃から，既存の理論にチャレンジすることには人一倍情熱を傾けてきたつもりだが，これをまとめて一貫した体系として提示するのは容易なことではなかった。

　私がこだわってきたのは，保護の対象とされがちな労働者個人を，自律的な主体として再構成することだった。労働者の自律性が重要であることを否定する人はいないのだが，そのための手法として，権力に頼る必要があるとするのが伝統的な労働法の発想だった。西谷敏先生の『規制が支える自己決定』（法律文化社・2004年）という著書のタイトルは，まさにこうした考え方を典型的に示している。しかし，この議論は危険であるというのが，私の問題意識だった（同書に対する私の書評（日労研537号76-78頁）も参照）。権力は警戒すべきものであり，これに頼る労働法理論であってはならない。しかし，法の支えなしで，

i

労働者の自律性を実現することが困難なことも確かである。教育や職業訓練でできることもあるが、それだけでは十分ではない。では、どうすべきか。なかなかうまい考えがみつからず、長らく呻吟していた。

　そんな私に一筋の光が差したのが、人材マネジメント研究の第一人者である守島基博さんとの対談だった（『人事と法の対話』（有斐閣・2013年））。労働法とはまったく異なる視点で、労働者個人に働きかけている人事管理論のアプローチに、自律性と保護を両立させる糸口をつかめそうな気がした。さらに守島さんから教わったのが、企業人事は紛争が起きたら負け、という視点である。いかにすれば紛争が起きないようにできるか、そのために法は何ができるか。いつしか、こうした視点から労働法を再設計する必要があると考えるようになっていた。

　兵庫県労働委員会での公益委員としての経験も大きい。2007年に就任して以来、労使紛争の解決実務に携わることで、法と実務の関係という問題に向き合うことができた。争議調整事件ではあっせんによる紛争解決が目指されるし、不当労働行為審査事件でも和解による解決が推奨されている。ところが実際には、話し合いによる紛争解決はなかなかうまくいかない。邪魔をしていると思われるのが、「権利」論だった。

　企業や従業員が自分たちの権利にこだわりすぎれば、どうしても紛争が起こりやすく、しかも激化したり、長引きやすくなったりする。それよりも、当事者が何をすべきかという「義務」をベースにしたほうが話し合いはスムーズにいく。義務は、それを明確化することができれば、すぐにでも実践できる。企業と従業員にとって何が義務であるかが明確となり、その履行にインセンティブを与えることができれば、紛争は回避できるのではないか。このような問題意識が徐々に深まってきた。

　こうして「人事労働法」の構想ができあがった。本書の特徴は、企業が、良き経営をするために、従業員に対してどのような義務を果たすべきかというテーマに徹底してこだわったことである。そのため、厳密な意味での法的な義務だけでなく、結果として、企業の社会的責任（CSR）などの企業倫理の分野にまで入り込んでいる。もう一つの本書の特徴は、法の理念を、企業が就業規則に落とし込むことの重要性にこだわったことである。本書の展開する解釈論

の多くは，政府が策定すべき就業規則のモデル（「標準就業規則」）に任意規定としての効力を付与することを前提に，その内容がどうあるべきかを明らかにするという形で展開されている。

　本書で示された具体的な解釈論の内容には反対論も少なくないだろう。差別禁止規定をはじめ多くの強行規定を任意規定化する試みには，労働法理論を根本から覆すものとして反発があるだろう。それへのリプライは本書で書いているが，その説得力がどこまであるかは読者の判断に任せるしかない。また，従業員の義務は，基本的には，企業が従業員に誠実説明をしてその納得した同意を得なければ課すことができないとしている点は，企業側からの反発があるだろう。本書は，企業が，労働法の理念を取り入れた良き経営をするために何をすべきかについて，その手順と法的効果を具体的に示そうとしたものである。これを遵守することこそ，企業の果たすべき社会的責任であるというメッセージを，しっかりと受け止めてもらえればと思っている。

　本書はデジタル変革が進行するなか，来たるべき労働法の大変革が起こる前夜に書かれたものである。ひょっとしたら本書は消えゆく労働法へのレクイエムとなるかもしれない。一方で，新たなデジタル時代の風も取り入れるため，本書の第10章では，新世代の労働法（あるいは，別の法分野）への橋渡しもしている。願わくば，自分自身でも，その橋を渡って何らかの知的貢献をしたいところだが，そのための知的体力が残っているかは自信がもてない。

　最後に，本書の刊行を許してくださった弘文堂と，私にインポッシブルとまでは言わないまでも，タフなミッションを与えて鼓舞してくださった清水さんには，心より感謝を申し上げたい。ミッション・コンプリートかはともかく，現段階でやれることはやったつもりである。そして，そんな本書を，デジタル時代の荒波のなかで生きていかなければならない娘たち（万奈，梨楓）に捧げることをお許しいただきたい。

　　　2021年1月31日　緊急事態宣言下の神戸にて

　　　　　　　　　　　　　　　　　　　　　大内　伸哉

第2部　各　　論

第3章　採用と労働契約………80

凡　例

■文献等略語一覧

書籍（労働法関係）

荒木	荒木尚志『労働法（第4版）』（有斐閣・2020）
大内・労働者代表	大内伸哉『労働者代表法制に関する研究』（有斐閣・2007）
大内・労働時間	大内伸哉『労働時間制度改革―ホワイトカラー・エグゼンプションはなぜ必要か』（中央経済社・2015）
大内・雇用社会	大内伸哉『雇用社会の25の疑問―労働法再入門（第3版）』（弘文堂・2017）
大内・非正社員	大内伸哉『非正社員改革―同一労働同一賃金によって格差はなくならない』（中央経済社・2019）
大内・デジタル	大内伸哉『デジタル変革後の「労働」と「法」―真の働き方改革とは何か？』（日本法令・2020）
川口	川口美貴『労働法（第4版）』（信山社・2020）
詳説労契	荒木尚志・菅野和夫・山川隆一『詳説労働契約法（第2版）』（弘文堂・2014）
菅野	菅野和夫『労働法（第12版）』（弘文堂・2019）
争点	土田道夫・山川隆一編『労働法の争点』（有斐閣・2014）
土田	土田道夫『労働契約法（第2版）』（有斐閣・2016）
西谷	西谷敏『労働法（第3版）』（日本評論社・2020）
水町	水町勇一郎『詳解労働法』（東京大学出版会・2019）
労働法の再生	日本労働法学会編『講座労働法の再生』1～6巻（日本評論社・2017）

裁判例の事件名に付した番号　大内伸哉『最新重要判例200 労働法（第6版）』（弘文堂・2020）の判例番号を表わす。

書籍（人事管理論関係）

今野他	今野浩一郎・佐藤博樹『人事管理入門（第3版）』（日本経済新聞出版・2020）
佐藤他	佐藤博樹・藤村博之・八代充史『新しい人事労務管理（第6版）』（有斐閣・2019）
平野他	平野光俊・江夏幾多郎『人事管理』（有斐閣・2018）

雑誌

学会誌	日本労働法学会誌
季労	季刊労働法
曹時	法曹時報
日労研	日本労働研究雑誌
法時	法律時報

■**法令等**　本文中の略称（括弧内の略称は，本文中の括弧内で使う場合のもの。条文は条文数のみで引用している。例えば，労基14①⑵は，労働基準法14条1項2号の意味）

法令

育介法（育介）	育児休業，介護休業等育児又は家族介護を行う労働者の福祉に関する法律
外国人技能実習法（外国人技能実習）	外国人の技能実習の適正な実施及び技能実習生の保護に関する法律
会社法（会社）	会社法
家内労働法（家内）	家内労働法
行政執行法人労働関係法（行執労）	行政執行法人の労働関係に関する法律
行訴（行訴）	行政事件訴訟法
刑法（刑）	刑法
健康保険法（健保）	健康保険法
憲法（憲）	日本国憲法
公益通報者保護法（公益通報）	公益通報者保護法
高年則（高年則）	高年齢者等の雇用の安定等に関する法律施行規則
高年法（高年）	高年齢者等の雇用の安定等に関する法律
厚年法（厚年）	厚生年金保険法
国公法（国公）	国家公務員法
国民健康保険法（国健保）	国民健康保険法
個人情報保護法（個人情報）	個人情報の保護に関する法律
個別紛争解決促進法（個別労紛）	個別労働関係紛争の解決の促進に関する法律
雇用機会均等法（雇均）	雇用の分野における男女の均等な機会及び待遇の確保等に関する法律
雇用保険法（雇保）	雇用保険法
財形法（財形）	勤労者財産形成促進法
最賃法（最賃）	最低賃金法
次世代育成法（次世代育成）	次世代育成支援対策推進法
下請法（下請）	下請代金支払遅延等防止法
障害者雇用促進法（障害雇用）	障害者の雇用の促進等に関する法律
消費者契約法（消費契約）	消費者契約法
職安則	職業安定法施行規則
職安法（職安）	職業安定法
女性活躍推進法（女性活躍）	女性の職業生活における活躍の推進に関する法律
所得税法（所税）	所得税法
大学教員任期法（大学任期）	大学の教員等の任期に関する法律
短時間有期雇用法（短時間有期）	短時間労働者及び有期雇用労働者の雇用管理の改善等に関する法律
短時間労働者法	短時間労働者の雇用管理の改善等に関する法律（2020年4月から上記法律名に変更）
地公法（地公）	地方公務員法
地公労法（地公労）	地方公営企業等の労働関係に関する法律

中協法（中協）	中小企業等協同組合法
著作権法（著作）	著作権法
賃確法（賃確）	賃金の支払の確保等に関する法律
電子署名認証法（電子署名認証）	電子署名及び認証業務に関する法律
特許法（特許）	特許法
独禁法（独禁）	私的独占の禁止及び公正取引の確保に関する法律
能開法（能開）	職業能力開発促進法
不競法（不競）	不正競争防止法
法適用通則法（法適用）	法の適用に関する通則法
民執法（民執）	民事執行法
民執令（民執令）	民事執行法施行令
民訴法（民訴）	民事訴訟法
民法（民）	民法
有期特措法（有特）	専門的知識等を有する有期雇用労働者等に関する特別措置法
労安衛法（労安衛）	労働安全衛生法
労安規則（労安則）	労働安全衛生規則
労基則（労基則）	労働基準法施行規則
労基法（労基）	労働基準法
労契法（労契）	労働契約法
労災保険法（労災）	労働者災害補償保険法
労審法（労審）	労働審判法
労組法（労組）	労働組合法
労調法（労調）	労働関係調整法
労働契約承継法（労働承継）	会社分割に伴う労働契約の承継等に関する法律
労働時間設定改善法（労時改善）	労働時間等の設定の改善に関する特別措置法
労働施策総合推進法（労働施策）	労働施策の総合的な推進並びに労働者の雇用の安定及び職業生活の充実等に関する法律
労働者派遣法（労派遣）	労働者派遣事業の適正な運営の確保及び派遣労働者の保護等に関する法律
労働保険料徴収法（労保徴）	労働保険の保険料の徴収等に関する法律
若者雇用促進法（若者促進）	青少年の雇用の促進等に関する法律

告示・通達

基発	労働基準局長名で発する通達
厚労告	厚生労働省告示
発基	労働基準局関係の事務次官通達
労契法施行通達	労働契約法の施行について（基発0810第2号）
労告	労働省告示

日本の労働法の歴史─主要な法律の制定およびその主要な改正

(公布された年［施行された年ではない］)

(労働市場法の分野のものは（A），個別的労働関係法の分野のものは（B），集団的労使関係法の分野のものは（C），労働紛争処理法の分野のものは（D）と分類している。法律の名称は略称を用いているものもある)

1945（昭和20）年　労組法（旧法）制定（C）

1946（昭和21）年　労調法制定（C）

1947（昭和22）年　労基法制定（B），労災保険法制定（B），職安法制定（A），失業保険法制定（A）

1949（昭和24）年　労組法（現行法）制定（C）

1958（昭和33）年　職業訓練法制定（A）

1959（昭和34）年　最賃法制定（B）

1960（昭和35）年　身体障害者雇用促進法制定（A）

1966（昭和41）年　雇用対策法制定（A）

1972（昭和47）年　労安衛法制定（B）

1974（昭和49）年　雇用保険法制定（A）

1976（昭和51）年　賃確法制定（B）

1985（昭和60）年　労働者派遣法制定（A），雇用機会均等法制定（B），職業能力開発促進法制定（A）

1986（昭和61）年　高年法制定（A・B）

1987（昭和62）年　労基法改正（B），障害者雇用促進法制定（身体障害者雇用促進法を改称）（A）

1991（平成 3 ）年　育児休業法制定（B）

1992（平成 4 ）年　労働時間設定改善法制定（B）

1993（平成 5 ）年　労基法改正（B），短時間労働者法制定（A）

1995（平成 7 ）年　育介法制定（育児休業法の改正）（B）

1996（平成 8 ）年　労働者派遣法改正（A）

1997（平成 9 ）年　雇用機会均等法改正（B）

1998（平成10）年　労基法改正（B）

1999（平成11）年　労働者派遣法改正（A），職安法改正（A）

2000（平成12）年　労働契約承継法制定（B）

2001（平成13）年　個別紛争解決促進法（D）

2003（平成15）年　労働者派遣法改正（A・B），職安法改正（A），労基法改正（B），次世代育成法制定（B）

2004（平成16）年　労組法改正（C），労審法制定（D），高年法改正（A・B），公益通報者保護法制定（B）

2006（平成18）年　雇用機会均等法改正（B）

2007（平成19）年　短時間労働者法改正（A・B），最賃法改正（B），労契法制定（B）

2008（平成20）年　労基法改正（B）

2012（平成24）年　労働者派遣法改正（A・B），労契法改正（B），高年法改正（A・B）

2013（平成25）年　障害者雇用促進法改正（A・B）

2014（平成26）年　短時間労働者法改正（A・B），労安衛法改正（B），過労死等防止対策推
進法制定（B）

2015（平成27）年　女性活躍推進法制定（A），労働者派遣法改正（A・B），若者雇用促進法
制定（A）

2016（平成28）年　外国人技能実習法制定（A・B）

2018（平成30）年　労基法改正（B），労働施策総合推進法制定（雇用対策法を改称）（A・
B），短時間有期雇用法制定（短時間労働者法の改正）（A・B），労働者
派遣法改正（A・B）

2019（令和元）年　労働施策総合推進法改正（A・B），雇用機会均等法改正（B），育介法改
正（B）

2020（令和2）年　高年法改正（A・B），労災保険法改正（B）

序文　本書はなぜ書かれたのか

1　労働法の教科書と解釈論

　山口浩一郎は，『労働組合法』（有斐閣・1983）の初版のはしがきで，教科書の任務について，「法の《あるべき》体系と解釈とを説くこと」なのか，「現在《おこなわれている》法の体系と解釈について必要な情報を与えること」なのかと問いかけ，もし前者であれば「細部にわたるまで一貫して自説の展開がなければならず，又それ以外の叙述は一切不要である」し，後者であれば，「自説の展開などよけいな代物であり，判例を中心とする法実務の整理と紹介があれば十分である」が，山口自身は，同書では，あるときは《あるべき》解釈論を説き，あるときは《おこなわれている》解釈論を紹介するという妥協的な手法をとった，と述べていた。そして，同書は，「従来の労働法理論［筆者注：当時の労働法理論は労働組合法理論とほぼ同義であった］は，その《浪漫的》イデオロギーのゆえに，往々にして解釈論に必要な法技術的基礎を欠いている」という問題意識から，《あるべき》法と《おこなわれている》法のいずれの面においても，解釈論に徹した教科書として書かれたものだった。菅野和夫は，この山口の手法を，『労働法』（弘文堂・1985［初版］）の執筆の際に参考にしたと語っている（『労働法の基軸―学者五十年の思惟』（有斐閣・2020）90頁）。

　菅野は，『労働法』の刊行について，「法律学らしい，裁判実務に役立つ体系書を出したかった」と回顧している（同90頁）。そして，立法の改正が相次ぐ現在では，「自分の仕事は，実務家のために変化の激しい労働法の最新の全体像を正確に提供し続けることだ」と述べている（同97頁）。2019年に刊行された同書の第12版に至るまでの歴史は，菅野が立法や判例に大きく影響を及ぼす歴史でもあった。現在の菅野『労働法』の描く《おこなわれている》法は，菅野の考える《あるべき》法と重なっている部分が少なくなかろう。

　多くの立法や判例の蓄積がある現在，《おこなわれている》法を紹介するだけでも大変な作業となる。ただ，この作業だけであれば，菅野『労働法』がな

お最高水準のものであることは誰も否定できないだろう。一方,《あるべき》法についても,裁判実務に役立つかどうかという点でみれば,菅野『労働法』が最高峰にあることもまた,誰も否定しないだろう。今日,労働法の教科書は汗牛充棟の感があるが,菅野『労働法』がいまなお改訂されているなか,《あるべき》法であれ,《おこなわれている》法であれ,新たに解釈論の教科書を出す意味は乏しそうである。

2 裁判法学的労働法の隆盛

山口や菅野の解釈論へのこだわりは,山口が「《浪漫的》イデオロギー」に基づき大理論偏重であったプロレーバー労働法学を批判し(下井隆史・保原喜志夫・山口浩一郎による『労働法再入門』(有斐閣・1977)および『論点再考労働法』(有斐閣・1982)も参照),また菅野が「労働法学の任務を労働者の利益とそのための運動の擁護にあるとする」プロレーバーの運動論的労働法学を,法律学の任務から逸脱したものとし,「究極的には,裁判の場で結論を導き理由づけを行うための解釈理論を提供すること」という解釈法学こそが法律学の任務である,と述べていることからもわかる(「労働法学一考―労働法学の普遍性と特殊性―」日労研300号(1984)58頁)。私を育ててくれた東京大学労働法研究会は,山口が従来の労働法理論に欠けていたとする「解釈論に必要な法技術的基礎」を学ぶ場であり,その際にまず参照した教科書が菅野『労働法』だった。

解釈論は,菅野が述べるように,「裁判の場で結論を導き理由づけを行う」ことを究極の目的とする。一方,プロレーバーも,大理論だけでなく,裁判規範としての解釈論にも磨きをかけ,2008年には待望の西谷敏『労働法』(日本評論社)が登場する。また,2004年の法科大学院の創設の影響もあり,多くの労働法研究者のエネルギーは,判例を中心とした《おこなわれている》法の解釈論の分析と教育に傾注されるようになる。こうして,法の主たる適用場面を裁判所とする裁判法学的労働法が隆盛となる。

3 紛争の解決から防止へ

菅野『労働法』は,2003年の第6版の際に,新たに第5編「労働関係紛争の解決手続」が追加され,その後も,版を重ねるたびにこの箇所の記述部分が増えている(第10版(2012)で「労使紛争の解決手続」と変更された)。これは,労働紛

争の増加とその解決手続が労働法上重要なテーマとなってきたことを意味している（山川隆一『労働紛争処理法』（弘文堂・2012）のように，このテーマに特化した専門書も登場している）。

　紛争解決システムの充実化は，労働者の権利を守るうえで重要なことだが，本来，紛争は，発生後に解決するよりも，それを未然に防ぐほうがよい。労働者にとっては，法によって権利を付与されても，裁判やその他の紛争解決システムを利用しなければその実現ができないようでは，負担が重いからである。企業が自発的に義務を履行してくれるほうが，紛争を防止できるので，労働者にとっては望ましいだろう。紛争の防止を考えるならば，法の主たる適用場面は裁判所ではなくなるし，解釈論の主たる名宛人も裁判官から当事者（企業と労働者）に変わることになる。

　一般に，法規範には，裁判規範としての面と行為規範としての面がある。裁判規範であるのは，法規範が裁判の際に規準とすべき規範だからであり，行為規範であるのは，国民が行動するときに遵守すべき規範だからである。通常の法規範は，この両面をもつが，紛争の防止という点からは，行為規範としての面がとくに重要となる。近年，労働法においても，法の実効性確保が論じられることが増えている（議論の概観として，鎌田耕一「労働法の実効性確保」労働法の再生1巻225頁）。そこでは，当事者（とくに企業）に，どのようにして法規範を遵守させるかという行為規範にも目を向けた議論がされるようになっている（労働法では，努力義務のような裁判規範性のない規範も多く活用されている）。

4　行為規範と実効性

　「人を殺してはならない」（刑199）という規範は，刑事裁判において裁判官が規準とする裁判規範だが，同時に国民が遵守すべき行為規範でもある。労働法の「割増賃金を支払わなければならない」という法規範（労基37①）も，違反した場合の刑事裁判（同119(1)）や未払いがあった場合の民事裁判などで，裁判官が規準とする裁判規範だが，同時に，企業（使用者）が遵守すべき行為規範でもある。

　ただ「人を殺してはならない」という法規範と，「割増賃金を支払わなければならない」という法規範には，二つの決定的な違いがある。第一の違いは，前者は道徳によって支えられているが，後者は道徳によって支える性格が弱い

点である（労働法上，道徳規範に含まれるものとしては，均等待遇原則［労基3］，強制労働の禁止［労基5］などがある）。道徳によって支えられれば，国民はそれを遵守するのは当然だと考えるが，道徳との距離が大きくなればなるほどその意識は弱まり，法の実効性が下がりやすくなる（団藤重光『法学入門』（筑摩書房・1986［増補］）50頁参照）。

　もう一つの違いは，殺人罪は規範の内容が明確であるのに対して，割増賃金の支払い方については，最近でも重要な判例が立て続けに出ていることからわかるように（⇒165頁），規範の内容が必ずしも明確でないことである。規範の不明確性もまた，法の実効性に影響する。

　道徳との距離や規範の明確性という視点は，裁判規範の分析を中心とする裁判法学的労働法では主要な論点とならないが，行為規範という面からみると主要な論点となる。

　このうち，道徳との距離については，労働法が社会に定着し，その遵守を企業の社会的責任（CSR）ととらえる考え方が定着してきている今日，労働法の遵守は，政策的要請にとどまらず，（企業）倫理的な要請でもある。企業の公共性などへの関心の高まりと相俟って，労働法の実効性を高める基盤ができつつあるのである。では，規範の明確性についてはどうか。

5　規範的な要件の問題点

　規範の明確性という点で問題となるのが，労働法で多用されている規範的な概念である。例えば労契法は，「労働者及び使用者が労働契約を締結する場合において，使用者が合理的な労働条件が定められている就業規則を労働者に周知させていた場合には，労働契約の内容は，その就業規則で定める労働条件によるものとする」と定めている（労契7）が，これは企業（使用者）に対して，就業規則で定める労働条件は合理的な内容とすべきという行為規範を含んでいる。しかし，そこでいう「合理的」の意味内容は明確ではない。

　また解雇に関する「客観的に合理的な理由を欠き，社会通念上相当であると認められない場合は，その権利を濫用したものとして，無効とする」という規定（労契16）も，「客観的に合理的な理由を欠き，社会通念上相当であると認められない」解雇をしてはならないという行為規範を含んでいるが，「客観的に合理的な理由」や「社会通念上相当」の意味内容は明確ではない。

要件が明確でなければ，要件をめぐる当事者の判断が食い違って紛争が起こりやすくなるが，裁判法学的労働法では，それ自体は深刻な問題ととらえられない。紛争が起こっても，最終的には，裁判所が白黒をつけてくれるので紛争は解決する。研究者は判例の類型化などの分析をする作業はするが，それは裁判規範としての精緻化を目的とするものであり，行為規範としての明確性を意識したものではない（例えば，研究者の判例研究は，研究者や実務家には有用だが，当事者にはあまり役に立たない）。

6　旧労契法20条の衝撃

2012年の労契法改正の際に追加された20条（現在は短時間有期8）は，有期雇用労働者と無期雇用労働者との間の労働条件の不合理な格差を禁止するもので，判例も認めるようにこれは均衡待遇を定める規定だが，それまでの同種規定のような裁判規範性のない努力義務規定ではなく，強行規定と解されている（⇒83頁）。しかし，なぜ均衡待遇規定に強行性を認めたかについての理論的説明はされていない。不合理性の判断要素は法律で「労働者の業務の内容及び当該業務に伴う責任の程度……，当該職務の内容及び配置の変更の範囲その他の事情」と明記されているが，「その他の事情」というきわめて不明確なものが含まれている。

強行規定であれば，たとえそれが明確性に欠ける内容の規範であっても，その規定事項に関する当事者の合意があるかどうかにかかわらず，裁判所が法律の規定を「強行」する。しかし，規範的な要件は裁判所間でも解釈が一定しないことが多く（旧労契法20条も同様），企業はどのような合意であれば有効となるかわからないまま，有期雇用労働者と交渉しなければならないし，労働者との合意を得ても，確定的に有効となるわけではない。旧労契法20条は，不合理でない格差を禁止していないことは明らかであるから，企業は「不合理でない」を広く解釈して行動する可能性もあるし，逆に「不合理である」と裁判所に判断されることを避けて，いかなる格差もつけないよう行動する可能性もある。どちらにせよ，法の求める内容とは違うのであり，そうしたことが起こるのは，規範が明確性に欠け，行為規範として機能していないことを意味する。

もちろん，旧労契法20条に対するこうした評価に対しては，次のような反論もありえよう。不合理な格差は，それが「不合理」である以上，禁止されるべ

きであるし，法律で規定を設ける以上は，強い効力を付与しなければ意味がない。不合理性が不明確であるのは確かだが，それは指針を設けることで対処することもできる。それでも裁判は増えるかもしれないが，それはそれだけ不合理性の疑いがある労働条件が定められていることを意味するのだから，裁判で是正されることは良いことである。企業は裁判を回避したければ，進んで非正社員の労働条件を見直せばよい。

ただ，このような反論に対しては，企業は，どのように見直せばよいかがわからないところが問題であるという行為規範の面からの再反論が可能である。

旧労契法20条を強行規定とする解釈には，規範の不明確性の問題に鈍感で，裁判規範としての面しかみてこなかった裁判法学的労働法の問題点が凝縮しているように思える。

7　強行規定から任意規定へ

労働契約関係では，「契約の自由」を認めると，企業は労働者に対する優越的な地位を利用して，一方的に契約内容を決定する危険があるため，労働法の規定は基本的には強行規定と解されている。ただ，労働者の納得した同意（本書では，これを「**納得同意**」と呼ぶ）によって契約内容が決定されている場合にまで，裁判所は強行規定を強制すべきだろうか。労働者はおよそ弱者であるので，納得同意による契約内容の決定はあり得ないというのは暴論だろう。

前述のような曖昧な要件が使われている法規範については，企業が労働者の納得同意を得たときには，そこで成立した合意を尊重するという解釈を確立すれば，行為規範としての明確性を図ることができる。しかも労働者の納得があることが前提なので，その利益は確保されているし，労働者の納得は，企業が効率的な人材活用をするために不可欠なものなので，企業の利益にもなる。もちろん納得同意は労働者の内心の問題なので，その認定は容易ではなく，不明確性の問題を免れていないともいえそうだが，外形的な基準を用いるなどの方法により不明確性を軽減することは可能である（⇒36頁）。

納得同意を労働者の利益を守るための基本に据えるという考え方に立てば，強行規定の規範的な要件が不明確な場合への対応だけでなく，これまで強行規定と解されてきた規定全般において，納得同意があれば逸脱してよいという考え方も出てくる（これは従来，デロゲーションの問題とされてきたものである）。

これは単なる立法論ではなく，《あるべき》解釈論の主張でもある。ある規定が強行規定か任意規定かはそもそも解釈によって決まるし，労基法や最賃法のように強行性が明文で定められている規定（労基13，最賃4②）であっても，解釈による例外を完全に排除する趣旨と解すべきではないからである。

　こうした強行規定の任意規定化は，労働法の規定の意味をなくしてしまうという懸念もあろうが，近年の行動経済学の知見により，任意規定にも重要な機能があることがわかってきている。元来，任意規定には，当事者の意思表示の内容が不明確な場合にその意味を確定したり，当事者の意思を補充したりする機能があるとされていたが，さらに任意規定には交渉の出発点（デフォルト）を設定する機能があるため，それをどのような内容にするかによって，当事者の行動を誘導できることが知られている。労働契約関係のように当事者の交渉力に差がある場合には，労働者の利益を適正に考慮した（企業に不利な）デフォルトを設定することが必要であるし，同時に，労働者の納得同意があれば，デフォルトから企業に有利な変更ができるとすることにより，企業に対して労働者を納得させる行動をとるインセンティブを与えることができる（納得同意が得られていなければ，裁判官の解釈に服することになり，結果の事前予測が困難となるので，企業はそれをできるだけ回避することを望むだろう）。このようにすれば，労使のウィン・ウィンの関係の実現を目指すことができる。

8　本書の特徴と構成

　以上のように，本書の特徴は，労働者の権利や利益が，裁判における権利の確認という手続を介さなくても実現できるように，労働法の理論体系を，裁判規範ではなく，企業に対して，どのような内容の義務をどのように履行すべきかという行為規範の観点から構築しようとする点にある。とくに労働者と企業の権利義務が実際に定められるのは就業規則であることから，企業が就業規則をどのように作成すべきかということに重点を置いている（巻末の「補説 標準就業規則に組み入れるデフォルト条項について」[⇒288頁] も参照）。

　もちろん本書でも，《あるべき》法と《おこなわれている》法の説明は行っており，その点では，従来の教科書と変わらない。ただ《あるべき》法の基礎となる考え方が，裁判規範性を重視した伝統的労働法（この概念については，⇒10頁）とは異なり，企業が人事管理をしていく際に遵守すべき行為規範の面を重

視している点に，従来の教科書との違いがある。こうしたことから，本書で説明する労働法は，伝統的労働法と区別するために，「**人事労働法**」と呼ぶことにしたい。

　本書の構成は大きく総論と各論に分けられる。総論の第1章では，ここまで述べてきたことを敷衍して，「人事労働法」の基本を説明する。第2章では，企業が人事管理において尊重すべき労働法の理念の中核にある「人格的利益の保護」について説明する。

　各論では，第3章「採用と労働契約」，第4章「労働契約上の義務」，第5章「人事」，第6章「評価と報酬」，第7章「ワーク・ライフ・バランス」，第8章「退職」，第9章「労使関係」というテーマに分け，それぞれについて，《おこなわれている》法の説明と，「人事労働法」のアプローチによる《あるべき》法の説明を行う。

　本書では，《おこなわれている》法の詳細な解説は，前述の菅野『労働法』をはじめ優れた教科書があるため，どうしても必要なもののみ「補注」で採り上げ，その他はそれらの教科書に委ねることとしている（教科書からの引用は，菅野『労働法』以外に，現時点で内容が比較的新しくとくに重要性が高いと考えられる，荒木尚志『労働法』，川口美貴『労働法』，土田道夫『労働契約法』，前述の西谷『労働法』，水町勇一郎『詳解労働法』に限定している）。一方，本文で書くのに適さないような，筆者の考え方の基礎となる「思考」については，各節の末尾に記述しているので，関心のある読者は，適宜，参考にしてもらいたい。また読者の「自学」用に設問を挙げているので，これも適宜，活用してもらいたい（設問には，答えをなかなかだせない難問タイプと，答えを自分で整理して確認することを目的とするタイプとが含まれている）。

　なお本書では，立法論にも言及している。立法論には，現時点でただちに行うべき立法の内容を提示するものもあるが，本書ではデジタル変革時代の到来を展望しながら，デジタル化が社会に及ぼす影響をふまえた近未来の立法論も展開している。これは「人事労働法」の範疇からはみ出る部分を含んでいるが，現在の企業人事にも影響を及ぼしうるものであるため，番外編として第10章「デジタル変革後の労働法」で扱っている。

第1部　総　　論

第1章　人事労働法とは何か

1　伝統的労働法から人事労働法へ

（1）　伝統的労働法の労働者像・企業像

　労働法は，民法，刑法，会社法などとは異なり，そのような名前の法律があるわけではない。労働法は，学問（講学）上の分野の名称であり，その定義は研究者によって異なる。最も権威のある教科書では，労働法は，「労働市場，個別的労働関係および団体的労使関係に関する法規整の総体」と定義されている（菅野1頁）。これは，労働法が何を規制（規整）の「対象」としているかに着目した定義である。では，労働法は何を「目的」とする法分野なのだろうか。それは，労働力を利用する企業が，その提供者である労働者に対してもつ社会的・経済的に優越的な力の行使とその影響を制限することにある。その前提には，「労働者は弱者，企業は強者」という認識がある。

　こうした認識の基礎にあるのは，第1次産業革命後に広がった工場制機械工業の生産現場の実態である。そこにみられる企業により支配された非人間的な就労実態が，初期の工場法を嚆矢とする一連の労働保護立法，労働者の団結を容認する労働組合立法，これらの立法の原理的な基礎を提供する労働法学を誕生させた。**労働者弱者論**と**企業強者論**は，これまでの労働法（以下，本書ではこれを「**伝統的労働法**」と呼ぶ）の基本原理であったのである。

　西谷敏は労働者弱者論のエッセンスを，次にように述べている（「労働法学」日労研621号（2012）63頁）。

　「19世紀の市民法は，すべての人（労働者を含む）を，自由な意思と打算にもとづいて行動する利己的な個人＝経済人と理解したが，20世紀の社会法においては，生活に密着した社会のなかの人間，とくに知的，経済的，社会的勢力関係において劣位にある現実的人間が考慮されるとし，その典型を労働法にみた」。

また菅野和夫と諏訪康雄も，その共著論文で，労働法は「市場取引における弱者としての『労働者』が市場メカニズムの一方的な犠牲者とならないようにする社会的規制であった」とした。ただ，20世紀を通じた労働法の発達をとおして，「善良ではあるが無知なので，単純な肉体労働に従事し，使用者のいいなりになるほかはないといった労働者は，むしろ例外となってきた」とし，「労働者のなかに，かつてのような『絶対的な弱者』というタイプが減少し，『相対的な弱者』あるいは『もはや弱者とみるべきではない』といったタイプも目立ちはじめた」と述べ，労働者像の多様化にも言及していた（「労働市場の変化と労働法の課題」日労研418号（1994）5頁・7頁）。

（2） 企業性悪論

一方，企業強者論については，西谷敏は，「資本は，労働者の健康と寿命にたいしては，それを顧慮することを社会によって強制されるのでなければ，なんら顧慮しない」というマルクスの『資本論』の中の一節を引用し，こうした認識が現代社会にもあてはまるとする。西谷は，「ブラック企業」がブラックとなるのは，社会的強制（労働組合の存在，労働法の遵守，企業の社会的評価など）が働かないからであり，現在の「優良企業」も，社会的強制が弱まったり，社会的強制を上回る強い力（激しい競争など）が加わると，いつブラック化しないとも限らない，と述べている（『労働法の基礎構造』（法律文化社・2016）9頁）。

このような西谷の議論は，企業強者論より，**企業性悪論**と呼ぶほうが適切だろう。マルクスによると，資本家とは，労働者の生み出す価値のなかから，「必要労働」（賃金）を超える剰余価値を搾取する存在である。利潤を上げるための競争に巻き込まれる資本主義社会では，資本家は剰余価値を増やすために，労働時間を長くしたり，「必要労働」を引き下げたりする行動をとらざるを得ないし，さらに技術革新による資本（不変資本）への投資の増大は，失業者（産業予備軍）を増やし，労働者階級の労働条件をますます引き下げることになるのである。

このように利潤を追求し，労働者を搾取するのが資本家であり，かつ資本家と労働者の階級的格差が宿命的なものであるとすれば，資本主義社会における労働法も，そうした資本家像を前提としたものとならざるを得ないだろう。

（3） 企業性悪論への疑問

　マルクスのいう資本家とは，生産手段を私有し，労働者を雇用して生産し，そこから利潤を得る存在である。ただ，現在の資本主義社会で生産活動の中心となっている企業は，株式会社という事業形態をとっており，その最終的な利益帰属者は株主である。株式会社の経営者は，株主利益を最大化するために企業を経営することが求められ（これが，株式会社が営利法人であることの意味である），労働者はそのために必要とされる経営資源の一つである。そうみると，労働者と利害が真に対立するのは株主といえるだろう。会社法では，経営者のとるべき行動原則は株主利益の最大化であるが，それに則した企業経営が行われるかぎり，労働者の利益は常に危険にさらされることになる。

　とくに資本主義が発達して企業経営の専門性が高まり，経営者が株主のコントロールを離れ，株主の利益を損なう行動をとる危険が出てくると（所有と経営の分離），株主利益を重視するコーポレートガバナンス（企業統治）が強調されるようになった。もっとも日本では，株主利益を重視する企業統治とは距離を置いた独自の企業統治が展開されてきた。日本企業の大株主は，メインバンク，取引先あるいは創業家であるなど，短期的な利益にそれほど関心をもたない者が中心だった。そのため，企業の経営者は，業績が悪化したときに，株主のことを意識して，雇用調整によって利益を確保するという行動をとらなくてもよかった。むしろ従業員に長期的な雇用を保障し，忠誠心をもたせることによって，本人が高い労働意欲をもって技能の蓄積に取り組み，長く貢献できるよう誘導する経営手法をとることができた。また日本企業では，役員ポストにあてる人材を内部昇進により調達したこと（これも長期的な雇用保障の一側面である）は，従業員の労働意欲を高めたし，欧米ではよくみられる経営者と従業員の身分的な対立に起因する労使紛争の回避にも役だった。そして，このことが，長期的にみれば企業の価値を高め，株主の利益にもつながった。

　このように株主利益だけでなく，従業員利益も重視する日本型コーポレートガバナンス（会社をとりまく利害関係者の利益を重視するステークホルダー型企業統治の一つ）は，近年は，上場企業を中心に物言う株主（アクティビスト）の増加により変わりつつあるものの，その根幹は大きく変化していない。

　加えて，企業の営利を追求する行動自体にも見直しの動きが出てきている。

企業の社会的責任（CSR）を重視する議論や株主の投資行動において環境・社会・統治を重視する動き（ESG投資）が現れ，さらに国際連合の提起したSDGs（持続可能な開発目標）の影響もあるなか，現代の企業は，株主の利益だけを考慮した経営をすることはもはや許されない。西谷がブラック企業とならないために必要と指摘した「社会的強制」は，現実にもかなり強いものとなっている。むしろ労働者の利益への配慮は，環境保護とならび，企業経営が遵守すべき必須の事項となっている。伝統的労働法が想定していた企業性悪論では，こうした現代社会における新たな企業像を的確にとらえることはできないだろう。

（4）　人事管理の効率性と労働者の福祉

　移民によって建国されたアメリカは，イギリスのような長い工業の伝統をもっていなかったため，熟練労働者が不足していた。このため，資本主義が発展するなか，稀少な熟練労働者は重用され，職場で支配力をもつことになった（いわゆる職長帝国）が，それは現場に旧来の生産システムが温存されることを意味した。しかし高まる商品需要に応えるには，職長の支配をおさえて生産を効率化させる必要があった。そのなかで生み出されたのが，「科学的管理法」（テイラー主義）であり，これを自動車（T型フォード）の生産工程で活用して成功を収めたのが，フォーディズム（ベルトコンベアを中心とする生産システム）であった。こうした生産の効率化は労働強化の面もあったが，同時に，例えばフォード社の労働条件の改善（8時間労働，賃金の引上げなど）にみられる労働者福祉の向上をともなうものでもあった（「福祉資本主義」）。

　とくにアメリカでは，人材の確保は企業経営の大きな目標であったため，労働者福祉は，個々の経営者の温情主義（パターナリズム）ではなく，経営上の合理的判断によるものといえた。日本でも，第1次世界大戦後の不況期に，頻発する労働争議を回避するために，忠誠心の高い人材を確保することを目的として，新規学卒者を直ちに採用し長期的な雇用を前提に育成する慣行が広がり，これが日本型雇用システムの原型となった。

（5）　人事管理と労働法

　企業人事では，労働者・人材は「モノ，カネ，情報」と並ぶ経営資源として管理の対象となる。ただ，人材（人的資源）は，他の経営資源とは違い，効率

的な活用は容易ではなかった。人間は感情をもち，自律的に行動する存在だからである。労働者の生産性を大きく左右するのは，個人の労働意欲という内面的な要素であるが，企業がそれを知るのは難しかった（その面では，企業は情報弱者である）。そのため，企業は，労働者の意欲を引き出すインセンティブの仕組み（人事制度）の構築に努めてきた。人事管理論（HRM [Human Resource Management]）は，こうした人事制度を研究する分野である。

　これまでは，企業強者論や企業性悪論という企業像に依拠して労働者の保護を考えてきた伝統的労働法からみて，企業経営の効率性という観点から労働者へのインセンティブを考えてきた人事管理論は，同じように企業内の労働関係を扱うとはいえ，その間に接点を見いだすのは簡単ではなかった。しかし，日本企業のこれまでの行動様式をみれば，企業の構成主体は，株主や経営者だけでなく，従業員を中心とするさまざまなステークホルダー（利害関係者）であり，企業を，従業員との関係で本質的に強者であるとか，性悪であると評価するのは適切ではない。企業性善論は妥当でないとしても，適切な法の仕組みを設けることにより，企業が従業員の利益を考慮した経営（本書では，これを「**良き経営**」と呼ぶ）をするよう誘導することは十分に可能である。

　このような企業像に立てば，法律が，企業の人事管理に臨む姿勢も大きく変わらざるを得ないだろう。本書で提唱する「**人事労働法**」は，従来のドグマティッシュな企業像や労働者像を捨て，さまざまな利害関係者で構成される企業が良き経営をし，企業・従業員双方にとってウィン・ウィンの関係を築けるようにすることを目的とするものである。

補　注

(1)　**コーポレートガバナンス**　　コーポレートガバナンスには，株主の利益を重視するシェアホルダー型と多様な利害関係者の利益を重視するステークホルダー型とがあり，日本は，ドイツと並んで，後者のタイプとされてきた（下記の荒木文献，土田35頁参照）。もっとも会社法では，シェアホルダー型の企業統治こそが原則とされている。会社は営利社団法人であり，そこでいう営利とは，会社が事業で得た利益を，最終的には株主に分配すること（剰余金の配当，残余財産の分配）を意味し，経営者は，株主総会において，株主の利益を最大化するために選任されているからである（株主利益最大化原則）。ただ株主にとっての利益の内容も，昨今の

ESG投資などの動きとともに変わりつつあり，シェアホルダー型とステークホルダー型の違いも截然と区別できなくなってきている（大内・デジタル2章参照）。

思考 —日本型雇用システムとは何か—

　日本型雇用システムは，新規学卒者を卒業直後に確保して，定年までの長期にわたる雇用を保障しながら，業務に必要となる技能を習得させ，その技能を発揮させて活用するために，企業が広い人事権をもって人材を管理するシステムである。その処遇は能力主義を標榜しながらも，年齢や勤続年数が重視される年功型であり，どのような職務に従事するかではなく，企業の指示にしたがって潜在的な職務遂行能力をどれだけ伸張させたかを評価ポイントとするところに特徴がある。また長期雇用の従業員（正社員）だけでは，企業は外的な環境変化に柔軟に対応できないため，臨時雇用である非正社員を雇用の調整弁としてきた（今日，そのことが正社員と非正社員との格差の問題として問題となっている）。労働組合は，企業内の正社員を構成員とし，企業内の一機関としての性格をもち，労使協議の場での情報交換をとおして，企業の持続的な成長に協力してきた（協調的労使関係）。日本型雇用システムが「日本型」であるのは，外国では，特定のポストでの欠員が出た場合の補充が企業の採用行動の契機となり，処遇も雇用の継続も，そのポストでの職務（ジョブ）を基本とするもの（「ジョブ型」）であり，労働組合は企業横断的に労働者の職業的利益を守ろうとする傾向があるのに対して，日本では，新規学卒者を特定のポストへの配置を前提とせずに採用し，処遇も雇用の継続も特定のポスト（職種）と連動しない安定的なものであり（業績変動への対応は，賞与の額で調整），労働組合の組織原理がその企業の正社員という地位に求められる点にある（⇒81頁）。しかし，こうした日本型雇用システムは，デジタル社会が到来するなかで，終焉を迎えつつある（大内・デジタル3章・4章参照）。

自　学

◆「伝統的労働法」が「企業強者論」や「労働者弱者論」を支持した理由を確認し，それに否定的な本書の議論を批判的に検討せよ（本書の議論を補足する筆者の一般向けの文献（新書）として，大内伸哉『君の働き方に未来はあるか？』（光文社・2014），同『勤勉は美徳か？』（光文社・2016），同『会社員が消える』（文藝春秋・2019）等参照）。

（他の参考文献）

＊荒木尚志「日米独のコーポレート・ガバナンスと雇用・労使関係」稲上毅・連合総合生活開発研究所編『現代日本のコーポレート・ガバナンス』（東洋経済新報社・2000）209頁：コーポレートガバナンスと労働法の関係を分析した文献。

＊石井保雄『わが国労働法学の史的展開』（信山社・2018）：日本の労働法学の形成過程を知るうえで有用な文献。このほか日本の労働法の形成過程については，川口8頁，水町3頁が詳しい。

＊菅野和夫『新・雇用社会の法（補訂版）』（有斐閣・2004）（とくに1章1節）：日本型雇用システムの全体像を理解するうえで有用な文献。

＊西谷敏『ドイツ労働法思想史論』（日本評論社・1987）：日本の労働法学に大きな影響を与えたドイツ労働法学の形成過程を分析した文献。

＊濱口桂一郎『日本の雇用と労働法』（日本経済新聞出版社・2011）：日本型雇用システムの歴史的展開を理解するうえで有用な文献。

＊濱口桂一郎『日本の労働法政策』（労働政策研究・研修機構・2018）：日本の労働政策の形成過程を知る上で必須の文献。

＊守島基博・大内伸哉『人事と法の対話』（有斐閣・2013）：主要な論点ごとに人事管理論と労働法の観点の異同を浮き彫りにした文献。

2　契約と納得

（1）　身分から契約へ

　企業が従業員とウィン・ウィンの関係を築くためには，契約が重要な手段となる。そもそも企業は，生産に必要な資源を入手するためには，その資源の所有者との間で，所有権や利用権を取得するために契約を締結しなければならない。人的資源も同様で，労働力を利用するためにはその所有者である労働者と契約を締結しなければならない。ただ，人事管理論において，人的資源がその特殊性に応じた管理が必要とされるのと同様，法律の世界でも，人的資源の調達は，民法の契約法により規律される物的資源と違い，特別な規律対象とされてきた。

　人的資源の調達のために用いられる契約が，雇用契約である（民623〜631）。雇用契約は，民法の定める13の典型契約の一つであり，沿革的には，ローマ法の「賃約」を起源とする。フランス革命後に制定された民法典（ナポレオン法典）では，ギルドや農村における身分的な支配関係の下にあった労働者を，独

立した契約主体として位置づけたが，その労働力を得るための契約として定められたのが「労務の賃貸借」であった。これは「モノ」である奴隷の「賃約」をモデルとしたものだが，自分の労働力を，自らが契約主体となって取引（賃貸）するところに，自由の要素があった（身分から契約へ）。

（2）　雇用契約から労働契約へ

　もっとも産業革命後の労働の実態は，自由からはほど遠いものだった。機械制大工業では，工場で協働する多数の労働者は，階層的な指揮命令構造の下で労務を提供した。また技術革新による機械化の進行により，業務は単純化し，ベテラン労働者の熟練技能は不要とされ，多くの労働者は組織の歯車として単調な働き方を余儀なくされた。

　農民とは異なり，自ら生産手段をもたない工場労働者は，生活に必要な物資を入手するために貨幣が必要であり，それを得るためには，自らの労働力を売る（貸す）しかなかった。しかし，単純労働の労働市場はつねに「買い手市場」（供給が需要を大幅に上回っている状態）であるため，労働条件は劣悪だった。しかも契約の相手方である企業は，通常，会社という組織（法人）であり，情報の収集力や交渉力で，個人である労働者は太刀打ちできなかった。つまり，雇用契約は，実質的には，自由な契約とは呼べず，労働者は「契約弱者」だったのである。

　ただ，雇用契約の締結は，企業が労働者に強制したものではなく，形式上は自由・対等な立場で行われていたので，その内容を不当とする根拠は，少なくとも近代的な法原理からは見いだしがたかった。このため，契約当事者間の実質的な非対等性に着目した法的アプローチが模索されることになり，そのようななかで新たな法分野として誕生したのが労働法だった。

　労働法は，労働者の構造的な契約弱者性のため，企業との間で公正な取引が難しい状況にあることを直視する。一方の当事者の弱者性が問題となる契約には，借地借家契約（賃貸借契約の一つ）や消費者契約などがあるが，雇用契約には，これらの契約にはない独特の特徴があった。それは，労働者は契約主体であると同時に，自身が取引の対象となる点である。雇用契約では，ヒトが取引の対象になるため，人格的利益への配慮が不可欠となる。この点に，モノを取引の対象をする他の契約との根本的な違いがあった（消費者契約のなかでも，

モノを対象としない役務提供契約などは雇用契約に近い面がある）。

　要するに労働法は，労働力の取引が，身分関係ではなく，契約関係の下で行われるという形式を維持しながらも，労働者の人格的利益の保護と契約弱者性への配慮を理念として（この理念を，本書では**「労働法の理念」**と呼ぶ）追求する法分野であり，この理念を実現するための法規範が適用される契約が「労働契約」なのである（土田39頁も参照）。民法上は，雇用契約以外にも，請負契約（民632〜642），委任契約（民643〜656），寄託契約（民657〜666）などの役務提供契約があるが，これらの契約も，労働法の理念を適用すべきものであるかぎり「労働契約」に含められることになる（具体的には労働契約性および労働者性の問題となる。⇒80頁）。

（3）　納得規範

　労働法によって保護される人格的利益の内容や契約弱者性の程度は，個人によって大きく異なる。ただ，法による保護はどうしても画一的なものとなりがちで，個人差を十分に反映するものとはならない。このため，過剰保護となったり過小保護となったりする労働者が出てくることは避けられない。一方，企業にとっては，従業員を集団的に管理したほうが効率的だが，それを進めすぎると，個人のニーズに対応できずに，労働意欲を損なう従業員が出てくるおそれがある。このように考えると，企業は，従業員一人ひとりの意向をできるだけふまえて，合意に基づき人事を進めるのが望ましいし，法の介入はそうした個別的な対応をサポートするものであることが望ましい。

　このことは，要するに契約的手法を重視することを意味し，またこれは労契法が掲げる「労働者及び使用者の自主的な交渉の下で，労働契約が合意により成立し，又は変更されるという」合意原則（労契1）にも合致する。ただ従業員は，程度の差はあるとはいえ契約弱者とみられる以上，企業はたんにその同意を得て人事管理を行えばよいわけではない。そこに従業員の納得がともなっていなければ，真の意味での同意とはいえない。人事管理のなかには，一人ひとりの従業員の同意を得ていては進まないこともあるが，そのときでも，できるだけその納得を得るよう誠実に説明することが必要である（本書では，これを**「誠実説明」**と呼ぶ）。その結果として得られた同意こそが，序文でもふれた**「納得同意」**である（⇒6頁）。

従業員の納得がとくに問題となるのは，従業員に何らかの意味で不利益な措置がとられるときである。その場合に，企業が従業員の納得を得るよう尽力することは，従業員個人の労働意欲を損なわないために必要なだけでなく，人事管理にとって最も避けるべき紛争の発生を回避することにもつながる。

　では「誠実説明」は，具体的に，企業に対してどのような説明をすることを求めているのだろうか。前述のように，従業員は契約弱者である以上，単に同意をしただけでは，それが納得同意であるとは認められない。異議を述べていないという消極的な態度に，黙示の納得同意があると認めるべきでもない。従業員の契約弱者性の根源は，企業との情報収集力や交渉力の格差にある。企業が従業員から得た同意が納得同意と認められるためには，この格差を解消すべく，企業が従業員の意思決定に必要な情報を，その内容が従業員に理解できるような形で説明することが必要なのである（その際には，従業員も，企業が提供した情報を理解するように努めることが必要である［消費契約3②も参照]）。

　これを具体的にみると，企業は，従業員に不利益な措置の内容とその措置により従業員が受ける影響等については，できるだけ情報を提供し，従業員が理解できるような形で説明したり，質問に応答したりしなければならないし，従業員から意見や要望が出された場合には，たとえ最終的にはそれを受け入れない場合でも，十分に協議をしなければならない。これが誠実説明の内容である。そして，企業がこうした誠実説明の手続をふまなければ，たとえ従業員の同意があったとしても納得同意と評価することはできないのである。

　企業は，以上のように誠実説明を行い，納得同意を得るよう努めながら，人事管理をしなければならない（本書では，これを**「納得規範」**と呼ぶ）。納得規範は，企業が労働法の理念を尊重した「良き経営」をするよう導くことを目的とする人事労働法の根本規範である。労契法上の合意原則も，納得規範によって補完されるものでなければならない。

（4）　納得規範と法的効果

　序文（⇒3頁）でもみたように，法規範は，裁判規範であると同時に行為規範でもあるが，企業に法令を遵守させ，紛争を回避するためには，法令の行為規範としての面こそ重視しなければならない。納得規範も，紛争が発生したあとの法的評価のための裁判規範として位置づけるだけでは不十分で，当事者に

行為規範として機能するものでなければならない。そのためには，行為規範が
それ自体明確な内容であることが必要であるし，かつ行為規範を遵守した場合
について，そのことに対する法的効果の予測可能性（裁判規範としての明確性）
があることが必要である。

　例えば，納得規範の主たる適用場面である労働条件の不利益変更は，企業に
とって変更の必要性が高く，かつ従業員への誠実説明を行っていたとしても，
最終的に従業員の同意が得られなければ認められないとすること（合意がなけ
れば効力が認められないとする「消極的合意原則」の一つ）は，企業にとって厳し
い内容とはいえ，行為規範として明確であり，かつ予測可能性もある。

　問題は，従業員が労働条件の不利益変更に同意したときに，効力が認められ
るかという「積極的合意原則」についてである。判例は，後述のように（⇒26
頁），「自由な意思に基づいてされたものと認めるに足りる合理的な理由が客観
的に存在するか否か」という基準を示すため，それによると，従業員が納得同
意をしていた場合でも，自由意思によると認めるにたりる「合理的な理由」が
客観的に存在しなければ，同意があったとは認められない。

　「合理的な理由」がない場合には，納得同意が認められないケースが多いだ
ろうが，納得同意があっても「合理的な理由」がないことを理由に効力を否定
される可能性がある以上，企業には，従業員の納得同意を得るべく真摯に協議
しようとするインセンティブが働かなくなるおそれがある。それでも，どのよ
うな場合に同意が有効と認められるかが明確であれば，企業はそれに合わせた
行動をとることができるが，「合理的な理由」は明確性に欠ける規範であるの
で，企業にとっての行為規範として機能しがたい。この点については，納得同
意だけでは従業員の保護に欠け，裁判所による「合理的な理由」の審査が必要
とする反論もありうるが，労働者の契約弱者性に配慮した誠実説明を行ったう
えでの納得同意がある場合に，それに加えて，労働者の保護を図る必要は原則
としてないはずである。むしろ規範内容の不明確性や予測可能性の欠如から行
為規範として機能しがたいことにより，良き経営へのインセンティブを阻害す
ることの弊害に目を向ける必要がある（⇒4頁）。

（5）　行為規範としての納得規範

　問題は，納得規範それ自体が，行為規範としてどこまで明確であるかである。

納得規範で重要なのは，納得同意を得るために行う誠実説明だが，具体的にどこまで情報提供や説明をし，協議を続けるかは，ケースバイケースとならざるを得ない。ただこの場合でも，企業の行為規範をできるだけ明確化し，規範を遵守するよう誘導することはできる。すなわち，政府は企業に対してどのように行動すべきかの指針を示し（ルールの明示），企業に実際に行った説明・協議の内容を文書化させ（法遵守の可視化），その内容の適正さを従業員に確認させること（相手によるチェック）が考えられる。具体的には，企業に対して，従業員の意思決定に必要な情報を，その内容が従業員に理解できるように説明し，従業員からの質問への応答，意見や要望などに対する協議をすべきという指針を示し（⇒18頁），企業はそれに則して行動したことを証明するために，情報提供や協議内容を記載した文書（以下，「**説明文書**」と呼ぶ）を作成し，従業員にその内容を確認させ，そのようにして作成された説明文書があれば，従業員の同意は誠実説明に基づく納得同意と推定するのである（以上の手続は，オンラインで行うことも可能と解すべきである。⇒270頁）。

企業は，正当な就業規則（その概念は⇒38頁）に基づく措置の場合のように，誠実説明さえすれば，納得同意を得ることまでは求められない場合もあるが，そのときも説明文書があれば誠実説明を実施したと推定するべきである。

このように解すれば，誠実説明は，実質的には，情報提供・説明・協議の内容を記録し従業員の確認を受けたうえで文書として残すという行為規範となるので，それ自体は明確である。もちろん従業員は，誠実説明が不十分である場合には，そのことを裁判で争うことができる。ただ納得規範は，こうした事態をできるだけ回避するために，誠実説明の法的効果を明確にして企業に誠実説明へのインセンティブを与え，従業員の納得度を高めるねらいをもっている。

補　注

(1) **民法の適用**　民法の雇用契約に関する規定は，労働法の誕生後も，完全に意味がなくなったわけではない。例えば，労基法や労契法が適用除外されている場合（労基116②，労契21を参照）には，民法の規定が適用される。また民法は雇用契約の両当事者を対象とするが，労働法が修正しているのは主に使用者を対象とする部分なので，労働者の行為に対しては民法の規律が適用される（民627，628等）。

(2) 「企業」と「従業員」　労働法では，通常，雇い主のことを，「使用者」（労契2②等），事業主（雇均ほか多数），事業者（労安衛2(3)）と呼び，雇われる者は「労働者」と呼ぶ（労契2①，労基9等）が，本書では，雇い主は株式会社である企業であることが多く，また本書の対象とする企業内の関係では，雇われる者は労働者一般ではなく，その企業の「従業員」と呼ぶ方が適切であると考えられるため，「企業」と「従業員」という言葉を使用している（ただし，労働者一般のことを指す場合には，「労働者」という言葉を使用している）。

思考　―従業員の主観的納得と実体的な適正さ―

　納得同意の有無は，従業員の内心にかかわるものなので，直接的に判断はできないが，経験則により，手続面から確認することは可能である。手続面に着目するのには，客観的に確認しやすく行為規範としての明確性が高くなるという意味もある。しかし，これに対しては，従業員の同意は，あくまでその同意内容の実体的な適正さ（客観的合理性など）を考慮して判断すべきとする見解が，判例（最判2016・2・19〔山梨県民信用組合82〕等）や学説（西谷183頁。下記の西谷文献も参照）では有力である。

　しかし，従業員の人格的利益は，実体的な適正さがあるから実現されるものではなく，あくまで重要なのは従業員自身の納得である。どのようなことに優先的な価値を与えるかは，従業員によって異なる。賃金などの金銭的な面にこだわる人，安全や職場の快適さにこだわる人，ワーク・ライフ・バランスにこだわる人，雇用の維持にこだわる人，仕事の内容にこだわる人，職業的なプライドにこだわる人などさまざまである。個人の価値観次第で不利益と感じる内容も変わるし，逆に言えば，納得を得るために企業がやるべきこと（説明の仕方や提示する代償措置の内容等）も変わる。

　また規範としてみても，実体的な適正さは，その基準の明確性に欠け，最終的に裁判所によってどう判断されるかの予測可能性が低いため，行為規範として機能しにくい。実体的な適正さを追求することは，裁判所が考える価値観を押しつけることにより，従業員の主観的な納得から乖離し，企業が良き経営をすることの阻害要因となる可能性もある。実体的な適正さを追求する立場は，労働者弱者論と企業強者論という図式から抜け出すことができず，裁判所の経験則を過大に信用して，パターナリズムによる介入を容認し，ひいては，企業の経営への責任感や従業員の自律的意思決定主体としての尊厳を損なうことになる。

◆ 学説のなかには，企業は，経営責任を負う以上，一定の裁量権を認めることが衡平に合致すると述べる見解もある（土田9頁）。この見解では，労働法の理念はどのようにして図られることになるか（土田14頁参照）。企業の裁量をできるだけ小さくするために，明確で予測可能性の高い行為規範を設定して企業経営に規律とインセンティブを付与しようとする本書の立場との違いをふまえながら考察せよ。

（他の参考文献）

＊西谷敏「不利益変更と労働者の『納得』」季労210号（2005）2頁：労働条件の不利益変更の場面における労働者の納得の重要性を論じた文献。

＊守島基博『人材マネジメント入門』（日本経済新聞社・2004）：人事管理論の立場から，従業員の納得の重要性を指摘した文献。

3　人事労働法からみた現行労働法

（1）　労基法の内容

　実際に制定され，適用されてきた労働法は，企業を良き経営に導くという観点からみて，どのように評価できるだろうか。この点を検討するため，歴史的にも，また現在でもなお中核的な労働立法である労基法を中心に検討を加える。

　労基法は，「労働条件は，労働者が人たるに値する生活を営むための必要を充たすべきもの」としたうえで（労基1①），企業に対して，一定の行為の禁止（強制労働の禁止［労基5］，法定労働時間を超える労働の禁止［労基32］等）や義務づけ（休業手当の支払い［労基26］等）をし，また労働者の同意を得て労働契約を締結する場合でも，一定の内容をもつ条項の禁止（賠償予定をする契約の禁止［労基16］等）や一定の基準を下回る労働条件の禁止（3年を超える期間の労働契約の締結の禁止［労基14］等）を定めている。

　そして，労基法は，これらの規定が企業によって遵守されるための仕組みとして，「事業主又は事業の経営担当者その他その事業の労働者に関する事項について，事業主のために行為をするすべての者」を「使用者」として履行責任主体と定め（労基10），労基法違反行為に罰則を科すことにしている（労基117以下。ただし刑事罰は故意犯のみで過失犯には適用されない［刑38］）。違反行為をした「使用者」が「従業者」である場合には，事業主にも罰金刑が科される（労基

121［両罰規定］。ただし，違反防止に必要な措置を講じた場合は免責される）。さらに厚生労働省所管の行政官庁（労働基準監督署長）に監督権限を与え，是正指導をさせることにしている（労基99以下）。なかでも労働基準監督官には強い権限が付与されている（同101以下）。

　企業は，労基法の定める基準を，労働者と合意して引き下げる契約を締結しても，その部分は無効となり，同法の定める基準が適用される（労基13）。ただ，労基法のこの効力（強行的・直律的効力）は観念的なものにすぎず，労基法に則した契約内容を確定させるためには，労働者は裁判を起こさなければならない。そのため実際には，労基法違反の労働契約が適用されていることが少なくない。

（2）　集団的労働条件と就業規則

　労働契約の内容は，労基法で規制されていない範囲では，当事者の合意で決定できるのが原則である（私的自治）。ただ，実際の労働条件は，個別に交渉して決定されるケースはあまりなく，その多くは，従業員に統一的に適用される集団的労働条件である。集団的労働条件に対しては，労基法は以下のような規制をしている。

　企業は，集団的労働条件（労基法が記載を義務づける各労働条件および当該事業場の労働者すべてに適用される労働条件）を，就業規則に記載して，行政官庁（労働基準監督署長）に届け出なければならない（労基89。ただし，常時10人以上の労働者を使用する場合でなければ，この義務は適用されず，行政解釈によると，この数的要件は事業場ごとに判断される）。就業規則に記載した労働条件を変更する場合も同じ手続をふまなければならない（同89）。就業規則は，法律およびこれに基づく命令の要旨等とともに，労働者に周知させなければならない（同106①）。就業規則の作成または変更の場合は，労働者の過半数代表（事業場の労働者の過半数を組織する労働組合があればその労働組合［過半数組合］，そうした労働組合がなければ，労働者の過半数を代表する者［過半数代表者］）の意見を聴取しなければならない（同90①。同意は求められていない）。就業規則の内容は，法令や当該事業場に適用される労働協約に違反してはならず，違反する場合には行政官庁（労働基準監督署長）は変更を命ずることができる（同92。違反している就業規則は効力をもたない［労契13］）。就業規則で定める基準に達しない労働条件を合意しても

無効となり，就業規則の基準が適用される（労基93，労契12。これは労基13が労基法に認めているのと同様の効力である）。就業規則の作成・変更，届出，意見聴取・周知の手続に違反した場合には罰則が適用される（労基120(1)。なお，手続違反の場合の就業規則の効力［現在では労契7，10，12］については，さまざまな見解がある）。

以上の法規制のポイントは，集団的労働条件は，労働者の過半数代表の意見を聴取したうえで就業規則に記載し，労働者に周知させることにある。いったん就業規則を作成（または変更）して周知させた以上，企業は，個々の従業員との間で，就業規則を下回る内容の労働契約を締結してはならないが，その就業規則自体が，従業員に拘束力をもつかどうかについては，労基法は何も定めていなかった。

（3）　判例の労働契約法理

判例は，法律の規定の解釈を示すだけでなく，法律で規制されていない領域において，創造的な法形成を行うこともある。判例により定立された労働契約に関する法規範は労働契約法理と呼ばれ，その一部は現在では労契法で成文化されている。

まず労基法で定めがなかった就業規則の拘束力については，判例は古くから，合理性がある就業規則は労働契約の内容となるとし（最大判1968・12・25〔秋北バス77〕，最判1986・3・13〔電電公社帯広電報電話局78〕），それが労契法で成文化され，「合理的な労働条件が定められている就業規則を労働者に周知させていた場合には，労働契約の内容は，その就業規則で定める労働条件による」と規定されている（労契7）。これにより，労基法には定められていなかった就業規則の拘束力について，制定法上の根拠が与えられ，就業規則は周知と合理性という要件をみたせば，労働契約の内容となり従業員を拘束することが明確になった。

従業員に不利益に変更された就業規則の拘束力も，合理性があれば認められるとする合理的変更法理が定立されていた（前掲・最大判1968〔秋北バス〕等）が，現在ではこれも成文化され，まず原則として従業員との合意がなければ不利益変更はできない（労契9）が，合意がない場合でも，「変更後の就業規則を労働者に周知させ，かつ，就業規則の変更が，労働者の受ける不利益の程度，労働条件の変更の必要性，変更後の就業規則の内容の相当性，労働組合等との交渉の状況その他の就業規則の変更に係る事情に照らして合理的なものであるとき

は，労働契約の内容である労働条件は，当該変更後の就業規則に定めるところによる」と定められた（同10）。なお「賃金，退職金など労働者にとって重要な権利，労働条件に関し実質的な不利益を及ぼす」場合は，「そのような不利益を労働者に法的に受忍させることを許容することができるだけの高度の必要性に基づいた合理的な内容のものである」ことを要するという判例（最判1988・2・16〔大曲市農協〕，最判1997・2・28〔第四銀行80〕，最判2000・9・7〔みちのく銀行81〕等）が，成文化はされていないものの，労契法10条の解釈として踏襲されている（労契法施行通達等）。

　就業規則の不利益変更が，労働者との合意がなければ許されないこと（労契9）を反対解釈すれば，合意があれば許されることになる（労契8も参照）。ただ労働者の契約弱者性を重視する観点から，判例は，「就業規則に定められた賃金や退職金に関する労働条件の変更に対する労働者の同意の有無については，当該変更を受け入れる旨の労働者の行為の有無だけでなく，当該変更により労働者にもたらされる不利益の内容及び程度，労働者により当該行為がされるに至った経緯及びその態様，当該行為に先立つ労働者への情報提供又は説明の内容等に照らして，当該行為が労働者の自由な意思に基づいてされたものと認めるに足りる合理的な理由が客観的に存在するか否かという観点からも，判断されるべき」として，黙示の同意の存在を容易には認めず，自由意思によると認めるにたりる客観的な合理的理由を必要としている（最判2016・2・19〔山梨県民信用組合82〕）。

　こうした労働者の同意の存否を厳格に判断する裁判所の姿勢は，就業規則の範囲外で個別的に合意される個別的労働条件においても認められる。個別的労働条件は，法律と就業規則に抵触しないかぎり自由に合意でき（民521②。労契7但，10但も参照），変更合意も可能である（労契8）が，労働者に不利益な内容となる場合には，上記の判例の基準が適用される傾向にある（上記判例が出る前のものであるが，東京高判2000・12・27〔更生会社三井埠頭〕等を参照）。

　このほか　就業規則に根拠をもつ人事上の措置の有効性も，判例により規律されてきたものは多い。その共通する特徴は，就業規則の規定があれば，それを根拠として企業が人事上の措置をとる権利を認めたうえで，実際にその措置をとる場面では，個別の事情を考慮して，権利の濫用（民1③，労契3⑤）として無効となりうるとするものである。その代表が解雇権濫用法理であり（最判

1975・4・25〔日本食塩製造47〕），この法理も現在では成文化されている（労契16。⇒207頁）。

（4） 良き経営と労使自治的手法

労基法，労契法，判例の労働契約法理のいずれも，そこで定められている規範内容は原則として強行的なものであり，労働者の同意を得たとしても，（労働者に不利に）逸脱することは許されない。また法律で規制されていない範囲でも，労働者に不利な内容の同意については，厳格な基準が適用される。つまり企業が，従業員の意向を確認しながら人事を行うことには，一定の法的制約がかかっているのである。しかし，これは企業が良き経営をするうえでの阻害要因になっている可能性がある。

例えば労基法のように，戦前の工場法の歴史を引き継いでいる法律には，現代社会に不適合な規定も含まれている。一例を挙げると，賠償予定の禁止を定める労基法16条は，従業員の逃亡防止のために違約金を定めることを禁止する目的の規定であるが，特定の研修プログラムの終了後，従業員が一定期間内に退職した場合には費用返還をさせる旨の約定にも文言上は適用可能である。企業と従業員との間でこうした費用返還の合意があったときに，それを無効とすることは，従業員の保護となるようだが，企業による教育投資を抑制する効果をもつので，結果的に従業員に不利となりうる。時代が変わると，かつては必要とされた保護も過剰なものとなることがあるのである（⇒44頁）。

また，労契法（あるいは判例の労働契約法理）には，「合理性」，「合理的な理由」のような抽象性の高い文言が使われている規範が多いし，罰則による強制がある労基法でさえも，一義的に明確ではない規範が含まれている。だからこそ，厚生労働省が，法解釈の統一のために通達（解釈例規）を出しているのだが，通達を必要とする規範であること自体，行為規範として機能しにくいことを意味している（しかも通達は行政内部の文書にすぎず，行政当局の行為規範を明確にしたにすぎないともいえる）。

例えば，労基法の労働時間規制が適用されない「監督若しくは管理の地位にある者（管理監督者）」（労基41(2)）は，法文上の定義がなく，誰がこれに該当するか明確ではない（通達はある［1988・3・14基発150等］が，必ずしも十分ではない）。店舗の店長を管理監督者とする取扱いを否定した裁判例は多い（東京地判2008・

1・28〔日本マクドナルド107〕等）が，店長が「管理監督者」でない理由は，常識からは理解しづらい。

　同様のことは，ビル管理業務における24時間勤務の従業員の仮眠時間を労働時間とした判例にもあてはまる（最判2002・2・28〔大星ビル管理100〕）。労働時間の法文上の定義がないなか，睡眠時間も労働時間となるという解釈は，常識とは大きく異なるため，判例が周知されるまでは混乱が生じる。

　たしかに，すべての法律が，解釈の余地がないほど明確でなければならないとするのは，現実的ではない。しかし，管理監督者該当性や仮眠時間の労働時間性をみると，不明確な規範の弊害は大きい。この問題を解決して，企業が法令を遵守した良き経営をできるようにするためには，できるだけ法律の文言や内容を明確にすることに加え，法律で明確にできないときに，安易に行政や裁判所の解釈に任せるのではなく，企業に対して従業員の納得同意を得ながら規範を明確にしていく権限を与えるという手法が検討されるべきである。

　実際，労基法の「みなし労働時間制」が適用される企画業務型裁量労働制（労基38の4）では，これに近い手法が採られている。すなわち，法律では，この制度の対象業務を「事業の運営に関する事項についての企画，立案，調査及び分析の業務」としか定めず，あとは労使委員会の決議に委ね，ただ決議において参照すべき指針は，行政が法律の委任（同条③）に基づいて策定し（「労働基準法第38条の4第1項の規定により同項第1号の業務に従事する労働者の適正な労働条件の確保を図るための指針」〔1999・12・27労告149〕），かつ決議は労働基準監督署長に届け出ることにして，行政のチェックができるようにしている。さらに同制度を実際に適用する際には，対象従業員の同意も必要である（⇒179頁）。

　このように法が理念を示したうえで，行政の事前・事後の関与を組み入れながら，企業内で法規範の解釈・運用をできるようにする手法は，労使自治を尊重したもので，企業の行為規範が比較的明確である点で望ましいものといえる。

　またこのような手法には，実労働時間に基づく強行的な労働時間規制を弾力化する意味もある。労使自治の尊重は，時代遅れとなっているかもしれない法規制を，弾力化して，より適切な規範内容に再生させる手法にもなるのである。

　労使自治というと，これまで，労働者側の担い手としては労働組合が想定されていたが，現実には労働組合の組織率は低くかつ大企業に偏在しており，労働組合が組織されていない企業が圧倒的多数である。人事労働法は，労働組合

が組織されておらず、労使自治の労働者側の担い手が労働者個人とならざるを得ない場合でも、個人の納得同意を重視することによって、労働法の理念を浸透できるような法解釈や立法をめざすものである。

補 注

(1) **就業規則の法的性質**　就業規則の法的性質については、就業規則の拘束力と関連して議論されてきており、就業規則自体には法的効力がなく（契約のひな形のようなものである）、その内容に労働者の同意があってはじめて拘束力が生じるとする契約説と、就業規則はそれ自体に法規範としての効力があるとする法規範説とが対立していた（学説分析として、諏訪康雄「就業規則」労働法学文献研究会編『文献研究労働法学』（総合労働研究所・1978）、判例分析として、王能君『就業規則判例法理の研究』（信山社・2003）を参照）。現在は、就業規則の拘束力について、労契法の明文の根拠があるので、法的性質論の意義は小さくなっている。しかし今日でも、例えば就業規則の合理的な規定があれば、労働者の同意に代わりうるのか、といった論点では、就業規則の法的性質論が結論を左右しうる（⇒77頁［思考］）。

(2) **就業規則の周知**　就業規則の周知は、労基法の定める企業の義務だが（労基106①）、労契法上も、就業規則が労働者に拘束力をもつための要件となっている（労契7、10）。労基法では、周知の方法は、常時各作業場の見やすい場所への掲示等（労基則52の2）、法令上限定されているのに対し、労契法上の周知にはこうした制限はなく、通説は、労働者が知ろうと思えば知りうる状態にしておくことでたりるが、周知される情報が適切・的確である必要があるとしている（詳説労契113頁）。しかし後述のように、就業規則は誠実説明をとおして労働契約に組み入れなければ拘束力は認められないと解すべきであり、これは周知について、個々の従業員への情報提供という厳格な意味にとらえることを意味する（⇒36頁。なお、土田167頁は、労契法の周知につき、「労働者の求めに応じて適切な説明・情報提供を行い、労働者が規則内容を認識できる状況を提供する必要がある」としており、本書に近い立場である）。

> **思考　―労働者代表制論―**
>
> 　日本では、労働組合の組織率は16.2%（民営企業。全体では17.1%）であり、とくに従業員99人以下の企業での組織率は0.9%、100人から299人規模の企業でも

11.3％にとどまる（厚生労働省の「令和2年（2020年）労働組合基礎調査」）。つまり，中小企業ではほとんど労働組合は組織されていない。労基法を中心に現行法は，過半数代表にいくつかの重要な権限を付与しているが，過半数組合がない企業が圧倒的に多く，しかも過半数代表者には，後述のように（⇒35頁）労働者代表としての適格性（正統性）に問題があることから，法律による常設的な労働者代表機関の設置（従業員代表制度）を求める声もある。しかし憲法は，労働者代表としては労働組合の結成や活動を保障しており（憲28），立法でこれに代わる労働者代表機関を制度化することは，労働組合の地位を侵害し，違憲の疑いがある（大内・労働者代表3章参照。最近の学説については，竹内(奥野)寿「職場における労働者代表制」日労研703号（2019）18頁参照）。

　現行法の過半数代表者の問題をふまえると，立法論としては，過半数代表者の選出という方式（本書では，これを「代表方式」と呼ぶ）にこだわらず，従業員の過半数から同意を得る方式（本書では，これを「直接方式」と呼ぶ）も認めるべきである。それによると，企業は，過半数代表者が選出されなくても，直接方式で手続を進められることになる。例えば，三六協定のような労使協定の締結も，企業が協定案を個々の従業員に提示し，その過半数の同意を得られれば成立することになる（ただし，この場合の従業員の同意は納得同意でなければならない）。過半数代表制は，企業が一定の決定に関して，従業員の過半数の意思を反映させる手続であり，その意思の仲介者が労働組合ではなく，過半数代表者の場合には，実際には従業員の代表として機能していないことを考慮すると，従業員の意思をよりダイレクトに反映させる直接方式こそが，法の趣旨にかなうものといえる（もちろん，協定案の内容を詰めるために，事前に何人かの従業員の意見を聴取するということはあるかもしれない。また，従業員のほうから過半数代表者を選んで交渉して決めるという自発的な動きがある場合には代表方式によるべきである）。

　現行法上は，条文で明記されていない直接方式だけしかとっていなければ，企業は適法な手続をとっていないとして処罰対象となりうるが，私法上の効果との関係では，解釈論としても，代表方式だけでは不十分であり納得規範に則して直接方式をとることを要件とすべきである（その具体的な内容は本書の該当箇所で論じている）。なお，労使委員会の労働者代表の指名については（労基38の4②(1)），過半数代表者による指名は，過半数の支持のあった者を選出する

という直接方式での運用を，現行法上も認めるべきであろうし，立法論としては，労使委員会の決議自体を，過半数組合がない場合には，直接方式に置き換えていくべきであろう（就業規則と過半数代表制の関係に関する筆者の問題意識は，大内・労働者代表176頁も参照）。

　過半数代表者の形骸化は周知の事実であり，これにこだわると従業員の利益を損なうだけでなく（三六協定が労働時間抑制のための実効性をもたないため長時間労働が減らないなど），企業にとっても従業員と直接向き合う機会が失われ（過半数代表者だけが話合いの相手となる），良き経営の阻害要因となる。

自　学

◆ 労働条件の不利益変更に対する労働者の同意を，どのように認定すべきかについては，学説上，見解が分かれている。これらを整理して，論評せよ（山川隆一「労働条件変更における同意の認定」荒木尚志他編『労働法学の展望』（有斐閣・2013）257頁，土田道夫「労働条件の不利益変更と労働者の同意」根本到他編『労働法と現代法の理論（上）』（日本評論社・2013）321頁，大内伸哉「労働契約における対等性の条件」同415頁等参照）。
◆ 労働者の同意に基づく就業規則の不利益変更（労契9）について，学説上どのような議論があるかを整理して，論評せよ（荒木尚志「就業規則の不利益変更と労働者の合意」曹時64巻9号（2012）2245頁，唐津博「労契法9条の反対解釈・再論」前掲『労働法と現代法の理論（上）』369頁参照）。

（他の参考文献）
＊大内伸哉「就業規則の最低基準効とは，どのような効力なのか」山田省三他編『労働法理論変革への模索』（信山社・2015）113頁：就業規則の最低基準効に関して検討した小稿。
＊桑村裕美子『労働者保護法の基礎と構造』（有斐閣・2017）：労働法規制において，国家，集団，個人がどのように関与すべきかを比較法的知見をふまえて考察した文献。

4　新たな規制手法をめざして

（1）　強行規定の弊害

　人事労働法は，法が理念を示し，企業はそれに従った人事制度の構築と運用を従業員の納得同意を得ながら進めていくという仕組みを提唱するものであり，そこで用いられるのは行為規範を重視した労使自治的な手法である。ただ，現

行の労働法では，この手法は，一部の例外を除くと認められていない。その理論的障壁となるのが，労働法の規範（法律や判例）は，たとえ労働者の納得同意を得ていても，そこから逸脱する合意であるかぎり，裁判所が効力を否定できるという「強行性」があることである。

　もちろん労働法の強行性は，契約弱者である労働者が，労働契約によって人格的利益を侵害されたり，不当な労働条件を強要されたりしないためのものであり，その意味で，労働法の存在理由にかかわる。

　とはいえ前述のように，個人の人格的利益の内容や契約弱者性は多様であり，労働者の個性を尊重することこそ労働法の理念に合致するといえることからすると，法規範の強行性が，契約への過剰な介入とならないようにすることも必要である。

（2）　人事労働法からみた強行規定

　裁判官は，たとえ法規範が曖昧なものであっても，これを解釈して適用する。裁判規範としては，客観的合理性，社会的相当性，不合理性といった抽象的な概念のほうが，事案に即した判断を裁判官に託すことができて望ましいとの見方もあり，むしろそれが伝統的労働法の立場であったといえる。

　しかし行為規範としてみると，正反対の評価が可能である。曖昧な強行的規範は，行為規範として機能せず，企業が，従業員の同意を得て人事を進めるインセンティブが働きにくい。また曖昧な規範はその解釈をめぐって労使の見解の対立をうみ，紛争が起きやすくなり，そうなると多くの場合，従業員のほうが紛争解決のために行動を起こさなければならなくなる。近年の労働紛争解決手続の整備（労働審判手続の導入等）は，従業員のこうした行動をサポートするものだが，紛争が起きないようにするほうが，従業員にとってより意味のある対策である。

　もちろん，明確な法規範を定立しても，それだけで良き経営が実現できるとは限らないが，少なくとも良き経営をするための前提にはなる。また，企業は，情報や交渉力の点で従業員より強い立場（契約強者）にあるので，良き経営のためには，情報や交渉力の格差を埋めるべく，誠実説明を行って従業員の納得同意を得るよう努めることが必要である。そして，このような方法で，企業が従業員の納得を重視して行動することこそ，従業員の人格的利益を守ることに

つながる。それだけでなく，企業には，生産性を向上させる人事管理を行うためにも，多様なニーズをもつ従業員一人ひとりの納得度を高めるよう行動する動機がある。人事労働法では，法律の主たる役割は，この動機を刺激しながら，良き経営ができるよう誘導することにあると考えるのである。このことは，強行規定による強力な介入は必要最小限にとどめることを要請する。

（3）　労働法の任意規定化

　現行法上も，強行規定以外に，過半数代表の関与等一定の要件を充足した場合に逸脱を認める規定（半強行規定）や法的拘束力のない規定（訓示規定，努力義務規定等）はあるが，任意規定はほとんど活用されていない。労働者が契約弱者である以上，任意規定を設けても，企業が有利に逸脱して不当な結果がもたらされるだけに終わると考えられていたからである。

　しかし序文（⇒7頁）でも述べたように，近年，行動経済学の知見により，任意規定によるデフォルトの設定が，当事者の意思決定に影響力をもつことが知られるようになり，その機能を活用して，当事者を望ましい結果に誘導する規制手法が提唱されている。労働法でも，強行規定が過剰な規制となりうることを考慮すると，任意規定のもつデフォルト設定機能を活用し，当事者に対して，その選択の自由を重視しながらも，法の考える望ましい方向に誘導することができる規制手法の導入は検討に値するものである。

　こうした手法には，契約内容に標準的に盛り込むことが望ましいものをデフォルト（任意規定）として設定するタイプのものと，当事者間に大きな情報格差がある場合に，情報を多くもつ当事者に不利な内容のデフォルト（「ペナルティ・デフォルト」という）を設定し，情報を開示させるよう誘導するタイプのものがある。労働法のように情報格差が構造的に存在する場合には，後者のタイプが有用と考えられる。つまり任意規定であっても，労働法の理念を反映したデフォルト（ペナルティ・デフォルト）を設定し，企業がそこから逸脱する場合には，従業員の納得同意を必要とすることにすれば，契約的手法を用いながら，契約弱者性に対処することができるのである。

　実際，半強行規定は，これと同じような機能を果たしている。例えば，半強行規定の代表といえる法定労働時間（労基32）の規定は，過半数代表と書面協定（三六協定）を締結して，労働基準監督署長に届け出ることにより，法定労

働時間の強行性を解除できる（同36）。さらに企業は，実際に時間外労働をさせる場合には，従業員の同意を得るか，事前に就業規則に合理的な規定を置いておく必要があり（労契7，最判1991・11・28〔日立製作所武蔵工場103〕），また実際にさせた時間外労働の時間数に応じて割増賃金を支払わなければならない（労基37）。就業規則の規定の合理性判断には，なお曖昧な部分が残るものの，その他の点では，企業がどのようにすれば時間外労働を合法的に行えるかという行為規範の内容が比較的明確である。

（4）　強行規定の弾力化

前述のように，これまでの強行規定は，現代社会では過剰な介入となっている場合もある（⇒27頁）。もちろん，労働者の納得同意を得ても，不利益に変更すべきでない事項は，強行規定として規制し続けるべきである。労働者の生命や身体の安全に直結するものがこれに該当する。しかし，そのような事項以外は，強行規定として，労働者が納得同意をしても無効としなければならない事項はあまり考えられない。したがって，現在の強行規定の多くは，労働法の理念を反映した内容をデフォルト（ペナルティ・デフォルト）とする任意規定と再解釈し，企業が従業員から納得同意を得られれば逸脱できるようにすることが望ましい（労基法に違反する使用者〔労基10〕の行為の刑事責任についても，従業員の納得同意がある場合には，違法性が阻却されると解すべきである）。

なお，納得同意による逸脱を認める任意規定のなかでも，その逸脱の要件として，個々の従業員の納得同意（個別的同意）だけでよいとするものと，労働者の過半数の納得同意も追加的要件となるものとがありうる。また後者においては，過半数の納得同意があるときに，納得同意をしていない少数従業員との関係で，逸脱を一切認めない場合と誠実説明を条件に逸脱を認める場合とがありうる。

（5）　就業規則による労働条件の内容形成と契約組入

従業員を採用するときの労働契約の内容となる労働条件は，基本的には集団的労働条件であり，それは就業規則に記載される（⇒24頁）。人事上の措置は，まず就業規則にルール化され，それに則した形で実施されていく。このため，人事労働法で重視する労使自治的な手法の鍵となるのは就業規則であり，就業

規則こそが納得規範の主たる適用場面である。ただ伝統的労働法では，就業規則に対する規制が不十分であり，記載される集団的労働条件は，その内容を決定する段階（本書では，「**内容決定段階**」と呼ぶ）にせよ，それを個々の労働者の労働契約の内容に組み入れる段階（本書では，「**契約組入段階**」と呼ぶ）にせよ，労働者の利益を十分に守る仕組みにはなっていなかった。以下，この点をまず確認する。

　内容決定段階においては，現行法では，企業は，就業規則について過半数代表の意見を聴取したうえで，労働基準監督署長に届け出るという手続をふむ必要がある（労基90，89）が，（過半数組合がいない場合に過半数代表となる）過半数代表者の代表としての適格性は，労基則レベル（かつては通達）で民主的な手続による選出や企業の意向によらない選出等を定めるにとどまり（労基則6の2①），それを実際に確認する手続はなく，現実にもずさんな選出がなされることが多かった（裁判例として，東京高判1997・11・17〔トーコロ104〕）し，代表者と被代表者との間には直接的な法律関係が存在せず，被代表者からのコントロールが及ばないなどの問題点もあった（⇒29頁［思考］）。その結果，過半数代表者は，（時間外労働をさせるためなどの）企業の都合のために選出されるという意味合いが強かった（なお，過半数代表者の事務の円滑な遂行は，企業が配慮すべきとされている［労基則6の2④］）。

　契約組入段階においては，現行法では，就業規則の周知と合理性があれば，労働契約の内容となる（労契7）とされており，労働者の同意は必要ではない。これは，労契法が標榜する合意原則と整合性がない。就業規則と類似の定型約款は，組入合意がなくても組入表示があればよいとする（民548の2①(1)(2)）が，それは不特定多数の者と取引することを考慮したものであり，特定企業に適用されるにすぎない就業規則にはあてはまらない（就業規則は定型約款の定義には合致しないと解されている）。また，合理性の要件は不明確であるため，就業規則の内容の適正化に機能してこなかった（⇒4頁）。

　このように現行法には，就業規則による集団的労働条件の内容決定段階および契約組入段階で，過半数代表者の代表適格性，合意原則の不徹底，合理性概念の曖昧さという重大な問題をかかえていた。これを解決するための方法として本書が提唱するのは，この二つの段階のいずれにおいても，企業に対して納得規範を遵守することを行為規範として明確にすることである。

具体的には，内容決定段階において，過半数組合がない事業場では，過半数代表者を介在させず，企業は，就業規則の適用対象者となる従業員（以下，本書では「**就業規則対象者**」と呼ぶ）に対して，誠実説明を行って納得同意を得るよう努めることにより，過半数代表者の代表適格性の問題を解決し，かつ合意原則との整合性を図るものとする。さらに政府は，労働法の理念が反映されて，合理的と考えられる（すなわち合理性が推定される）就業規則の条項を「**標準就業規則**」として設定し，その条項をデフォルトの内容とすることにより，合理性概念の曖昧さを取り除き，それによって各企業が就業規則を作成する際の行為規範を明確にすることとする（標準就業規則の条項は合理性が推定されることから，その条項は，実質的には，ペナルティ・デフォルト型の任意規定となる）。

　要するに，就業規則の作成手続は，過半数組合がない事業場では，次のようになる。企業は，「標準就業規則」に基づいて作成した就業規則案を，就業規則対象者に提示し，その内容について意見表明をするよう求める（これは労基90の意見聴取と労基106および労契7の周知としての効果をもつ）。その際，企業は，就業規則案について，誠実説明を行って納得同意を得るよう努めなければならない。その過程で，就業規則案が修正されることもありうる。就業規則案に対して，最終的に，就業規則対象者の過半数が納得同意をしなかった場合には，労働契約への組入れを否定する考え方もありうるが，標準就業規則の内容はデフォルトに従っているかぎり合理性が推定されるので（標準就業規則から不利益に変更した内容を就業規則案とした場合でも，後述のように，それが納得規範に基づいて変更されたものであれば合理性が認められる），最終的に納得同意が得られなくても，誠実説明を行っていれば労働契約への組入れを認めるべきである。

　なお，当該事業場に過半数組合がある場合には，企業は，標準就業規則について過半数組合の意見を聴取する必要があるが，過半数組合が同意した場合には，個々の組合員に対して誠実説明をしなくても労働契約への組入れは認められると解すべきである（要式性を充足していれば［労組14］，この効力は労働協約の規範的効力として認められる［同16］）。一方，過半数組合の組合員以外の従業員には，企業は，誠実説明を行わなければ労働契約への組入れは認められないし，過半数組合が同意をしなかった場合には，組合員に対しても，誠実説明を行わなければ労働契約への組入れは認められないと解すべきである（⇒300頁〔図1〕を参照）。

（6）　就業規則の不利益変更と納得規範

　企業は，集団的労働条件の内容を従業員に提示する際，標準就業規則に修正を加えることもできるが，労働者に不利な内容に変更するとき（不利な条項の追加や有利な条項の削除など）には，その部分は合理性が推定されないので，納得規範をより厳格に適用する必要がある。

　すなわち，標準就業規則から労働者に不利となる変更（以下，「**標準就業規則の不利益変更**」と呼ぶ）の場合は，（過半数組合がない場合には）就業規則対象者の過半数の納得同意を得る必要がある。このとき納得同意をした従業員には，労働契約への組入れが認められるし，納得同意をしていない少数従業員にも，過半数の支持があることによって合理性が担保されていると解されるので，企業が誠実説明を行えば，労働契約への組入れを認めるべきである（なお，反対の意思表示は特定の条項だけに対しても行うことができるので，特定の条項だけが過半数の同意を得られず，労働契約への組入対象にならないこともありうる）。

　以上の説明は，就業規則の作成時における標準就業規則からの逸脱の場合についてのものだが，すでに適用されている就業規則を不利益変更する場合（以下，「**既存就業規則の不利益変更**」と呼ぶ）にもあてはまる。現行法では，企業は就業規則を変更する場合には，内容決定段階では，過半数代表の意見を聴取して，労働基準監督署長に届け出るという労基法上の手続をふむことに加え（労契11），それが労働条件を労働者に不利益に変更する場合には，契約組入段階で労働者の同意を得る必要がある（労契9）が，労働者の同意がない場合でも合理的な変更であれば，周知をすればその労働条件を適用できる（労契10）。しかし，同意の有無の判断で求められる「合理的理由」（⇒26頁）や変更の「合理性」は曖昧な要件であり，行為規範として機能しにくい。少なくとも標準就業規則を基礎にして作成された就業規則は，標準就業規則と同様の合理性をもち，それゆえ「標準就業規則の不利益変更」の場合と同様に，就業規則対象者の過半数の納得同意があれば合理性は推定され，さらに誠実説明をとおして労働契約への組入れが行われることになる。現在の労契法9条および10条は，こうした納得規範に則したものに再構成すべきである（解釈によっても可能と考えるが，立法で明記することが望ましい）。

　当該事業場に過半数組合がある場合は，内容決定の段階では，過半数組合の

同意があれば、就業規則の作成の場合と同様、組合員に対して直接、誠実説明をしていなくても労働契約への組入れは認められるが、過半数組合の組合員以外の従業員に対しては、誠実説明を行って納得同意を得ることが必要となる（過半数組合の同意がなければ、過半数組合の組合員かどうかにかかわらず労働契約への組入れは認められない）（⇒301頁〔図2〕を参照）。

　なお企業内には、就業規則で明文化されていない労使慣行もある。労使慣行の法的効力については議論があるが、企業は、少なくとも不文の慣行はできるだけ就業規則で明文化すべきである。企業は、就業規則よりも従業員に有利な労使慣行が拘束力をもっている場合において、これを廃止する場合には、「既存就業規則の不利益変更」と同じ手続（就業規則対象者の過半数の納得同意と誠実説明）をとらなければならないと解すべきである。

（7）　就業規則の個別的適用と納得規範

　上記の納得規範に基づき労働契約に組み入れられた就業規則（本書では「**正当な就業規則**」と呼ぶことにする）の定める集団的労働条件が、企業に裁量的な判断を認める内容である場合（人事上の措置をとる権限の付与等）には、それが個々の従業員に実際に適用されるというもう一つの段階（本書では、「**個別的適用段階**」と呼ぶ）があり、そこでも、納得規範は適用される（これは過半数組合の組合員に対して、労働協約〔就業規則と同一内容〕に基づいて人事上の措置をとる場合も同様である）。この場合、企業の人事上の措置が正当な就業規則に根拠をもつことが求められていることを考慮すると、誠実説明を行っているかぎり、最終的に納得同意を得ることまでは必要でないと解すべきである。

　例えば、企業は、正当な就業規則に基づき配転を行う場合でも、対象となる従業員の納得同意を得るために誠実説明を行っていれば、最終的に納得同意が得られなくても配転は有効となると解すべきである（⇒132頁）。

　なお、就業規則によるのでなく、個別的に合意された個別的労働条件が、企業に裁量的な判断を付与する内容（何らかの業務命令権の付与など）の場合にも、個別的適用段階で、誠実説明をすることが必要と解すべきである。

（8）　人事労働法の課題—デフォルトと納得規範の組み合わせ—

　以上のように、従業員への誠実説明を重視する納得規範は、従業員の多様な

人格的利益の尊重と契約弱者性への配慮という二つの要請を満たし，かつ納得を重視する企業経営の要請も満たすものである。規制手法の面では，納得規範の活用によって，これまで強行規定と解されてきた規定の多くを，納得同意があれば逸脱可能な任意規定と再解釈し，これにより柔軟な規制を可能とする。また企業内の人事上の措置については，これまでは企業の裁量に委ねられる部分が大きかったが，就業規則による内容形成と労働契約への組入れ，さらに個別的適用のいずれの段階でも，納得規範の遵守を求めることをとおして，企業を良き経営に導こうとするものである。とくに就業規則の作成段階では，デフォルトとしての標準就業規則を設け，納得規範と組み合わせることにより，企業がどのようにして就業規則を作成し，適用していくかについての行為規範を明確にしている。

このほか，事項によっては，企業が有効に人事上の措置をとることができるときでも，（たとえ事後的であれ）対象となる従業員に誠実説明をすることが望ましいことがある（本書では，これを「**補完的誠実説明**」と呼ぶ）。例えば，本人の同意なしに個人情報の取扱いをするとき（⇒76頁），勤務場所を完全テレワークに切り替えるための転勤命令を出すとき（⇒196頁），3歳未満の子の育児や家族介護をしている従業員の時間外労働や深夜労働の免除を，事業の正常な運営を妨げることを理由に拒否するとき（⇒200頁），労働協約上の規定の個別的適用（配転権の行使等）を行うとき（⇒253頁）などである。納得規範には，このタイプのものも含まれる。

以上のように納得規範は，労働法の理念に照らした良き経営をするよう企業にインセンティブを与えるという目的を実現するため，伝統的労働法が，企業の裁量に任せていた部分に新たな規律をもたらすと同時に，強行性をもつルールにより制限されてきた契約的手法の幅を新たに広げる効果をもつ。人事労働法の法技術面での課題は，各事項に応じて，デフォルトをどのように設定し，それをどのように納得規範と組み合わせるかにある。この点は，第2章以下で，具体的に説明していくこととする。

補 注

(1) **零細事業場の就業規則**　企業は常時10人以上の労働者を使用していない零細

事業場では，就業規則の作成義務はなく（労基89），その他の過半数代表の意見聴取や労働基準監督署長への届出，周知といった労基法上の義務も適用されない（同90，89，106①）。しかし，企業が良き経営をするためには，こうした零細事業場でも，標準就業規則をデフォルトとし，納得規範に基づき，就業規則の作成・適用がなされるべきである。このように納得規範は企業規模に関係なく適用されるべきだが，それは強行規定の一律の適用とは異なり，従業員の納得を得るよう努めるかぎり，各企業がその状況に応じた柔軟な経営をすることを許容するものである。

(2) **過半数組合の同意の効果**　本文で述べたように，過半数代表が過半数組合である場合には，その同意があれば，契約組入段階では，個々の組合員の納得同意を得ることは不要である。これは，組合員は労働組合に加入するときに，自己の労働条件の決定を労働組合に委ねており（組合加入契約の解釈），労働組合は契約弱者とみられず，その同意した内容については合理性があると解されることから，契約組入段階で納得規範を適用する必要性に乏しいからである。ただし，ユニオン・ショップ協定締結組合の場合は，事実上の加入強制があるので，組合員が任意に労働条件の決定を労働組合に委ねたと解することが困難となる（根本にはユニオン・ショップを有効とすることの問題がある［大内・労働者代表114頁］。⇒253頁以下）。

(3) **就業規則と個別特約との関係**　企業は，従業員との間で，就業規則の規定がある場合でも，それより従業員に有利な内容の個別的労働条件を合意することができる（労契7但）。こうした合意は，その後に就業規則の不利益変更があった場合でも変更されない旨の特約（不可変更特約）を付けることができる（同10但書。この特約は，就業規則上の特定条項の事後的な変更を排除するという内容で行うこともできる）。他方，就業規則の規定よりも不利な内容の個別的労働条件は原則として認められない（同12）が，納得同意がある場合は認められるべきである。

(4) **労使慣行**　労使慣行は，事実たる慣習となれば，労働契約の内容となりうる（民92）。当事者に拘束力のある労使慣行の成立要件は，裁判例によると，長期間の反復継続，当事者双方の明示的な異議がないこと，労使双方の規範意識の三つである（大阪高判1993・6・25〔商大八戸ノ里ドライビングスクール14〕。水町237頁は，三つ目の要件は疑問とする）。労使慣行の効力には，このほかに，それに反する企業の権利の行使を濫用とする効力，および，労働協約や就業規則の不明確な内容を補充して具体化する効力がある（菅野167頁）。

思考1 ―労働法のエンフォースメント―

　企業に労働法を遵守させるための手法（実効性確保の手法［⇒3頁］）として
は，罰則や行政監督などの国家権力を活用した手法（公法的手法），当事者に強
行規定ないし任意規定を通して権利義務を設定し，違反があった場合には裁判
所をとおして権利の実現を図る手法（私法的手法），努力義務のように，裁判所
をとおした権利実現はできないが，行政指導などにより実現を図る手法，当事
者の行為の指針や目標を示す訓示規定や理念規定を置くにとどめる手法，法律
の目的に合致した経営をしている企業の認定をするといったインセンティブの
手法がある（女性活躍9［えるぼし］，次世代育成13［くるみん］，若者促進15［ユース
エール］等）。一方で，労働法を遵守しない企業は，ESG投資の対象から外された
り，社会的評判リスクにさらされたりする危険があることをふまえ，企業に対
して労働法の遵守に関係する情報開示を強制する手法（市場的手法）もある。
市場的手法のほうが，低いコストで，法律の目的を実現できるので望ましいと
する考え方もある。とくに現代社会では，企業はSDGs（持続可能な開発目標）
に向けた努力や社会的責任（CSR）をはたさなければ，継続的な企業活動が困
難な状況になっている。人事労働法は，現代社会における企業にとって，労働
法の理念を尊重した良き経営をすることは社会的責任の一つであるととらえ，そ
のような経営にインセンティブを付与することを重視するものである（労働法の
規制手法については，荒木尚志「労働立法における努力義務規定の機能―日本型ソフト
ロー・アプローチ？」土田道夫他編集代表『労働関係法の現代的展開』（信山社・2004）
19頁，山川隆一「労働法における法の実現手法」『岩波講座　現代法の動態2　法の実
現手法』（岩波書店・2014）171頁参照。筆者の問題意識は，大内・デジタル2章参照）。

思考2 ―段階的正当性論と人事労働法―

　筆者は，かつて『労働条件変更法理の再構成』（有斐閣　1999）において，集団
的労働条件が3段階の構造（集団的労働条件の内容決定［第1段階］⇒労働契
約への組入れ［第2段階］⇒個別具体的適用［第3段階］）にあるとし，各段階
において，それぞれ民主的正当性（過半数の同意による労働条件決定），私的自
治的正当性（労働者の同意による契約への組入れ），衡平という異なる正当性原
理があてはまると主張した。現在でも，段階的構造論は基本的には維持される
べきと考えるが，本書では，就業規則による集団的労働条件の形成がなされる

場合には，納得規範を正当性原理に取り入れた修正を行っている。

　具体的な修正内容は，第1に，第2段階の私的自治的正当性は，労働者の単なる同意ではなく，納得同意に強化すること（上記小著でも実質的には納得同意を求めていたが，本書ではそのことをより明確にしている）だが，状況によっては，誠実説明を尽くすことでよいとすること，第2に，第1段階の民主的正当性として，集団的労働条件の適用対象者の過半数の「同意」を要件とするのは，第2段階において納得同意を必要とすることを考慮すると厳格すぎるので，状況によっては適用対象者に誠実説明をしたうえでの意見聴取にとどめること，第3に，第3段階の衡平原理は抽象的なので，企業による人事上の措置の個別的適用においては，正当な就業規則に根拠をもつ措置であり，かつ対象となる従業員に対して誠実説明を尽くすこと，というより具体的な要件（行為規範として明確な要件）に置き換えることである。

自　学

◆ 行政による労働紛争の解決方法には，どのようなものがあるか確認せよ（菅野1073頁，山川隆一『労働紛争処理法』（弘文堂・2012）の第2部第1章を参照。なお，労働審判等の紛争解決手続については，⇒211頁）。

（他の参考文献）
＊大竹文雄『行動経済学の使い方』（岩波新書・2019）：行動経済学の入門書。
＊坂井岳夫「労働契約の規制手法としての任意法規の意義と可能性」日労研607号（2011）87頁：労働契約との関係でデフォルトを活用した手法の有効性を論じた文献（なお，企業年金の分野におけるデフォルトの活用可能性を検討したものとして，森戸英幸「企業年金法における『デフォルト・アプローチ』が示唆するもの」荒木尚志他編『労働法学の展望』（有斐閣・2013）309頁がある）。
＊キャス・サンスティーン（伊達尚美訳）『選択しないという選択：ビッグデータで変わる「自由」のかたち』（勁草書房・2017）：デフォルトを活用した法規制のあり方を知るうえで有用な文献。
＊本庄淳志「労契法7条による契約上の規範形成と制約のあり方」学会誌133号（2020）68頁：労契法7条に関する理論的検討をした文献。

第2章　人格的利益の保護

1　拘束なき労働の保障

（1）　人格的利益の内容

　第1章でみたように，企業が良き経営をするために考慮すべき労働法の理念の核となるのは，従業員の契約弱者性と人格的利益への配慮である。歴史的にみて，労働者の人格的利益への配慮としてまず重視されたのが，身体的に拘束されない労働と安全や健康が保持された労働の保障である。さらに，これらの身体面に関する人格的利益に加えて，尊厳ある働き方という精神面に関する人格的利益として重視されてきたのが，雇用平等の保障と個人の道徳的自律が守られるという意味での人格的自由の保障である。以下では，まず，拘束なき労働の保障から検討する。

（2）　強制労働の禁止

　労基法の第1章「総則」には，企業が，労働力を確保するために不当な人身拘束を行ってきた歴史をふまえ，それを禁じる規定が置かれている。その冒頭にあるのが，「暴行，脅迫，監禁その他精神又は身体の自由を不当に拘束する手段によって，労働者の意思に反して労働を強制してはならない」という，強制労働の禁止である（労基5）。これに違反した場合には，労基法上最も重い刑罰が定められている（同117）。今日では奴隷の活用は許されない（憲18条は奴隷的拘束を受けたり，意に反する苦役に服したりしないことを保障している）が，外国人の技能実習生の劣悪な就労環境が国際的に非難されるなど問題が根絶されたわけではない。なお，こうした非難を背景として制定された外国人技能実習法（2017年11月施行）は，実習監理者等が「暴行，脅迫，監禁その他精神又は身体の自由を不当に拘束する手段によって，技能実習生の意思に反して技能実習を強制してはならない」と定めている（外国人技能実習46。罰則は同108）。

また児童労働が広く行われてきた歴史にかんがみ（世界を見渡すと今日でも根絶されていない），憲法は児童の酷使を禁止し（憲27③），労基法も，年少者（18歳未満の者）を保護する規定を設けている（労基6章）。

（3）　契約期間の上限

　労働（雇用）契約に期間の定めがある場合，当事者はやむを得ない事由がなければ契約を中途解除できない（民628）。こうした期間の拘束性は，とくに労働者側に厳しいものとなったため，労基法は，民法上の上限5年（同626①）を大幅に短縮し，辞職の自由が保障されている期間の定めのないもの（同627）を除き，上限を1年とした。その後の法改正により現在は契約期間の上限は3年（労基14①）だが，経過規定として，労働者は1年を超えれば辞職できるとされているので（同137），実質的な拘束期間は1年である。また，高度の専門的知識等を必要とする業務（その内容は2003厚労告356を参照）に従事する労働者と満60歳以上の労働者は，特例で上限は5年である（労基14①(1)(2)。この場合は，同137は適用されない）。これらの規制はあくまで1回ごとの契約に対するものであり，労働者が自らの意思で契約の更新に応じ，トータルで上限期間を超えることまで禁じるものではない。また，この規定は，文言上は，法所定の上限を超える契約期間を設定する労働契約の締結を禁じたものだが，企業の行動を規制する労基法の性質上，企業による労働契約締結行為のみを禁止したものと解されている（罰則［同120(1)］が適用されるのは企業だけである）。なお，一定の事業の完了に必要な期間を定める場合は，この上限規制に服さない（同14①）。また，期間が設定されていても，期間途中での労働者の自由な辞職を認める契約であれば期間の拘束性はないので，労基14条の規制は受けない（土田84頁も同旨）。

　契約期間を法定の上限より長くする合意は，労基法13条にかかわらず，労働者の納得同意があれば有効と解すべきである。今後，有期のプロジェクト型の事業が増え，長期雇用の減少が予想されるなか，やむを得ない事由がなければ中途解除できない有期労働契約（民628，労契17①）の期間の長期化は，労働者にとって，拘束性の弊害よりも，雇用保障のメリットのほうが大きいだろう（雇用保障については，労契法18，19も参照。⇒82頁，219頁）。

（4） 賠償予定の禁止

　企業が，契約的手法をもちいて，労働者を足止めする手段の典型例は，違約金や損害賠償額の予定を約定することである（とくに高額の違約金等を定めることによる逃亡防止等を目的としたもの）。労基法は，企業が，労働契約の不履行について，このような契約を締結することを禁止している（労基16。民420の例外）。

　企業が従業員の教育訓練や資格取得のために費用を負担したり，金銭の貸付けをしたりし，その後，一定の期間勤務をしたら返還や返済を免除するという特約をつけることは，裁判例によると，従業員の自由意思を不当に拘束し，労働関係の継続の強要につながらなければ有効である（東京地判2002・4・16〔野村證券87〕）。しかし，こうした特約は，企業の費用負担等を受けて，従業員の利益になる契約を締結するための条件であることを考慮すると，従業員の納得同意さえあれば有効と解すべきである（⇒27頁。土田88頁も参照）。

　企業が労働契約の不履行により実際に損害を被ったときに，損害賠償を請求することは労基法16条には反しない。ただし，請求できる損害賠償額は，損害の公平な分担という見地から信義則上相当と認められる限度にとどまる（最判1976・7・8〔茨石13〕）。日常業務における軽過失で起きた事故（とくに企業の保険加入によって損害を回避しやすい自動車事故等）については，企業から従業員への損害賠償請求は，信義則に照らし，大幅に軽減されざるを得ないだろう（労契3④。従業員の損害賠償責任制限の根拠の理論的検討は，土田194頁も参照）。学説には従業員が軽過失の場合は免責されるとする見解もある（西谷228頁。関連する裁判例として，大阪高判2012・7・27〔エーディーディー〕）。なお，企業から身元保証人への請求については，特別法（身元保証ニ関スル法律）による制限がある。

（5） 前借金相殺の禁止

　企業は，前借金その他労働することを条件とする前貸の債権と賃金を相殺してはならない（労基17）。前借金相殺も従業員の退職防止策として用いられてきたものだが，住宅資金の貸付けなどのように，従業員の利益になるものもあることから，従業員の納得同意があれば有効と解すべきである（「労働することを条件とする」に該当しないと解釈することでも同じ結論となる）。

　このほか，賃金は差押えの制限がかかっているため，これにともない相殺も

制限される（民510，民執152，民執令2）。この制限は，労働者の生活保障という趣旨によるもので，生存に直結しうるので，強行性があると解すべきである。

（6）　強制貯金の禁止

企業は，労働契約に附随して貯蓄の契約をすることや貯蓄金を管理する契約をすることもまた，不当な人身拘束につながるため禁止されている（労基18①）。ただ，禁止されるのは，あくまで「強制」的な貯金であり，従業員の納得同意に基づく貯蓄契約や貯蓄金管理契約は有効と解すべきである。

また，労基法は，企業が労働者の貯蓄金をその委託を受けて管理することを認めている。いわゆる社内預金は，この規定に基づき運用されている。企業は，貯蓄金の委託管理をする場合には，過半数代表との書面協定と労働基準監督署長への届出，貯蓄金管理規程の作成・周知，一定の利子の付与，労働者の請求による遅滞なき返還などの義務を履行しなければならない（同②以下）。

補　注

⑴　**未成年者との労働契約**　　企業は，最低就労年齢（労基56）を超えている未成年者（20歳未満［民4］。2022年4月以降は18歳未満）との労働契約の締結は，法定代理人の同意があれば認められる（民5。この場合，未成年者は成年者と同一の行為能力をもち［同6］，訴訟能力ももつ［民訴31但］と解される［菅野610頁］）。一方，未成年者に代わって法定代理人（親権者または後見人）との間で労働契約を締結することは，通常の契約とは異なり許されない（労基58①。民824，859参照）。

⑵　**年少者の保護**　　年少者（18歳未満の労働者）には，変形労働時間制やフレックスタイム制を適用したり，三六協定による時間外労働や休日労働をさせたりすることはできない（労基60①。ただし，例外は同③）し，深夜労働をさせることもできない（同61①。例外は同①但および②以下）。危険有害業務に就業させることも制限されている（同62）。

⑶　**競業避止義務違反の場合の退職金減額条項と違約金約定の禁止**　　判例は，従業員が退職後に同業他社に転職した場合に退職金を半額にする旨の合意は，労基法16条に反しないとしている（最判1977・8・9〔三晃社10〕）（⇒121頁）。

⑷　**企業からの求償制限と逆求償の肯定**　　従業員が業務中に交通事故により第三者に損害を及ぼした場合，企業は第三者に対して損害賠償責任を負担しなければ

ならない（民715①）。企業は，当該従業員に求償できる（同③）が，全額について
できるわけではない（前掲・最判1976〔茨石〕を参照）。逆に，当該従業員が先に損害
賠償を行ったときには，企業は従業員からの求償（逆求償）に応じなければなら
ないことがある（最判2020・2・28〔福山通運〕を参照）。

思考 ―リテンションの方法―

　期間の定めのない労働契約では，労働者には辞職の自由があり（民627），これ
を直接制限することは，たとえ労働者の納得同意があっても認められない強行規
定と解すべきである。同じ理由で，辞職の自由の事前放棄も認められるべきで
はない。そのため企業は，労働力を持続的に確保し，優秀な労働者の引き留め
（リテンション）をするためには，有期労働契約を締結する必要が出てくる。有
期労働契約を締結すると，「やむを得ない事由」がなければ中途で契約を解除
（辞職）することはできない（民628）。ただ労働法は，契約に拘束される期間が
長期になることを避けるため，期間に上限を設けた（労基14①）。また期間の定
めのない無期労働契約を締結したうえで，辞職することが不利となるような契
約上の仕組みをつくることも禁止した（労基16等）。ただ辞職の自由そのものを
制限するのではなく，こうした契約上の仕組みをつくることにとどまる場合には，
本文でも述べたように納得同意があれば認められるべきである。また人事労働
法の観点からみて，より望ましいのは，従業員が長期勤続の意欲をもつようなイ
ンセンティブの仕組みを企業が設けることである。格付け制度や報酬制度等は，
こうしたインセンティブの仕組みといえる（⇒6章）。

自　学

◆ 労基法14条1項は，「一定の事業の完了に必要な期間を定める」場合を期間規制の
例外としている。では「雇用は一定のプロジェクトが継続するかぎりにおいて継続
する」と合意して，プロジェクトの終了にともない雇用を終了させることは可能か
（東京高判2010・12・15，東京地判2010・5・28〔ジョブアクセスほか事件〕も参照）。

◆ 次頁の「誓約書」の内容は，現在の労働法からみると，どの点に問題があるか。

（他の参考文献）
＊厚生労働省労働基準局編『平成22年版労働基準法上巻』（労務行政・2011）：労基法の条文
　の趣旨等について知るうえで有用な文献。

誓約書

原籍　兵庫縣出石郡資母村大字阪津
現住所　寄宿舎
戸主トノ續柄　和喜藏長女　細井　と　し　を
明治三十年五月五日生

私儀今般御社職工トシテ御採用相成候ニ就テハ左記件々確ク遵守スベキ事ヲ誓約致
候

一、御社御制定ノ職工規定ヲ遵守スベキハ勿論其他ノ規則命令ヲ確守シ誠實勤勉ヲ
旨トスルコト

二、御社職工規定ニヨリ大正十二年十二月十二日ヨリ大正十五年十二月十二日マデ
満三ケ年間御社御指定ノ勞務ニ從事シ且ツ勞務時間賃金等總テ御社ノ御指圖ニ
從フベキコト期間満了後引續キ勤務スル場合ニハ更ニ一ケ年間契約シタルモノ
ト看做スベキコト其後尚勤務スル場合ニツキ亦同様タルベキコト

三、御社事業ノ御都合上又ハ本人不都合ノ處爲アルニヨリ解雇セラルルモ異議ナキ
ハ勿論御社職工規定ニヨリ如何様御取計相成トモ苦情申立間敷コト

四、雇傭期間中止ムヲ得ザル事故ヲ以テ解雇ヲ願出ヅル時ハ四週間以前ニ其理由ヲ
具シ願書ヲ提出スベキコト

五、引受人ハ本人解雇セラレタルトキ其身柄ヲ引取ルベキハ勿論其他御社ニハ一切
御迷惑相掛ケ申間敷コト

六、期間満了後引續キ勤務スル場合ニ於テハ其際新規ニ誓約書ヲ差入ル、コトナク
シテ本誓約ト同様ノ誓約ヲナシタルモノト看做スベキコト

右之通リ誓約候也
大正十二年十二月十二日

東洋紡績株式會社四貫島工場御中

右本人　細井　と　し　を　㊞
親權者　細井　和喜藏　㊞
住所
引受人　大阪市西區春日出町五五
吉井　喜三　㊞

（細井和喜蔵『女工哀史』（岩波文庫・1980）93-94 頁の誓約書）

2　安全と健康の確保

（1）　安全配慮義務

　労働者の人格的利益を守るうえで，労働災害（労災。その定義は労安衛2(1)も参照）を防止し，安全で健康な環境で働けるようにすることが重要な要請であるのは言うまでもない。

　判例も，企業には，「労働者が労務提供のため設置する場所，設備もしくは器具等を使用し又は使用者の指示のもとに労務を提供する過程において，労働

者の生命及び身体等を危険から保護するよう配慮すべき義務」（安全配慮義務）があるとし（最判1984・4・10〔川義121〕。その先例として，最判1975・2・25〔陸上自衛隊八戸車両整備工場120〕），その後の判例は，こうした配慮に，「業務の遂行に伴う疲労や心理的負荷等が過度に蓄積して労働者の心身の健康」に対するもの（健康配慮義務）も含めている（最判2000・3・24〔電通122〕）。現在では，労契法が，企業には「労働者がその生命，身体等の安全を確保しつつ労働することができるよう，必要な配慮をする」義務があると定めて，以上の判例を成文化している（労契5）。

　企業は，今日，従業員が労務提供をする場所（工場等）の危険性や従業員が従事する業務自体の危険性に配慮した労災の予防（場所・施設・器具等の面や人材配置面での対策や安全教育等による予防）だけでなく，過労やストレスによる健康障害の発生や増悪の予防のための配慮（職場の業務体制の見直し，従業員個人の業務軽減等による健康確保，ハラスメント等のストレス要因の除去等）をすることも求められている。

（2）　労安衛法上の義務

　企業の安全配慮義務の内容としては，労安衛法（1972年に労基法から独立して制定された法律）および労安規則の定める義務が参考になる。労安衛法は，労災防止のための危害防止基準の確立，責任体制の明確化および自主的活動の促進等，総合的・計画的な対策を推進することにより，職場の労働者の安全と健康を確保するとともに，快適な職場環境の形成を促進することを目的としている（労安衛1）。

　労安衛法によると，企業は，安全衛生管理体制を整備するため，安全衛生の責任者（統括安全衛生管理者，安全管理者，衛生管理者，産業医等）を選任し（労安衛10以下），一定規模以上の事業場では，調査審議のための委員会（安全委員会，衛生委員会，安全衛生委員会等）を設置しなければならない（同17以下）。また，同法は，企業に対して，労働者の危険や健康障害の防止措置をとることを義務づけ（同20以下。労働者にも一定の必要事項の遵守義務が罰則つきで定められている〔同26, 120(1)〕），一定の機械の製造を許可制としたり（同37），検査を義務づけたりし（同38），また一定の危険物・有害物については製造や使用を禁止したり許可制としたりし（同55, 56），さらに雇入時や作業内容変更時の安全衛生教育も

義務づけている（同59）。

　また，企業は，労働者の健康の保持・増進のための措置として，雇入時とその後は年1回以上，健康診断（一般健康診断）を実施しなければならず（労安衛66），その診断結果に基づき必要があると認める場合には，医師の意見を勘案して適切な措置（就業場所の変更，作業の転換，労働時間の短縮，深夜労働の回数の減少等）を講じなければならない（同66の4，66の5。一定回数以上の深夜労働に従事する労働者の，自発的に提出した健康診断の結果についても同様［66の2]）。健康診断受診は労働者の義務でもある（同66⑤。なお，但書も参照）。

　過重労働による健康障害を防止するための措置としては，医師による面接指導（問診その他の方法により心身の状況を把握し，これに応じて面接により必要な指導を行うこと）がある。企業は，1か月に80時間を超える時間外労働を行い，疲労の蓄積が認められる労働者の申し出があれば医師による面接指導を実施しなければならず，面接の結果，必要があると認める場合には，医師の意見を勘案して適切な措置を講じなければならない（労安衛66の8。労安則52の2，52の3）。企業は，面接指導の実施のため，労働者の労働時間の状況を，パーソナルコンピュータの使用時間の記録等，適切な方法で把握しなければならない（労安衛66の8の3，労安則52の7の3）。

　労働者のメンタルヘルスに関しては，常時50人以上の労働者を使用する企業は「ストレスチェック」（心理的な負担の程度を把握するための検査）を毎年実施しなければならない（労安衛66の10①，労安則52の9）。健康診断と異なり，労働者に応じる義務はない。検査結果は，検査を実施した医師から直接通知され（検査結果の企業への提供は，労働者の同意がないかぎり禁止される），これを受けて，労働者が医師の面接指導の申し出をし，検査した医師が必要と認めた場合には，企業は医師の面接指導を実施しなければならない（労安衛66の10②・③，労安則52の15）。企業は，面接指導の結果，必要があると認める場合には，医師の意見を勘案して適切な措置を講じなければならない（労安衛66の10⑤・⑥）。ストレス要因は個人だけでなく，職場環境に関係しうるので，企業には，医師に労働者の集団ごとの分析をさせ，その結果から必要があると認めるときは，当該集団の労働者の心理的な負担を軽減するための適切な措置を講じる努力義務がある（労安則52の14）。

　なお，労安衛法は，請負関係の元方事業者に対して，関係請負人およびその

労働者が同法を遵守するよう，必要な指導や違反是正のための必要な指示をすることを義務づけている（労安衛29。なお元請人の災害補償責任等については，労基87も参照）。判例は，企業の安全配慮義務を，下請企業の従業員との関係でも認めている（最判1980・12・18〔大石塗装・鹿島建設〕，最判1991・4・11〔三菱重工神戸造船所125〕。現在では労契5の類推適用）。一般的に，企業が取引関係でつながる他企業の従業員について，その安全や健康面に配慮することは，企業の社会的責任（CSR）として求められるべきであるし，具体的なケースで注意義務違反が認められる場合には不法行為責任（民709）が問われることもある。

（3）　行為規範としての安全配慮義務

　安全配慮義務（労契5）の内容は，事故や病気が実際に起きてから，事後的に特定されることが多いため，補償の根拠とはなりえても，労災予防のために企業のとるべき行為規範としての明確性には欠けている。労安衛法上の義務は公法上の義務と解されているが，就業規則には，自企業に関係する労安衛法や労安規則の内容に即した条項を盛り込むことが望ましい。標準就業規則のデフォルト条項として細かく定めるのは難しいので，「会社は，労働安全衛生法，労働安全衛生規則その他の労働安全衛生に関する法令を遵守して，従業員の安全衛生の確保と改善を図るために必要な措置を講じる」という条項（ブリッジ条項）を置くべきである。これが労働契約に組み入れられることにより（就業規則の契約組入については，⇒34頁），労安衛法上の義務は，単なる公法上の義務にとどまらず，労働契約上の義務として企業は遵守しなければならなくなるし，義務を特定できる場合には，従業員はその履行請求をすることもできる。

　以上の労働安全衛生に関する義務内容は，企業と従業員との間の情報格差が大きく，従業員の納得同意による変更に適さないことから，原則として強行性を認めるべきである。なお，労安衛法上，努力義務とされているもの（中高年齢者の適正配置〔労安衛62〕，受動喫煙防止〔同68の2〕等）も同様に標準就業規則に盛り込むべきだが，これらは強行性まで認めるべきではなく，納得同意がある場合には，その義務の撤廃ないし軽減が認められてよいだろう。

　また法令上の義務とされている法定の健康診断，医師による面接指導，ストレスチェック以外の場合においても，従業員本人からの業務に関連する健康障害についての申告があった場合には，企業は，産業医との面接相談の機会を設

定すべきであり，産業医の意見を勘案して，一定期間の就業の禁止，就業場所の変更，作業の転換，労働時間の短縮，深夜労働の回数の減少などの措置について，従業員に提案し，その同意を得たものについては実施する義務があることを，標準就業規則で定めるべきである。

　企業は，安全や健康管理の重要性にかんがみ，標準就業規則の内容を超えて，企業の実情に応じて，その義務の範囲を追加することは，従業員に有利な変更なのでもとより可能であるが，この追加された義務については，強行性はなく，個別の労働契約で納得同意により逸脱することは可能と解すべきである（労契12は適用されない）。従業員によっては，安全配慮義務の拡充を，過剰な介入と考える場合もあるからである。

　以上のような安全配慮義務は，企業にとって負担の重いものとなりうる一方，実際に遵守されることが強く要請されるため，企業に対して明確なインセンティブを付与することが望ましい。具体的には，標準就業規則上の義務（労安衛法上の義務等）を遵守している場合には，その義務を履行して防止しようとした危険が顕在化して労災が発生した場合でも，原則として，安全配慮義務違反はなく，損害賠償責任を負わないと解すべきである。

　また，従業員の健康への配慮は，そのために必要な情報がプライバシーに関わり，企業は通常保有する情報以上に積極的に入手しようとすべきではないので，従業員が自ら提供する健康情報の範囲で措置を講じれば足りると解すべきである。その際には，従業員の希望を尊重すべきだが，それに応えられない場合，企業は，そのことにつき誠実説明を尽くしていれば，その措置を講じなかったことに伴う損害賠償責任は原則として負わないと解すべきである。なお，企業は，従業員が精神障害を抱えていたことを知らなかったとしても，そのことは企業の責任を軽減する理由にはならない（最判2014・3・24〔東芝〕）。

　以上の安全配慮義務と後述の労災保険（⇒53頁）の適用は直接の関係はないので，労災が発生したときには，業務上と判断されさえすれば，労災保険が適用される。労災保険制度は，企業の損害賠償責任に関係なく，簡易迅速に補償がなされるところにその存在意義があると解すべきである。

（4）　安全配慮義務違反と損害賠償

　安全配慮義務違反があれば，企業は債務不履行による損害賠償責任を負う

（民415）。会社役員に対しても，損害賠償責任が追及される例が増えている（会社429①。大阪高判2011・5・25〔大庄ほか124〕等。土田531頁も参照）。ただし，前述のように，標準就業規則上の義務や納得規範に則り特定した措置義務を履行しているかぎり，損害賠償責任は原則として発生しない。

　また，かりに安全配慮義務違反があっても，従業員に過失等があれば，賠償額は減額される（過失相殺の規定である民722②，418も参照）。従業員の精神障害（とくに自殺の事例）については，従業員本人の心因的要因を考慮して賠償額が減額される可能性が高い。もっとも，最高裁は，「ある業務に従事する特定の労働者の性格が同種の業務に従事する労働者の個性の多様さとして通常想定される範囲を外れるものでない限り，その性格及びこれに基づく業務遂行の態様等が業務の過重負担に起因して当該労働者に生じた損害の発生又は拡大に寄与したとしても，そのような事態は使用者として予想すべきものということができる」し，「労働者に対し業務上の指揮監督を行う者は，各労働者がその従事すべき業務に適するか否かを判断して，その配置先，遂行すべき業務の内容等を定めるのであり，その際に，各労働者の性格をも考慮することができる」と述べ，通常想定される範囲を外れない性格である限り，従業員の性格を心因的要因としてしんしゃくして，損害賠償額を減額することはできないとした（最判2000・3・24〔電通122〕）。企業は，日常業務において，従業員の多様な性格に合わせて人事管理をする人事権を保有している以上，その行使の際には本人の性格をふまえたメンタルヘルスへの影響にも配慮すべきなのである。

（5）　労災保険

　労基法は，労災に対する災害補償責任として，企業に対し，通常の損害賠償における過失責任主義（民709を参照）の例外として無過失責任を課している（労基8章）。これは企業が労働者を使用して事業活動を行う過程で生じた損害は，その過失の有無に関係なく負担すべきであるという危険責任の思想による。もっとも，その補償内容の大半は，労災保険法がカバーするため，企業が直接負担する災害補償責任は，休業の際の最初の3日間の補償（労基76）に限定されている（労災保険の休業補償給付には3日間の待機期間がある〔労災14①〕）。

　労災保険制度は，原則としてすべての企業に加入が義務づけられている。企業が負担する保険料は賃金総額に労災保険率を乗じて算定され，また事故数に

応じて増額されるメリット制が適用されている。

　労災には，業務災害と通勤災害がある。業務災害とは，業務上の負傷，疾病，障害または死亡をいう（労災7①(1)。通勤途上の災害である通勤災害は，労基法の災害補償責任とは無関係だが，特別に労災保険給付の対象となっている〔同①(3)および②以下〕)。労災保険給付を得るためには，労働基準監督署で当該災害や疾病が業務上のもの（労災）であると認定される必要がある。業務上の災害と認められるためには，行政実務上は，業務遂行性と業務起因性が必要と解されている。業務遂行性は，「労働者が労働契約に基づき事業主の支配下にある状態において当該災害が発生したこと」（最判2016・7・8〔行橋労基署長115〕等）である。ただ業務遂行性があっても，災害が業務に内在する危険が現実化したものでなければ業務起因性は否定される（業務遂行中の私的なけんかによる負傷等）。業務上の疾病については，その範囲が，労基則の別表第1の2（職業病リスト）で定められている（労基75②，労基則35）。そこに該当する疾病は，業務起因性が推定される（なお疾病については，業務遂行性は要件とならない）。そこにリスト化されていない疾病も，「その他業務に起因することの明らかな疾病」（包括条項。労基則別表第1の2(11)）に該当すれば，業務上の疾病に含まれる。なお，2020年の法改正で，新たに複数の企業で雇用される労働者を対象とした「複数業務要因災害に関する保険給付」が新設されている（労災7①(2)および20の2以下。⇒184頁補注(4)）。

（6）　脳心臓疾患と精神障害

　労働者の安全と健康に関する近年の最も大きな課題は，過重労働による脳心臓疾患（くも膜下出血，心筋梗塞等）と過度のストレスによる精神障害（うつ病やそれによる自殺等）である。どちらも当初は職業病リストにあがっていなかったが，包括条項に基づき労災保険の適用対象とされてきた（2010年の労基則の改正により，リストに追加された）。

　行政における脳心臓疾患の労災認定基準は，2000年の最高裁判決（最判2000・7・17〔横浜南労基署長116〕等）をきっかけに見直された。これにより「長期間の過重業務」による発症も対象に含まれることになり，具体的には発症前1か月の時間外労働が100時間を超える場合，または発症前2～6か月間の1か月平均の時間外労働が80時間を超える場合（「過労死ライン」と呼ばれる）には，業務と発症との関連性が高くなるとした（2001・12・12基発1063）。安全配慮義務違

反の損害賠償請求裁判でも，この時間数は参考にされており，これを超えて働かせていた場合には，企業に責任が認められる可能性が高い。

　精神障害については，とくに自殺が問題となる。労災認定では，自殺案件は，故意によるものとして支給対象外となりうる（労災12の2の2①）が，今日では業務上の精神障害による自殺は故意に該当しないと解され，業務起因性も認められている（1999・9・14基発544，同545）。さらに発症前6か月間の業務による強い心理的負荷があれば，業務上の疾病と認められやすく，嫌がらせやいじめは，こうした強い心理的負荷の例とされている（2011・12・26基発1226第1号。裁判例としては，東京地判2007・10・15〔静岡労基署長119〕等）。安全配慮義務違反の損害賠償請求裁判では，企業側は，自殺まで予見できなかったとの主張や，自殺は本人の意思によるものなので，業務と自殺との因果関係がないとの主張をすることがあるが，これらは，企業が従業員に心理的負荷の高い業務をさせていたことを認識していたかぎり，認められない可能性が高い。従業員の過失相殺等については前述したとおりである（⇒53頁）。最近ではパワーハラスメントによる精神障害の事案で，安全配慮義務違反を理由に，企業の責任を認めるものが増えている（東京高判2017・10・26〔さいたま市環境センター123〕等）。

（7）　労災保険と民事損害賠償責任との調整

　労災保険による補償額や率は法定されており（例えば，休業補償給付は給付基礎日額［平均賃金に相当］の6割〔労災14，8〕），企業が安全配慮義務違反として負う損害の全額をカバーするものではない（なお外国では，労災保険の適用がある場合には，労働者による損害賠償請求を認めない国も多い）。

　企業の労基法上の災害補償責任は，労災保険等からの公的給付が「行われるべきものである場合」には免れる（労基84①）が，民事上の損害賠償責任は，災害補償責任と「同一の事由については，その価額の限度」で免れるにとどまる（同②）。政府が労災保険の給付をしたときも，企業は「同一の事由については，その価額の限度」で民事損害賠償責任を免れるにとどまる（同②の類推適用。最判1977・10・25〔三共自動車127〕）。その結果，労災保険による給付と「同一の事由」ではない事由による損害と，「同一の事由」であっても塡補された範囲を超える損害は，企業が賠償責任を負わなければならない。

　これを具体的にみると，労災保険給付は，労働者の受けた財産的損害のすべ

てではなく，消極的損害（逸失利益）の塡補を目的とするものであるため，入院雑費や付添看護費などの積極的損害をカバーしないし（最判1987・7・10〔青木鉛鉄〕），非財産的損害（精神的損害）もカバーしない（最判1983・4・19〔東都観光バス〕）。また，社会復帰促進等事業により支給される特別支給金は，保険給付の上積み的要素があるものの，保険給付とは制度趣旨が異なるため，その額は損害賠償額から控除されない（最判1996・2・23〔コック食品128〕等。ただし，この判断には疑問がある）。

　労災保険が年金給付の場合，損害賠償請求がなされた時点の未支給分（将来分）は控除できないとするのが判例だが（最判1977・10・25〔三共自動車127〕），その後の法改正で前払一時金の限度までは賠償を猶予されることになった（労災64①）。労働者側が前払いで請求できる範囲では，実際に塡補されているのと変わらないからであるが，立法論としては，将来分はすべて控除できるとすべきである。また，企業が先に支払った場合，その価額の限度では労災保険給付は行われないが（同②），企業がその給付請求権の代位取得（民422）をできるわけではない（最判1989・4・27〔三共自動車〕）。労災保険給付はあくまで労働者側に対してなされるものだからである。なお，労災は，企業以外の第三者の行為によって生じる場合もあり（「第三者行為災害」という），その場合の労働者側の第三者に対する損害賠償請求と保険給付との調整については明文の規定がある（労災12の4）。

補 注

⑴　**安全配慮義務違反の不法行為構成と債務不履行構成**　安全配慮義務を，労働契約上の債務とみるか，不法行為法上の注意義務とみるかは，かつては違反に対する損害賠償請求権の時効の面で違いがあり，債務不履行とするほうが労働者側に有利だった。しかし2017年の民法改正で，人の生命・身体を害する場合については，債務不履行と不法行為の間の時効期間が同じとなったため，両者の差はなくなった（民166・167，724・724の2を参照）。主観的要件は，不法行為の場合は，故意または過失を労働者側が立証し，債務不履行の場合は，帰責事由の不存在を企業側が立証しなければならないが，後者の場合でも，債務の内容は労働者側が立証すべきものであり，その立証は帰責事由の立証と実際上は重なるので，この面でも労働者側は有利とはいえなかった。むしろ債務不履行には，不法行為には認められて

いる遺族に固有の慰謝料が認められないこと（民711），遅延損害金の発生が，不法行為の場合は事故の日から発生するのに対し（最判1962・9・4等），債務不履行の場合は労働者の請求日の翌日からであること（民412③）。最判1980・12・18〔大石塗装・鹿島建設〕参照）などから，労働者側に不利な面もある。ただし，以上のような事後的な補償面ではなく，予防面を考えた場合には，労働契約上の債務とみることは，履行請求が可能となるので，労働者側に有利となりうる。

(2) **企業の労災行訴への補助参加**　労災保険給付の支給決定の手続には，企業は関与しない。ただし，不支給決定に対して労働者側が提起した取消訴訟については，その結果によってメリット制により保険料の影響を受けることがあるので，企業は補助参加（民訴42）ができる（最決2001・2・22〔レンゴー〕）。

> **思考　―労災保険の社会保障化？―**
>
> 　労災保険は，労基法第8章により企業が責任を負う災害補償（療養，休業，障害，遺族の各補償と葬祭料）の責任保険として創設されたものであるが，その後，労基法上の企業の責任に対応しない傷病補償年金，介護補償給付が追加され（労災12の8），さらに労災（業務災害）に関係のない通勤災害に対する給付（同21以下）や二次健康診断等給付（同26）も追加されている。こうした点をとらえて，労災保険の「一人歩き」や社会保障化と言われることもある。
>
> 　一方，労災保険の仕組みについては，日本のように政府が運営するタイプではなく，企業に対して民間の損害保険会社との契約を義務づけるタイプもあり（アメリカのいくつかの州に例がある）（JILPT『労働政策研究報告書No.205　労災補償保険制度の比較法的研究』（2020）も参照），社会保障化とは逆の民営化も理論的にはありうる。

> **自　学**

◆ 労災保険で業務災害と認められなかった場合，治療の費用負担と休業の補償はどうなるか（健康保険法を参照）。また，労働者でないとして労災保険が適用されなかった場合（最判1996・11・28〔横浜南労基署長88〕等）の治療の費用負担と休業の補償はどうなるか（国民健康保険法を参照）。なお，労働者でない者が労災保険に加入できる制度（特別加入制度）についても確認せよ（⇒85頁補注⑴も参照）。

◆ 安全配慮義務違反の損害賠償請求裁判において，労働者に過失が認められた場合，

損害賠償額から労災保険給付の額を控除するのは，過失相殺の後の額か前の額か。両者の違いはどこにあり，それぞれの理論的根拠はどのようなものか（最判1980・12・18〔大石塗装・鹿島建設〕および第三者行為災害のケースにおける，最判1989・4・11〔高田建設129〕の伊藤正己裁判官の反対意見を参照）。

（他の参考文献）

＊鎌田耕一「安全配慮義務の履行請求」『労働保護法の再生』（信山社・2005）391頁：安全配慮義務違反を根拠とした労働者の履行請求権を検討した文献。

＊土岐将仁『法人格を越えた労働法規制の可能性と限界』（有斐閣・2020）：直接の労働契約関係がない企業に対して，法人格を越えてどこまで責任を問えるかを理論的に検討した文献。

＊畠中信夫『労働安全衛生法のはなし（改訂版）』（中央労働災害防止協会・2006）：労安衛法に関する概説書。

＊水島郁子「ホワイトカラー労働者と使用者の健康配慮義務」日労研492号（2001）30頁：安全配慮義務と健康配慮義務との関係を理論的に分析した文献。

3　雇用平等

（1）　雇用平等と差別的取扱い

　労働者の人格的利益への配慮としては，尊厳ある労働を保障するための雇用平等の実現も重要である。雇用平等とは，多様な属性をもつ労働者を，その本人の能力や適性に基づき公正に処遇することを意味する。労契法が求める均衡の考慮も，企業に対して，行為規範として，公正な処遇を実現することを求める規定と解される（荒木299頁）。もっとも公正な処遇は，従業員の労働意欲に影響し，企業が効率的な人事管理を行うために不可欠の条件でもある。そのため法律は，公正な処遇をどのように行うかは基本的に企業の判断に任せたうえで，一定の不公正な処遇を「差別的取扱い」として禁止するという形で介入してきた。

　雇用における差別的取扱いとは，労働者本人の能力や適性に関係のない理由で，本人を不利益に扱うことを意味する。こうした取扱いがなされる原因として考えられるのは，次の三つである。

　第1は，社会に存在する分断意識が，雇用の場における少数者の排除につながること（社会的排除）である。人種，信条（宗教，政治）等による差別がこれ

にあたる。

　第2は，能力や適性に対する偏見である。黒人は能力が低い，女性は高齢になると能力が衰えやすいといった先入観による差別がこれにあたる。

　第3は，統計的差別である。例えば，女性は勤続年数が短いという統計情報に基づき，女性を重要な職務に従事させない場合がこれにあたる。統計的差別は，第2の偏見による差別の一種でもある。ただ，労働者本人の能力や適性に関する情報が不足するなか，労働者本人と客観的な特徴を共有するグループの平均的情報がある場合，その平均的情報で本人を評価することは，企業にとって効率的でもある。統計的差別は，こうした効率性で支えられる点で，能力や適性を度外視した非効率な差別との違いがある。

　しかし，個人レベルでみると，平均的な女性より勤続意欲が高い女性もいるので，そうした女性を平均的情報に基づき処遇することは，偏見による差別にほかならない。また，勤続年数が短いから重要な職務に従事させないことにより，本人の意欲を奪い早期退職をもたらすという「予言の自己実現」を引き起こすこともある。

　労働法の理念は，こうした差別的取扱いにより労働者の人格的利益が侵害されないようにすることを要請する。統計的差別のように人事管理上効率的であっても，良き経営のためには，それは回避される必要がある。近年では，これをダイバーシティ（多様性）マネジメントと呼び，能力ある人材を広く登用できる点で，企業経営にプラスになるという考え方も広がっている。さらに雇用平等はSDGsの一つ（Goal 10の「Reduced Inequalities」）であり，社会的責任（CSR）を果たし，ひいては企業イメージの向上にもつながる。むしろ差別的というレッテルが貼られると，現代社会では，企業経営に致命的な打撃を与える可能性が高い。

（2）　男女平等

　雇用平等の分野で最も重要なのが男女平等である。男女間では能力や適性に差がないと考えられる一方，生物学的な差はあり，平等に扱うには難しい面もあった。

　実際，1947年に制定された労基法は，賃金についての男女差別のみ禁止し，その他の点では女性を保護の対象とした。人事管理では，男女は異なった扱い

がされることが一般的で（男女別コース制），男性は長期勤続を前提に基幹的な職務に従事させ，女性は勤続期間が短期であること（結婚や出産までの勤務）を前提に補助的な職務に従事させていた。こうした格差は，前述のように，単なる偏見だけでなく，統計に基づく効率的な人事管理という面があったが，判例は，法の下の平等を定める憲法14条および公序良俗違反を無効とする民法90条を根拠に，結婚退職制（就業規則で女性にだけ結婚を解雇事由とすること）を無効とし（東京地判1966・12・20〔住友セメント〕），定年を男性55歳，女性30歳とする労働協約の定めを公序良俗違反とし（東京地判1969・7・1〔東急機関工業〕），女性の定年を男性の60歳より低い55歳とする就業規則の定めを無効として（最判1981・3・24〔日産自動車〕），差別的な内容の就業規則や労働協約に介入してきた。

　男女差別を禁止する一般的な法律が制定されたのは1985年の雇用機会均等法（勤労婦人福祉法の改正。1986年施行）であり，同法はその後1997年の法改正（1999年施行）を経て，2006年改正（2007年施行）により，男性に対する差別も射程に入れた性差別禁止法となった（女性にターゲットを絞った法律としては2015年に女性活躍推進法が制定され，翌年施行されている）。

　雇用機会均等法によると，企業は，募集・採用には性別にかかわりなく均等な機会を付与しなければならず（雇均5），また配置，昇進，降格，教育訓練，福利厚生，職種や雇用形態の変更，退職勧奨，定年，解雇，労働契約の更新という労働関係の全ステージにおいて性別を理由とする差別の取扱いをしてはならない（同6）。さらに間接差別を防ぐため，合理的な理由なく，非性別事由を要件として実質的に性差別となるおそれがある措置をとることも禁止されている（同7）。もっともこれは，間接差別全般を制限したものではなく，募集・採用時の身長・体重・体力要件，採用・昇進時等における転居を伴う配置転換応諾要件，昇進時の配置転換経験要件に限定されている（雇均則2）。これら以外の間接差別は禁止されていないが，間接差別という発想自体，男女差別の分野に限らず，人材の効率的な活用の阻害要因となりうる「隠された差別」を見いだすのに有用であるので，企業は法的な義務の有無にかかわらず，間接差別のない人事管理を心がけるべきである。

　雇用機会均等法は，このほか，女性労働者について結婚，妊娠，出産を退職理由として予定することを禁止し（雇均9①），婚姻を理由とする解雇を禁止し（同②），妊娠や出産に関する事由を理由とした解雇等の不利益取扱いを禁止し

ている（同③，雇均則2の2）。

　なお，同法は，差別禁止を目的とするが，女性労働者のために均等な機会や待遇の確保の支障となっている事情の改善を目的とする措置（「ポジティブアクション」という）を講じることは禁止していない（雇均8）し，こうした措置を講じる企業への助成も定めている（同14）。ただし，男性への逆差別となりうるため，こうした措置を講じる場合には，これによって不利益を受ける男性労働者への「補完的誠実説明」（⇒39頁）を行うのが望ましい。

（3）　差別的取扱いと納得規範

　雇用機会均等法における「性別を理由とする」差別的取扱いの禁止規定は強行規定と解されている。しかし，差別禁止規定一般にあてはまることとして，従業員の納得同意がある場合には，それを差別（不利益な取扱い）ということは，そもそも困難である。その意味で，差別禁止規定は，基本的には任意規定であるが，そこから従業員に不利に逸脱する場合（異別取扱いを認める場合）には納得規範を適用するという形で，従業員の人格的利益に配慮をすべきである。

　実際の差別をめぐる紛争は，企業が従業員に対してとった措置について法的根拠があると考えていても，当該従業員がその措置に納得していない場合に生じやすい。こうした紛争の多くは，納得規範を適用することによって防止することが期待できる。

　具体的には，まず標準就業規則のデフォルトでは，女性に対する特別な扱いは，母性保護に関するものしか置くことはできず，その他は男女の共通規定としなければならない。誠実説明をとおして労働契約に組み入れられた性中立的な規定を適用するかぎり，その規定に基づく措置はたとえ女性（または男性）に不利に作用する場合であっても原則として有効であり，企業は実際に適用する段階で誠実説明を尽くしていれば性差別には該当しない（正当な就業規則の規定に基づくという合理的な理由があると評価される）。

　一方，企業は，男性または女性にだけ適用される特別な労働条件（母性保護を除く）を定める場合には，それが有利な内容か不利な内容かにかかわらず，どちらかの性に対しては不利なものとなるので「標準就業規則の不利益変更」の手続（過半数の納得同意＋反対従業員への誠実説明）をふまなければならないし，さらに不利益を受ける性の従業員の過半数の納得同意も必要と解すべきで

ある（以上の解釈は，後述の労基3条・4条にも適用されるべきである。なお昇格差別については，⇒155頁）。

解雇は，妊娠中または産後1年以内になされれば，企業が，法律が禁止している妊娠や出産に関する理由によるものでないこと（合理的な理由によるものであること）を証明しないかぎり無効となる（雇均9④）。この規定は，正当な就業規則に根拠をもつ解雇であっても，産後1年以内は原則無効とするものだが，女性従業員の納得同意を得た場合には有効と解すべきである（納得同意がある場合には，合意解約になるので，解雇ではないという解釈も可能である）。

なお，間接差別は合理的な理由がある場合は適法とされている（雇均7）が，問題となるのが性中立的な要件がもたらす事実上の効果であることも考慮すると，誠実説明を尽くしていれば合理性は充足されると解すべきである（誠実説明をしていなければ，合理性は裁判官の解釈に委ねられる）。

ところで最高裁は，妊娠中の女性従業員の請求により軽易業務に転換したこと（労基65③）にともなう降格に関する事案で，自由な意思による承諾があったと認めるにたりる合理的理由があった場合には，不利益取扱い（雇均9③）に該当しないとし（また業務上の必要性があり，雇均9③の趣旨・目的に実質的に反しない特段の事情がある場合も同様），その合理的理由については，「措置の前後における職務内容の実質，業務上の負担の内容や程度，労働条件の内容等を勘案し，当該労働者が上記措置による影響につき事業主から適切な説明を受けて十分に理解した上でその諾否を決定し得たか否かという観点から，その存否を判断すべき」と判示している（最判2014・10・23〔広島中央保健生活協同組合136〕）。正当な就業規則に根拠のある措置には誠実説明を尽くすことでよいとする本書の立場からは，客観的な降格の要件を充足している場合には，判例のいう「適切な説明」がなされていれば，誠実説明を尽くしていたと評価され，最終的に納得同意を得られなくても降格を有効と解してよいことになる（判例のいう「十分に理解した上で諾否を決定し得たか」は，誠実説明を尽くしたかどうかの判断に吸収される）。

（4） 女性保護規定と納得規範

労基法は，妊産婦（妊娠中および産後1年以内の女性）などに対して，産前6週間や産後8週間の休業（労基65①・②。その期間およびその後30日間の解雇禁止は，

同19①），妊娠中の女性の軽易業務への転換（同③），時間外労働や深夜労働の禁止（労基66），育児時間の保障（同67），生理日の就業禁止（同68）等の保護規定を置いている。これらの保護は，女性労働者の請求がある場合にのみ認めるものが多いが，産後の就業禁止（同65②），坑内業務（同64の2）および危険有害業務の就業制限（同64の3，女性労働基準規則も参照）は，労働者の意思に関係なく適用される（産後は，6週間経過後は医師の判断があれば就業可能）。しかし，これは行き過ぎたパターナリズムであり，女性労働者の就業機会を不当に奪っている面がある。企業から就業の危険性などについての十分な情報と説明を受けたうえでの女性従業員の納得同意があれば，就業を認めるべきである。これによって，女性従業員が就業する際に企業が負う安全配慮義務の内容は，原則として女性従業員の求める措置の実施と解すべきだが，企業がそれを受け入れられないことについて，女性従業員の納得同意を得るべく誠実説明を尽くしていれば，その措置を講じなくても，企業は法的責任を問われないと解すべきである（⇒51頁）。

（5） 採用に関する差別禁止

採用時は，企業は，求職者個人の能力や適性に関する情報を十分に入手できないので，社会的な差別意識がストレートに混入しやすい。こうした差別から社会的弱者が生まれないような採用活動をすることは，良き経営の要諦である。企業は，求職者とはまだ労働関係に入っていないが，不当な採用拒否による人格的利益の侵害は軽視できないので，求職者の能力や適性のみを基準として採用選考を実施するよう求められていると解すべきである（厚生労働省の「公正な採用選考の基本」も参照）。

もちろん，どのような能力や適性を選別基準とするかは，企業が事業目的に照らして決定できる。判例も，採用選考における企業の自由（「採用の自由」と呼ばれる）は，憲法で保障される経済活動の自由（憲22①，29）の一つとして保障されるとする（最大判1973・12・12〔三菱樹脂18〕）。日本型雇用システムの下では，潜在能力や忠誠心などの人格的な素養も能力や適性の基準とされ，企業の裁量が広がる傾向があり，判例は，思想・信条を理由とする差別拒否でさえ許容していた（同判決）。しかし今後は，特定の業務の遂行のための即戦力の人材を採用するジョブ型雇用が増えていくことが予想されるので，従来の採用の自

由論は修正を余儀なくされるだろう。最高裁自身も，採用の自由は「法律その他による特別の制限がない限り」のものとしており，この自由を絶対的なものとはしていない（同判決）。

現行法では，性別，年齢，障害の有無による差別を禁止する規定（正確には均等機会付与義務規定）がある（雇均5，労働施策9，障害雇用34。ただし，年齢については労働施策施行規則1の3①の例外も重要）。ただ，差別があったと認定された場合でも，企業は，差別された求職者の採用を義務づけられるわけではないので，これは理念規定としての性格が強い（組合員の採用差別が不当労働行為に該当するかについては，⇒235頁）。

なお，企業がこの理念に則した経営をするための規制手法は，採用時の企業の裁量を考慮すると，差別禁止という手法よりも，インセンティブを与える手法のほうが効果的である（⇒41頁［思考1］）。現行法は，行政による助言，指導，勧告（雇均17①，労働施策33，障害雇用36の6）に加え，女性や若者については，その採用に積極的に取り組む優良企業の認定（女性活躍8，9，若者促進15），高齢者については，有期労働契約での規制の緩和（労基14①(2)等）といった誘導策をとっている。障害者については，とくに労働市場の弱者としての性格が強いため，やや踏み込んで（障害者の申出により）障害の特性に配慮した必要な措置（合理的配慮）を講じる義務を定める（障害雇用36の2。ただし，過重な負担となる場合は例外である）ほか，法定雇用率を設定して，未達の場合には納付金の支払義務を課す一方，超過した場合には調整金を支給するという形での誘導策をとっている（同43）。

（6） 採用後の処遇に関する差別禁止

労基法は，国籍，信条，社会的身分（以下，国籍等）による差別的取扱いを禁止している（労基3）。「国籍」には，人種や出身国も含まれる。「社会的身分」には，自己の意思によって設定可能な身分（非正社員としての身分）は含まれない。学説は差別的取扱いには優遇措置も含まれるとする（荒木96頁）が，労働法における差別とは，対国家との関係で法の下の平等を実現するために，国民間の差別を禁止する憲法（憲14）とは異なり，国民間において社会的強者（企業）による社会的弱者（労働者）への不利益取扱いを禁止するものなので，優遇措置は含まれないと解すべきである。

禁止されるのは国籍等を「理由」とする差別であり，他の合理的な理由による不利益取扱いまで禁止されるわけではない（理由が競合する場合は，どちらが決定的理由かにより決まると解されている）。この規定に違反する差別的取扱いをすれば罰則が適用される（労基119(1)）。この規定は強行規定と解されているが，雇用機会均等法の規定と同様，納得規範の適用が認められるべきである。すなわち，正当な就業規則において，国籍等による区別をしないで定められている中立的な規定に根拠のある措置は原則として有効であり（合理的な理由あり），企業は誠実説明を尽くしていれば，法律の禁止する差別には該当しない。

　労基法は賃金についての女性差別を禁止している（労基4）。ここでも女性の優遇（男性差別）は同条に反しないと解すべきである（男性差別は，状況によっては，不法行為に該当することはありうる［民709］）。また，この規定も，労基法3条と同様に，納得規範の適用が認められるべきである。すなわち正当な就業規則における性中立的な賃金規定は，たとえそれが女性に不利に作用する場合でも，個別的適用段階で女性従業員に誠実説明を尽くしていれば適法と解すべきである。裁判例には，世帯主基準を適用して，非世帯主の昇給を一定年齢で頭打ちにすることを女性に対する差別とみて違法としたものがある（東京地判1994・6・16〔三陽物産132〕）が，納得規範を適用しても同じ結論になっていただろう。なお，就業規則において，世帯主にのみ家族手当を支給する場合，共働きの場合の世帯主の認定を収入の多い方とするのは適法である（東京地判1989・1・26〔日産自動車〕）が，男性とするのは性中立的な基準ではないので，そうした基準の設定には，「標準就業規則の不利益変更」の手続（過半数の納得同意＋反対従業員への誠実説明）をふみ，かつ女性従業員の過半数の納得同意が必要であるし，実際に適用する際にも誠実説明を尽くす必要があると解すべきである（⇒61頁。事例として，仙台高判1992・1・10〔岩手銀行〕）。

　労基法以外では，障害者であることを理由とする差別的取扱いも禁止されている（障害雇用35）。これも理念規定としての性格が強い（行政指導の対象にはなる）が，強制力の有無にかかわらず重要なのは，労働者の障害の特性に配慮した職務の円滑な遂行に必要な合理的配慮の措置を講じる義務である（同36の3）。その義務を履行する際には，障害者の意向を十分に尊重しなければならない（同36の4）。合理的配慮の内容については，企業は，政府が策定する「雇用の分野における障害者と障害者でない者との均等な機会若しくは待遇の確保又は

障害者である労働者の有する能力の有効な発揮の支障となっている事情を改善するために事業主が講ずべき措置に関する指針」（2015・3・25厚労告117［合理的配慮指針］）もふまえて，障害者との間で協議して定めていくべきである。その際には，まずは障害者側の要望を聞くことになるが，企業はそれに応じられず代替的な措置を提示するときは，そのことについて（それが企業が免責される「過重な負担」（同36の3但）であるかも含めて），障害者の納得同意は不要だが，誠実説明を尽くす必要はあると解すべきである。

　労働組合の組合員に対する差別的取扱いについては，不当労働行為として労働委員会での行政救済の対象となる（労組7(1)）。私法上は，当該措置について正当な就業規則に根拠をもつ場合には，誠実説明を尽くしていれば，有効となると解すべきである（ただし，通説は反対。⇒237頁）。

（7）　ハラスメント

　ハラスメントについては，現行法は，セクシュアルハラスメント（セクハラ），マタニティハラスメント（マタハラ），育児介護ハラスメント，パワーハラスメント（パワハラ。「職場において行われる優越的な関係を背景とした言動であって，業務上必要かつ相当な範囲を超えたもの」と定義される［労働施策30の2①］）の4種類について，企業に対して，「就業関係が害されることのないよう，当該労働者からの相談に応じ，適切に対応するために必要な体制の整備その他の雇用管理上必要な措置を講じなければならない」とし（措置義務），こうした相談を行ったことや相談への対応に協力した際に事実を述べたことを理由とした解雇その他不利益な取扱いをしてはならないと定めている（雇均11，11の3，育介25，労働施策30の2）。これらはあくまで公法上の規制であり，被害者である従業員からの直接的な請求が認められるものではない（労安衛法と同じ。⇒51頁）。ただし，この義務に反した場合には，安全配慮義務（労契5）の一類型である職場環境配慮義務に反するものとして，損害賠償責任を負うことはある（セクハラについて，福岡地判1992・4・16［福岡セクハラ133］，パワハラについて，東京高判2017・10・26［さいたま市環境センター123］等）。

　標準就業規則には，安全配慮義務の場合と同様，法律およびそれに基づき策定される指針を採り入れるために，「会社は，法令を遵守して，労働者の就業関係が害されることのないよう，当該従業員からの相談に応じて，適切に対応

するために必要な体制の整備その他の雇用管理上必要な措置を講じる」という条項（ブリッジ条項）を置くべきである。これが労働契約に組み入れられることにより（就業規則の契約組入については、⇒34頁）、法令上のハラスメントに関する措置義務は、労働契約上の義務となり、義務を特定できる場合には、従業員は履行請求をすることもできる。一方、企業は、これらの義務を履行していれば、原則として損害賠償責任は負わないと解すべきである（⇒52頁）。

　ハラスメントが起こる職場は、従業員の労働意欲にマイナスの影響を及ぼす環境的要因の存在が疑われる。企業は、ハラスメントを、特定の従業員間（上司と部下の関係も含む）の個人的な問題に帰着させず、職場の構造的な問題と捉えて予防に取り組むべきであり、それが労働法の理念に則した良き経営をするための前提となる（労安衛法の目的とする「快適な職場環境の形成」にもつながる［労安衛1]）。

補　注

(1) **採用時の思想等による差別**　判例は、労基法3条で差別が禁止される労働条件には「採用」は含まれないとする（最大判1973・12・12〔三菱樹脂18〕。川口246頁は反対）が、それは労基法違反としての罰則等が課されないことにとどまり、採用差別が許されるという意味ではない（公正な採用は理念的とはいえ法の要請と解すべきである）。同条に反する差別的な採用拒否が不法行為（民709）となることもある（東京高判1975・12・22〔慶応義塾〕参照）。

(2) **賃金差別の場合の差額請求の法的根拠**　賃金差別が認められた場合、差別がなければ得られたであろう賃金との差額を請求するための理論構成としては、労基法4条の例でみると、(a)同条は、差額請求を直接根拠づける規定だとするもの、(b)同一賃金を支払うべきとする同条の規範が労基法13条を介して契約内容となるとするもの、(c)就業規則の差別的な部分を無効として処理するもの（その結果、男性従業員に適用される規定が女性従業員にも適用されることになる）、(d)不法行為（民709）による損害賠償のみが認められるとするものがある。本書で示した見解は、結果として(c)に近い。

(3) **コンプライアンス対応の義務**　企業は、ハラスメントなどの対策のためのコンプライアンス体制を整備している場合において、従業員からの相談があったときには、その仕組みに沿った適切な対応とることが義務づけられる（最判2018・2・15

〔イビデンほか134〕も参照）。なお，会社法では，大会社である取締役会設置会社は，取締役の職務執行の法令・定款適合性の確保のための体制や会社の業務の適正を図るために必要な体制（内部統制システム）の整備に関する事項を決定しなければならない，と定められている（会社362④(6)・⑤を参照）。

(4) **性同一性障害**　性同一性障害ゆえに生物学的には男性の従業員が女性の服装をして就労したことについて，服装規定違反等を理由として懲戒解雇することは許されない（東京地決2002・6・20）。この裁判例は，懲戒解雇事由に相当するような企業秩序侵害がないことに着目したが，納得規範に照らしても，企業が服装規定の適用について，当該従業員への誠実説明が尽くされていなかったならば同じ結論となっていただろう（⇒122頁）。

思考　―差別とは何か―

　本文でも述べたように，本書では差別とは不利益取扱いを意味し，有利な取扱いは含まないと考えるが，学説は，差別とは有利な取扱いも禁止する平等取扱いを求めるもので，その点で不利益取扱いとは区別されるとする。そのため，この見解によると，法律上も，差別的取扱いを禁止すると定める規定（労基3・4，雇均6，短時間有期9等）と不利益取扱いを禁止すると定める規定（短時間有期8等）とは規範内容が異なることになる。しかし，立法趣旨に照らしても，労基法3条や4条などは，外国人や女性の処遇の改善を求めることを目的としたものであり，有利な取扱いまでを罰則付きで禁止したものと解することには無理がある。

　また，不利益な取扱いが差別となるかどうかを判断するうえでは，誰を比較の対象者とするかが重要である。例えば，労基法3条では，日本人従業員と外国籍の従業員との比較，特定の信条をもつ従業員とそれをもたない従業員との比較がなされ，労基法4条や雇用機会均等法6条では，女性従業員と男性従業員との比較がなされる。妊娠差別（雇均9③）のように，比較対象者の設定（非妊娠者一般なのか，妊娠者と類似の労働能力をもつ者［一時的な障害者］なのかなど）が困難な場合もある（下記の富永文献を参照）。

　差別的取扱いの比較対象者の設定は，禁止規範が均等待遇違反を問題とするのか，均衡待遇違反を問題とするのかによって異なる。前者であれば，その比較対象者と同一の取扱いがなされるべき者は誰かという規範的評価に基づき比較対象者が特定される（旧労契20条に関する判例の比較対象者論については，下記の大

内文献を参照）が，後者であれば，違いがあることが前提となるので，比較対象者の範囲が広がる。ただし，この場合には，均衡の基準をどう設定するかという難問にぶつかることになる（大内・非正社員174頁も参照）。例えば有期雇用労働者や短時間労働者については，均等待遇規定は比較対象者を限定し規範として明確である（短時間有期9）が，均衡待遇規定（不合理な格差禁止規定［短時間有期8］）は，比較対象者を文言上は限定しておらず（非正社員が選択できるとする見解が通説である［水町358頁，荒木559頁など］が疑問である），規範としてはなはだ曖昧であるという問題を抱えている（こうした規定を強行規定とすることに問題があることについては，⇒83頁）。

自 学

◆ 雇用機会均等法の制定により，男女別の雇用区分がなくなり，性別に関係のない総合職（基幹的職務）と一般職（補助的職務）という雇用区分（コース別雇用制）が導入されたが，このようにすれば当然に法に抵触しないことになるか（東京高判2008・1・31〔兼松85〕等を参照）。

◆ LGBTに対する差別のような，新たなタイプの差別を法律による雇用差別禁止の対象に含めるかどうかは，どのような基準で判断すべきか。アメリカ法にある遺伝子情報差別は，日本でも導入すべきか（⇒278頁補注(4)。アメリカ法の雇用差別に関しては，中窪裕也『アメリカ労働法（第2版）』（弘文堂・2010）の第3章も参照）。

(他の参考文献)

＊浅倉むつ子『雇用差別禁止法制の展望』（有斐閣・2016）616頁以下：包括的差別禁止立法（雇用形態などの契約的属性による差別も含む）の提言など雇用差別全般を論じた文献。

＊大内伸哉「旧労働契約法20条をめぐる最高裁5判決の意義と課題」NBL 1186号（2021）4頁：旧労契法20条に関する判例を検討した小稿。

＊富永晃一『比較対象者の視点からみた労働法上の差別禁止法理』（有斐閣・2013）：妊娠差別を素材として差別禁止法理の根幹となる比較対象者の問題を理論的に検討した文献。

＊永野仁美・長谷川珠子・富永晃一『詳説障害者雇用促進法（増補補正版）』（弘文堂・2018）：障害者雇用促進法の内容を参照する際に有用な文献。

＊山川隆一「職場におけるハラスメントに関する措置義務の意義と機能」新田秀樹他編『現代雇用社会における自由と平等』（信山社・2019）：ハラスメントの措置義務に関する理論的分析を行った文献。

4 人格的自由の保障

（1） 精神的自由の保障

　企業が労働法の理念を尊重した人事管理をするうえで配慮すべき人格的利益として，最後に挙げるべきなのは，個人の道徳的自律という人格的自由の保障である。こうした自由は，理念上，企業の人事権を制限するものとなるし，これを侵害する行為は不法行為（民709）ないし安全配慮義務（労契5）や職場環境配慮義務に違反するものとして，損害賠償責任を発生させうる。ただ，ここでも企業が，どのように人格的利益に配慮する行動をとるべきかを，できるだけ行為規範として明確に示し，そこに誘導することが，人事労働法の目的となる。

　精神的自由の基本となるのは思想や信条の自由である。判例は，採用時において，企業が思想や信条を調査することは違法でないと判断をした（最大判1973・12・12〔三菱樹脂18〕）が，これはこうした差別を許容することを意味するものではない（⇒67頁補注(1)）。

　この分野で，昔から問題となったのが，従業員の政治的な思想・信条の自由やその発現形態である政治的言動の自由である。また近年では，個人の私生活の領域の保障（私的自由の保障）が，プライバシーの保護という観点から重要性を高めている。さらにプライバシーの権利が情報コントロール権としてとらえられるなか，企業は，従業員の個人情報を適正に扱うことも，その人格的利益への配慮のなかの重要な要素となってきている。

（2） 政治的自由の保障

　企業は，従業員の政治的な思想や信条が，その内心にとどまっているかぎり，それに介入することは許されないが，判例は，それが政治的な活動として行われた場合には，一定の範囲では制限可能とする。例えば，憲法の保障する基本的人権であっても，自由意思により合意された義務による制約はありうるとし，女子商業学校の教員の採用時における「校内では政治活動をしないこと」という特約を有効とした判例がある（最判1952・2・22〔十勝女子商業〕）。原則として政治的自由は制限できないが，少なくとも職場内での政治活動の制限は，従業員が納得同意をしている場合にまで，これを否定する理由はない。

また就業規則によって，職場内での政治活動を禁止することについては，判例は，従業員相互間の政治的対立ないし抗争を生じさせるおそれ，施設管理を妨げるおそれ，他の従業員の業務遂行を妨げるおそれ，休憩時間の自由利用を妨げその後の作業能率を低下させるおそれなどを根拠に合理性があるとする（最判1977・12・13〔電電公社目黒電報電話局26〕）。職場は労務提供のための場である以上，企業が正当な就業規則により職場内での政治活動を禁止することは許されるべきだろう。したがって，標準就業規則では，服務規律として，職場内での政治活動の禁止を定めてよい（⇒122頁）。逆に，職場外での政治活動を禁止することは原則としてできないので，これを行う場合には，「標準就業規則の不利益変更」の手続（過半数の納得同意＋反対従業員への誠実説明）をとったうえで（⇒37頁），納得同意した従業員にのみ適用可能と解すべきである。

　一方，従業員の行動が単なる言論にとどまる場合には，それが企業批判の内容を含むものであっても，企業は規制すべきではない。もっとも，企業に対する名誉毀損となる場合は別である（最判1983・9・8〔関西電力23〕，最判1992・3・3〔中国電力〕等参照）。

　なお，企業は，従業員が労働時間中に公民権の行使や公の職務の執行のために必要な時間を請求した場合には，これを拒否してはならない（労基7）。ただし，その権利の行使や職務執行に妨げがないかぎり，請求された時刻を変更することはできる（同但）。就業規則で無許諾の公職就任を懲戒解雇事由とすることは許されない（最判1963・6・21〔十和田観光電鉄86〕）。ただし企業は，公職就任等による欠務につき，正当な就業規則上の根拠があれば，納得規範にしたがって，休職や解雇をすることは可能と解すべきである。

（3）　私的自由の保障

　従業員の私的領域の保障は，人格的利益にとってきわめて重要であり，その侵害は許されない（なお労基94①は，寄宿舎における労働者の「私生活の自由」の保障を定めている）。こうした私的領域は，プライバシーと呼ばれることもある。プライバシーは，憲法上も，対公権力との関係で人権として保障されている（憲13）し，民法上も，その侵害に対して損害賠償請求や差止請求が認められている。プライバシーの内容は，判例では「個人に関する情報をみだりに第三者に開示又は公表されない自由」（最判2008・3・6〔住基ネット〕等）とされ（みだりに

収集されない自由も含む），法的保護の対象とする個人情報には，大学生が大学に提供した学籍番号，氏名，住所，電話番号のような秘匿されるべき必要性が必ずしも高くない単純情報も含まれる（最判2003・9・12〔早稲田大学〕。最判2017・10・23〔ベネッセコーポレーション〕等も参照）。

　労働判例では，企業が，職制をとおして，共産党のシンパと疑われる従業員に対し，職場内外で継続的な監視態勢をとったり，退社後に尾行したり，ロッカーを無断で開扉したりする行為を，職場における人間関係を形成する自由やプライバシーを侵害する不法行為としたものがある（最判1995・9・5〔関西電力4〕）。この事件には，政治的思想による差別（労基3参照）という面もある。

　通常の業務遂行過程では，従業員には私的領域はなく，プライバシーは主張できないとする考え方もありえるが，適切ではない。判例には，従業員に対して金品の不正隠匿の摘発・防止のために行う所持品検査について，その性質上つねに人権侵害のおそれをともなうものと認め，「これを必要とする合理的な理由に基づいて，一般的に妥当な方法と程度で，しかも制度として，職場従業員に対して画一的に実施されるものでなければならない」とし，こうした所持品検査であれば，「従業員は，個別的な場合にその方法や程度が妥当を欠く等，特段の事情がないかぎり，検査を受忍すべき義務があ」るとしている（最判1968・8・2〔西日本鉄道27〕）。所持品検査は，業種によっては必要性が高いこともあるが，従業員の人格的利益に大きな影響をもたらしうることからすると，デフォルトはこうした検査はできないこととし，その実施ルールを定める際には，「標準就業規則の不利益変更」の手続（過半数の納得同意＋反対従業員への誠実説明）をふまなければならず，実際に実施する場合にも対象となる従業員への誠実説明を尽くさなければならないとすべきである。

　このほか，企業が事業遂行上，必要とする規律が，従業員個人の私的領域における自己決定と抵触する場合も，従業員の人格的利益の配慮の観点から，自己決定の制限は必要最小限にとどめるべきである。下級審には，トラック運転手が短髪にして黄色く染めて勤務した事案で，「労働者の髪の色・型，容姿，服装などといった人の人格や自由に関する事柄について，企業が企業秩序の維持を名目に労働者の自由を制限しようとする場合，その制限行為は無制限に許されるものではなく，企業の円滑な運営上必要かつ合理的な範囲内にとどまるものというべく，具体的な制限行為の内容は，制限の必要性，合理性，手段方

法としての相当性を欠くことのないよう特段の配慮が要請される」と述べた裁判例がある（福岡地小倉支決1997・12・25〔東谷山家〕）。また，ハイヤー運転手の口ひげへの規律は，「無精ひげ」や「異様，奇異なひげ」に限るとした裁判例もある（東京地判1980・12・15〔イースタン・エアポートモータース３〕。こうした規律を従業員の任意の協力を求める趣旨とした裁判例として，大阪高判2019・9・6〔大阪市〕）。

　従業員の勤務中の服装等も，それが従業員の人格的利益にかかわるものである以上，デフォルトは自由とすべきである（法律上，制服の着用義務がある場合は別である）。したがって，この自由を制約する服装規定を設ける場合には，ここでも「標準就業規則の不利益変更」の手続（過半数の納得同意＋反対従業員への誠実説明）をふまなければならず，実際に適用する場合にも従業員本人に対して誠実説明を尽くさなければならない。

　また，就業時間外の時間は本来従業員が自由に使うことができる私的領域であり，企業が副業を制限することは，その侵害となりうるが，その企業での労務提供に支障がある場合，企業の信用や体面を毀損する場合，さらに競業避止義務違反や秘密漏洩の危険性がある場合には制限できると解されている（東京地決1982・11・19〔小川建設31〕も参照）。標準就業規則では，副業は原則自由とし，以上の場合に該当する副業のみ不許可とできるとする条項を置くべきである。許可制の範囲を広げる場合には，「標準就業規則の不利益変更」の手続をふまなければならないし，実際に適用する場合にも従業員本人に対して誠実説明を尽くさなければならない（副業の政策的な課題については，大内・雇用社会３話も参照）。

（4）　従業員の監視

　企業は，従業員を指揮命令して働かせることから，指示どおりに労務に従事しているかを監視する必要がある。判例は，労働者は，「労働契約の本旨に従って，その労務を提供するためにその労働時間を用い，その労務にのみ従事しなければならない」と述べているので（最判1989・12・11〔済生会中央病院173〕），企業は，従業員がこうした義務（職務専念義務）を果たしながら労務に従事しているかどうかをチェックするために監視することも許されることになろう（職務専念義務については，⇒122頁，123頁補注(3)）。もっとも，こうした監視が，勤務時間中の従業員の一切の行動をチェックするというものであってはならず，あ

くまで，従業員が指示どおりに労務を提供しているかをチェックするという目的の範囲内にとどめる必要がある。

　職場での監視カメラの設置や，従業員に貸与した携帯電話にGPS機能を接続して監視することも，以上のような目的での監視にとどまるかぎり，プライバシー侵害の問題は生じない（東京地判2012・5・31〔東起業〕）。ただ，こうした情報機器による監視は，従業員にストレスを与えるなど（精神的な）健康配慮義務の点から問題があるし，従業員の労働意欲が下がり，人事管理の効率性に影響が及ぶ可能性もある。とくに情報機器などを用いた遠隔管理は，従業員の人格的利益を侵害する可能性があることも考慮すると，こうした機器を用いた監視は，デフォルトは許されないこととし，就業規則でルールを定めること（内容決定と契約組入）をしなければ実施できないと解すべきである。この場合は，「標準就業規則の不利益変更」の手続（過半数の納得同意＋反対従業員への誠実説明）をふまなければならない。

　また，裁判例では，企業が付与しているアカウントでの電子メールの私的利用について調査するため，本人に無断でメールの送信先や内容をチェックすることの適法性が争われたことがある。調査の方法や態様いかんでは，従業員のプライバシーや精神的自由を侵害する可能性がある（東京地判2002・2・26〔日経クイック〕参照。企業に従業員の懲戒事由の存否に関する一般的な調査権限があることについては，最判1977・12・13〔富士重工業30〕）が，職務上の権限がなかったり，権限があっても私的目的で監視したりする場合以外は，原則としてプライバシーの侵害とはならない，とされている（東京地判2001・12・3〔F社Z事業部5〕参照）。電子メールの監視も，それを実施する場合には，前述の情報機器による監視と同じ手順をふむべきである（正当な就業規則での明確化と納得規範の適用）。

（5）　個人情報保護法

　企業は個々の従業員の人格的利益に配慮した人事管理をすべきとする人事労働法において，個人情報の扱いは難問である。個人情報は，個人のニーズに応えるためには収集が必要なものだが，その扱いを誤ると逆に人格的利益を深刻に侵害する危険性がある。少なくとも現在では，この分野は個人情報保護法があるため，まずその規制にしたがう必要がある。

　同法は，個人情報取扱事業者（実際上すべての民間事業者がこれに該当する

［個人情報2⑤］）を対象に，本人の個人情報（生存する個人を識別できる情報はすべて含まれる［同2①参照］）について，不正の手段で取得することを禁止し（同17①），とくに要配慮個人情報（「本人の人種，信条，社会的身分，病歴，犯罪の経歴，犯罪により害を被った事実その他本人に対する不当な差別，偏見その他の不利益が生じないようにその取扱いに特に配慮を要するものとして政令で定める記述等が含まれる個人情報」［同2③］）の取得には，本人の同意を必要としている（同17②）。

　また，利用目的をできる限り特定すべきとし（同15①），事前の同意のない目的外利用を禁止している（同16①。法令に基づく場合や「人の生命，身体又は財産の保護のために必要がある場合であって，本人の同意を得ることが困難であるとき」などは例外［同16③］）。さらに利用目的は，本人への通知または公表を（同18①），また本人から書面で個人情報を直接取得する場合には，事前に，本人にその利用目的を明示することを義務づけている（同18②）。ただし，利用目的が自明である場合等はこの限りでない（同18④）。

　個人情報がデータベースで管理されている「個人データ」（同2⑥）には，データ内容の正確性の確保等の義務（同19），個人データの安全管理のために必要かつ適切な措置を講じる義務（同20〜22），本人の事前同意を得ない第三者提供の禁止（同23①）を定めている。第三者提供については，目的外利用の禁止と同じ例外事由（同16③）が適用される（同23①。要配慮個人情報以外については，本人の事前同意なしに第三者提供を可能とするオプトアウト制度がある［同23②］）。

　このほか「保有個人データ」（同2⑦）は，本人に開示請求権（同28①），内容の訂正・追加・削除請求権（同29①），目的外利用および不正取得の場合における停止・消去請求権（同30①），違法な第三者提供の停止請求権を認めている（同30③）。

　個人情報保護法が定める個人情報の取扱いについての義務は公法上の義務にすぎないので，対従業員との関係で，その個人情報を適法に取り扱うためには，正当な就業規則でそのための規定を設ける必要がある。標準就業規則には，個人情報保護法の内容に則した条項を盛り込むべきである。したがって，企業が個人情報保護法で本人の同意を得ることを要件としている個人情報の取扱いを同意不要とする場合には，従業員に不利益な条項の追加となるので，「標準就業規則の不利益変更」の手続（過半数の納得同意＋反対従業員への誠実説明）を

ふまなければならないし，実際に，その従業員の個人情報を取り扱う段階でも，誠実説明を尽くすことが必要と解すべきである。一方，個人情報保護法上，労働者の同意のない取扱いが認められている場合には，正当な就業規則において，そのような内容の規定を設けて，それに基づいて本人の同意のない取扱いをすることは可能だが，個人情報が人格的利益に及ぼす影響を考慮すると，補完的誠実説明を行うのが望ましい（採用時の個人情報保護については，93頁を参照）。

（6） 個人情報の不正な取扱いの責任

　企業やその従業員が，他の従業員の個人情報を不適正に取り扱って，損害を与えた場合には，企業は，個人情報保護法違反として個人情報保護委員会が課す行政的な処分（個人情報40〜42。罰則は同84）の対象となる以外に，不法行為を理由に損害賠償責任を負わなければならないことがある（民709，715）。

　従来の裁判例では，HIV感染情報をめぐるものが多い。無断でHIV検査をして感染情報を得て，それを実質的に考慮して行った解雇を無効とし，かつプライバシー侵害の不法行為と認めたもの（千葉地判2000・6・12〔Ｔ工業〕），採用時にHIV検査を行い，感染情報を取得する行為がプライバシー侵害の不法行為にあたるとしたもの（東京地判2003・5・28〔警視庁警察学校〕。B型肝炎に関する同旨の裁判例として，東京地判2003・6・20〔Ｂ金融公庫６〕），HIV感染情報の第三者提供や目的外利用に個人情報保護法違反の違法性があり，プライバシー侵害の不法行為にあたるとしたもの（福岡高判2015・1・29〔社会医療法人天神会〕，札幌地判2019・9・17〔北海道社会事業協会７〕）などがある。

補　注

⑴　**旧姓使用は認められるか**　　結婚した教員に対して旧姓の使用を認めず，結婚後の姓（戸籍上の姓）の使用を求めることについて，旧姓の通称使用は法律上保護された利益ではあるが，職場という集団が関わる場面において職員を識別し，特定するものとして合理性，必要性があるとした裁判例がある（東京地判2016・10・11〔日本大学第三学園〕）。しかし，氏名は社会的な制度であると同時に，個人の人格的利益に関わるものであり，加えて，旧姓の使用は本人の職業上のアイデンティティにもかかわるものであることを考慮すると，企業は，従業員の納得同意なしに，戸籍上の姓の使用を求めることはできないと解すべきであろう（川田知子・判

批・労働判例1157号（2017）90頁も参照）。

┌─ 思考 ―個人情報と労働者の同意― ─────────────

　個人情報保護法上の要件となる同意について，労働契約関係では，就業規則
の合理的規定（労契7）があれば充足されるという見解があるが疑問である（議
論状況については，砂押以久子「労働者のプライバシー保護」争点20頁を参照）。就業
規則の合理的規定は，労働契約の内容となるが，それは労働者の同意があるから
ではなく，就業規則の内容の合理性が，就業規則によって労働条件を決定する
という事実たる慣習とあいまって，就業規則の法的規範性を根拠づけているか
らにすぎず（最大判1968・12・25〔秋北バス77〕），この解釈は労契法7条にも踏襲
されていると解すべきである。したがって，就業規則の合理的な規定は，労働
者の同意の代わりとはなりえない。

　なお，人事労働法では，本文で述べたように，納得規範に則して就業規則の
変更をすることにより，個人情報の取扱いについて，本人の同意を不要とする
ことは認める（そのときでも，実際の取扱い時に誠実説明を尽くすことは必要
である）。これは就業規則の規定に従業員の同意に代わる効果を認めたのではな
く，同意を必要とする個人情報保護法の規定を納得規範に基づいて修正してい
るのである。

└──────────────────────────────

┌─ 自　学 ──────────────────────────

◆ 裁判例には，女性従業員が，妻子ある男性社員と恋愛関係になった行為（いわゆ
る社内不倫）について，就業規則の「素行不良で職場の風紀・秩序を乱した」という
懲戒事由に該当するとして行った懲戒解雇を無効としたものがある（旭川地判1989・
12・27〔繁機工設備〕）が，社内不倫を服務規律で禁止することは可能か。また，広く
社内恋愛全般を禁止する服務規律は，従業員の私的自由の保障という点からみて問
題はないか。

（他の参考文献）

＊岡村久道『個人情報保護法の知識（第4版）』（日本経済新聞出版・2017）：個人情報保護法
　に関する概説書。

＊道幸哲也『職場における自立とプライヴァシー』（日本評論社・1995）：精神的自由に関す
　る先駆的業績となる文献。

＊西谷敏『人権としてのディーセント・ワーク』（旬報社・2011）：労働法において人権論を全面的に押し出した議論を展開する文献。
＊和田肇『人権保障と労働法』（日本評論社・2008）：憲法の人権保障の観点から労働法の重要論点を検討した文献。

第2部　各　論

第3章　採用と労働契約

1　労働契約の締結

（1）　労働契約とは何か

　採用とは，企業が，事業を遂行するうえで必要とする人材を，外部労働市場から調達する行為である。その労働力を指揮命令下で活用する場合には労働契約が締結され，指揮命令を受けずに独立して働く人材を活用する場合には，業務委託契約等の労働契約以外の契約が選択される。労働法が適用されるのは原則として前者の労働契約に対してである。

　企業が，個人ではなく，法人に業務を委託する場合には，間接的に，その法人の従業員の労働力を活用することになるが，直接，指揮命令をするわけではないので，委託元である企業と委託先法人の従業員との間には労働法の対象となる法律関係が生じないのが原則である（ただし，元請企業と下請企業の従業員との間［⇒50頁］や後述の「労働者派遣」［⇒88頁］においては一定の法律関係が生じる）。

　契約形式上は，個人への業務委託契約であるが，実態は指揮命令をして活用しているケースもある。法的には，労基法上も労契法上も労働契約の定義はなく，法律の適用の有無は，労務の提供者が企業に「使用」される「労働者」かどうかで決まる（労契2①，労基9）が，その判断基準は明確ではない。判例は，就労の実態をみて判断するとしているため，事業場内で定まった勤務時間で上司の指揮監督下で働くという典型的な従業員のタイプと少しでも異なっていると，労働者性の判断の予測が難しくなることが少なくない。

　ただ，労働者性の判断の予測可能性が低いままであると法律関係は不安定となるので，それを放置するのは望ましくない。その対策として考えられるのが，契約締結段階において，法律関係を明確にする仕組みの導入である。すなわち，企業が業務委託契約を締結する場合において，労働法の適用がないことについ

て当該者に対して誠実説明を行い，当該者が納得同意している場合は，労働法の適用がない法律関係が成立したと認めるべきである（労働法全般ではなく，特定の労働法規のみの適用を否定する納得同意もありうる）。もちろん，これは当該者にとって大きな不利益が生じうるので，企業による誠実説明の丁寧さはとくに厳格に求められる。立法論としては，専門家が関与して，労働法の適用を受けない契約であることを認証する公的な手続（事前認証手続）を設けるべきである。具体的には，企業は，事前に契約内容等の所定のチェックポイントに関する資料を提示して労働契約でない旨の認証を受けた場合には，資料で提示したとおりに契約が展開されるかぎり，労働法（あるいは特定の労働法規）が適用されないという仕組みが考えられる。

(2) 日本型雇用システムと採用

採用には，欠員を補充するための即戦力の採用もあれば，採用後の教育訓練を前提に，潜在的な能力や成長可能性に着目してなされる採用（いわゆるポテンシャル採用）もある。後者の典型は，新規学卒者の採用である。日本以外の国では，職務を軸に労働編成がなされており，採用も，特定の職務に従事する労働者を即戦力として雇い入れるスタイルである。したがって，労働契約でも，従事する職務内容が特定され，賃金も職務がベースである。これが「ジョブ型」と呼ばれる雇用形態である（⇒15頁［思考］）。

一方，日本の企業は，欠員補充は企業内での異動で対処しようとし，採用による人材の調達は，新規学卒時の定期一括採用によるのが普通だった。即戦力として期待していないため，企業が採用の際に重視したのは，指揮命令に服して労務に従事するのに必要とされる基礎的な能力と適性をもつことである。契約期間を定めず長期的な継続雇用を事実上保障したのも，企業への帰属意識を高め，企業の指揮命令が忠実に履行されることを担保するためだった。

このように，企業は，採用時点では本人の職務遂行能力を問わないため，労働契約では，職務内容を特定せず，その後の配置転換による職務変更を前提としていた。また賃金は職務内容と連動させず，教育訓練を受けて（潜在的）能力が向上したことを評価する年功型の運用をした。一方，特定の職務が廃止されたり，特定の職務で能力不足と評価したりしても，解雇をせず，定年までの長期雇用を保障するという暗黙の約束を従業員との間でかわしていた（これは

法的な意味での契約ではないが，長期的な雇用継続の期待を発生させ，解雇権の行使を濫用とする判断要素として機能した［⇒206頁］）。

(3) 正社員と非正社員

　以上のような日本型雇用システムの対象となるのが「正社員」である（これにほぼ相当する概念として「通常の労働者」がある［短時間有期2①］が，労働者派遣法上は同じ意味ではない［労派遣30の3など］）。企業にとって，正社員とは，雇用や賃金の安定性を保障する反面，フルコミットの働き方を求めてよい存在だった。一方，そうしたフルコミットの働き方を想定しない短時間労働者（家庭の事情や健康上の理由で，正社員の所定労働時間や所定日数の勤務が難しい者等）や有期雇用労働者（季節的な業務，常時ニーズがあるわけではない専門性の高い業務，または熟練した技能を要しない単純業務に従事する者等），また他社から派遣された者（派遣労働者）は「非正社員」（あるいは「非正規労働者」）と呼ばれ，正社員と異なる人事管理がなされた。このため正社員と非正社員との間には処遇の差が生じ，近年では雇用形態間の格差として社会問題となってきた。

　この問題への対策の一つが，非正社員から正社員への転換の促進である。2007年の短時間労働者法（現在の短時間有期雇用法）の改正により，企業は，短時間労働者に対して，正社員の新規募集の際の周知，正社員の新規配置の際の希望申出機会の付与，正社員への転換試験などによる転換推進措置のいずれかを講じることを義務づけられた（短時間有期13。現在は有期雇用労働者も対象）。

　また2012年の労契法の改正の際には，有期雇用労働者に対して，更新の結果，通算5年を超えると，労働者からの無期労働契約の申込みがあれば，企業がこれを承諾したものとみなすという無期転換制度が導入された（労契18①）。無期転換により，労働条件は，期間以外は原則として従前と同一となるが，正社員の就業規則の適用範囲（例えば無期契約の労働者を適用対象者としている場合）に入れば，通常そのほうが有利なので，正社員の就業規則が適用される（労契12）。

　この5年の期間要件については，更新の途中で一定のインターバル（「クーリング期間」と呼ばれる）を置けば，期間の通算をリセットできる（労契18②）。通算は同一企業での更新でなされるもので，別企業との間ではなされないため，企業間で結託して有期雇用労働者の継続利用がなされるおそれがある。これを制度の濫用とみることもできるが，有期労働契約を継続するための便法とする

見方もある。本来は，企業に有期雇用の利用のニーズがあり，かつ労働者のほうでも有期雇用で勤務することに不満がないのなら，正面から有期労働契約を継続できるようにすべきである。具体的には，通算5年を超えても，有期労働契約で雇用し続けることについて，労働者が納得同意している場合には，無期転換権の事前の放棄を認めるべきである（なお，発生した無期転換権の放棄はもとより可能だが，その場合でも納得同意は必要と解すべきである）。これにより，企業は，無期転換権を放棄している労働者との間では，継続して有期労働契約を5年を超えて更新していくことができ，これは企業と（有期雇用での勤務を希望する）労働者の双方にとって利益となる。

(4) 非正社員の処遇

　企業は，標準就業規則のうち非正社員に適用しない条項については，別途の就業規則を設けるか，（個別的労働条件であれば）個別に労働契約を締結する必要がある。別途の就業規則を設ける場合には，短時間労働者，有期雇用労働者それぞれの過半数代表の意見を聴取する努力義務がある（短時間有期7）。従来は，就業規則にせよ，個別の労働契約にせよ，正社員の労働条件との格差があったとしても，法的な問題とされなかった（数少ない例外として，長野地上田支判1996・3・15〔丸子警報器72〕等）が，現在では，正社員との間に不合理な労働条件の相違を設けることは禁止されている（同8）。この規定は，強行規定と解されているが，直律的効力は認められていないので，格差が不合理とされても，企業は原則として不法行為による損害賠償責任（民709）を負うにとどまる（同条の前身である旧労契20に関する判断として，最判2018・6・1〔ハマキョウレックス73〕，同〔長澤運輸64〕，最判2020・10・15〔日本郵便（佐賀，東京，大阪）〕の3判決）。ただ不合理性の判断は，個別の事案ごとに職務の内容，人材活用の範囲その他の事情を考慮してされるものなので，その内容はきわめて不明確であり，行為規範として機能し得ない。そもそも，こうした均衡待遇規定は努力義務とされてきたので（短時間有期10，11②も参照），上記規定も強行性のない理念規定と解すべきである（大内・非正社員185頁）。

　人事管理面では，非正社員が正社員との格差により労働意欲を減退させる事態は望ましくない。企業によっては非正社員にも基幹的な業務を任せていることがあり，そうなるとなおさらである。格差が不合理なレベルに至っているか

は第三者が客観的に判断すべき事柄ではなく，非正社員が納得するかどうかという主観的な事柄である。この点をふまえると，企業は，非正社員の労働条件は，次のように決めるべきである。

　非正社員の労働条件もデフォルトは正社員の正当な就業規則によるものとすべきである。したがって，その内容は非正社員に誠実説明をすれば，労働契約の内容に組み入れられる。非正社員の就業規則を作成して，正社員よりも不利益な労働条件を適用する場合には，「標準就業規則の不利益変更」に準じて，就業規則対象者（ここでは非正社員）の過半数の納得同意を得て行うようにすべきである。このようにして作成された非正社員対象の就業規則は合理性をもつと推定され（労契7），企業は，非正社員との労働契約締結時に，その内容について誠実説明をしていれば，労働契約の内容に組み入れられる（ただし短時間有期11①に基づく教育訓練，同12に基づく福利厚生については均等待遇が定められているので，これらの事項について正社員と格差をつける就業規則を設ける場合には，就業規則対象者の過半数の納得同意が必要であり，また過半数の支持を得た場合でも納得同意をしていない者には適用できない）。

　一方，非正社員の労働条件のうち就業規則によらずに個別で定める部分は，個々の非正社員の納得同意を得る必要があるし，逆に納得同意を得ているかぎり，不合理性の審査は受けない。不合理な格差の禁止規定は，以上のような納得規範の適用による契約的処理に置き換えるべきである。法律は，企業に対して格差についての説明義務を課している（短時間有期14②［労働者の求めがあることが条件］）が，このような具体的な効果と結びつけなければ，企業へのインセンティブにならないだろう（説明義務は，誠実説明の手続に吸収される）。

　なお，通常の労働者と職務内容が同一で，「当該事業所における慣行その他の事情からみて，当該事業主との雇用関係が終了するまでの全期間において，その職務の内容及び配置が当該通常の労働者の職務の内容及び配置の変更の範囲と同一の範囲で変更されることが見込まれる」場合は，短時間・有期雇用労働者であることを理由として，待遇のそれぞれについて差別的取扱いをしてはならない，と規定されている（短時間有期9）。この規定の趣旨は，正社員と実質的に同じ働き方の非正社員には，正社員と同じ労働条件（均等待遇）を保障すべきということである。この場合も，当該短時間・有期雇用労働者の納得同意があれば，他の差別禁止規定と同様，同条の規定にかかわらず，正社員と異

なる労働条件の合意をすることは可能と解すべきである。

(1) **家内労働者**　家内労働者（委託者から部品や原材料の提供を受けて，物品の製造や加工等を行い，工賃を受け取る者で，同居の親族以外を使用しないことを常態とするもの［家内労働2②参照］）は，零細事業者であって労働者ではないが，労働者に近い法的保護がある（通貨・全額払い［同6①］，最低工賃［同8以下］，安全衛生措置［同17以下］等）。また，労災保険への特別加入もできる（労災33⑸，労災則46の18⑶）。家内労働者以外でも一人親方など一定のカテゴリーの非労働者には，労災保険への特別加入が認められている（労災33以下）。

(2) **企業による従業員の社会保険費用の負担**　企業が従業員を雇用する場合の費用には，従業員への金銭的給付（賃金等）や非金銭的給付（福利厚生等）以外に，公的保険の保険料も重要である。具体的には，労災保険は全額負担し，雇用保険もほぼ半額を負担する（両保険はあわせて「労働保険」と呼ばれる）。健康保険，介護保険，厚生年金（あわせて狭義の「社会保険」と呼ばれる）についても，労働者と折半して負担する。自営業者を活用する場合には，こうした保険料の負担はない（自営業者には，労災保険や雇用保険はなく，国民健康保険や国民年金は自身が保険料を負担する）。ただし，雇用関係にある労働者でも，1週間の所定労働時間が20時間未満の者（日雇労働被保険者を除く）か，同一企業に継続して31日以上雇用される見込みがない者は雇用保険に加入できない（雇保6⑴・⑵）。また，社会保険は，短時間労働者のうち，1週間の所定労働時間または1か月の所定労働日数が「通常の労働者」（短時間有期2①）の4分の3未満である場合は適用除外となるが，(a) 1週間の所定労働時間が20時間以上，(b) 継続して1年以上使用される見込みがあること，(c) 報酬月額が88,000円以上，(d) 学生（定時制の学生などは除く）でないこと，のいずれにも該当する場合には，適用対象となる（健保3①⑼，厚年12⑸）。この適用対象の拡大は，従業員数が常時500人以下の事業所では，過半数代表の同意を得た場合にのみ認められる（健保附則46，厚年附則17）。今後さらなる適用対象の拡大が予定されている。

(3) **無期転換制度の例外**　無期転換制度は，有期特措法により，一定の要件の下で所定の手続をふめば，高度専門職の労働者には無期転換権が発生する年数が10年となり，また60歳以上の定年後継続雇用労働者の場合は適用除外となる（有特8。

大学や研究開発法人の研究者や技術者などにも特例がある［大学任期7，科学技術・イノベーション創出の活性化に関する法律15の2］）。

思考　―労働者性判断の事前明確化―

　判例は，自己所有の車両を使って運送作業を受託する傭車運転手の労働者性を否定している（最判1996・11・28〔横浜南労基署長88〕）が，そこでは，運転手が業務用機材（トラック）を所有し，自己の危険と計算の下に業務に従事していたこと（事業者性があったこと）が，その他の労働者性に関わる要素を上回るという総合的な判断がなされていた。これに対して，この事件の原審（東京高判1994・11・24）は，結論は同じだが，「当事者の意図を尊重する方向で判断するのが相当」と述べていた。どの人材を法的に「労働者」として処遇しなければならないかという行為規範の明確化のためには，事前に労働者性の有無が明確でなければならないが，総合的な判断となると，この点で大きな問題を抱える。解釈論としては，原審のアプローチも有力だが，それを発展させて，本文で述べたように（⇒80頁），納得規範に基づく非労働契約性や非労働者性の確定を認めるのが適切である。さらに立法論としては，公的な事前認証手続を設けることが検討されるべきである。

　なお，本文では，労基法上の労働者性の判断基準が明確でないと述べたが，多くの裁判例は，1985年に当時の労働省に設置された労働基準法研究会報告「労働基準法上の『労働者』の判断基準について」を参照している。それによると，労働者性の判断は，契約形式のいかんにかかわらず，就労の実態をみて判断すべきものとされ，使用従属性の存否，すなわち指揮監督下で労働し，労務対償性のある報酬を受け取るかどうかという基準で行う。そして具体的には，①仕事の依頼や業務従事の指示に対する諾否の自由，②業務遂行上の指揮監督，③勤務時間や勤務場所についての拘束性，④本人に代わって他人が勤務に従事することの可能性（代替性），⑤報酬の一定の時間の労務提供に対する対価性が主要な判断要素となり，以上の要素で判断できない場合には，事業者性の有無や専属性の有無が補足的に判断要素に追加される。ただ，このように，何を判断要素とするかは示されているとはいえ，結局は，就労の実態をみたうえでの諸要素の総合的な判断なので，予測可能性が低いことに変わりなく，行為規範としては問題があるのである。

◆ 政府は，労働者以外の者の「雇用類似の働き方」についても，法的な保護の対象とすることを検討している（平成30年3月30日「雇用類似の働き方に関する検討会」報告書を参照）が，その理由はどこにあるか。

（他の参考文献）

＊小西康之「イタリアにおける認証制度とその機能」日労研624号（2012）35頁：契約の事前認証手続について，イタリアの立法例を紹介した文献。

＊水町勇一郎『「同一労働同一賃金」のすべて（新版）』（有斐閣・2019）：短時間有期雇用法に関する解説書。

＊皆川宏之「労働法上の労働者」労働法の再生1巻73頁：個別法上の労働者概念を検討した文献。

2　人材調達の方法

(1)　募集方法と法規制

　企業にとって，リスクの低い人材調達方法は，縁故採用や社員に人材を紹介・推薦してもらうリファラル採用である。これは従業員に関する「品質保証」つきの採用であり，今後も有力な採用方法として残るだろう。しかし，このような方法だと，どうしても探す人材の範囲に限界がある。従来の正社員の新卒定期一括採用というやり方は，企業と大学生の間の「集団見合い」の場を設定する機能があり，その効率性が，このやり方が長く続いた要因だった。

　今後，求人・求職は，規模的にも迅速性の面からもインターネットを活用したものが中心とならざるを得ず，すでに求人メディアの活用は一般的になっている（一方，紙媒体をつかったアナログ的な募集手法は今後なくなっていくだろう）。職安法は，2017年の法改正（2018年1月施行）で，こうした手法の重要性にかんがみ，「募集情報等提供」（求人者や求職者の依頼を受け，募集情報や求職者の情報を提供する行為［職安4⑥]）の事業を行う者に情報の的確性の向上に尽力する努力義務を定めている（同42①・②，42の2）。

(2)　雇用仲介サービスを利用した募集

　企業は，こうした求人メディアの情報サービスを利用するだけでなく，雇用

仲介サービスを利用することもできる。このサービスの代表が職業紹介（求人・求職の申込みを受け雇用関係の成立をあっせんすること［職安4①]）であり，それには公共職業安定所（ハローワーク）の提供する公的サービスだけでなく，民間企業が厚生労働大臣の許可を得て行う職業紹介サービスもある（同30①，33①。学校などが行う無料職業紹介事業は届出だけでよい［同29，33の2，33の3]）。企業（求人側）が有料職業紹介企業に支払う手数料には規制がある（同32の3）。

このほか，企業は，労働者募集（定義は同4⑤）を他人に委託できるが，受託者が従業員（被用者）以外のとき，有償の場合は厚生労働大臣の許可が必要であり（同36①，無償の場合でも届出は必要である［同③]），受託者に認可された報酬以外の報酬を供与することが禁止されている（同36②，40）。

このように法は，営利目的で他人の就業に介入する事業に対して，厳しい目を向けている（労基6参照）。

(3) 労働者派遣による人材調達

他の企業が雇用する従業員を受け入れて働かせることは，労働ボスが支配下の者を供給してピンハネするなどの戦前の歴史の反省から，戦後は「労働者供給」（供給契約に基づいて労働者を他人の指揮命令を受けて労働に従事させること［職安4⑦]）に該当する場合には禁止されてきた（同44。例外は，厚生労働大臣の許可を得て労働組合が行う無料の労働者供給事業のみ［同45]）。

現在では，厚生労働大臣の許可を得た労働者派遣事業者（派遣元企業）との間で，労働者派遣契約を結び，派遣元企業が雇用する労働者を派遣労働者として受け入れるという形をとれば合法である（職安47の2も参照。労働者派遣の定義は，労派遣2(1)）。なお他企業と請負契約等を締結して業務を委託し，その受託企業の従業員を，企業内で指揮命令して活用するという形態は，客観的には労働者派遣の定義に合致するので，労働者派遣法の要件を充足しないかぎり，違法と評価される（「偽装請負」と呼ばれる）。もっとも，請負と労働者派遣ないし労働者供給との違いは必ずしも明確なものではない（判断基準としては，1986・4・17労告37，職安則4を参照）。立法論としては，前述の労働契約性に関するものと同様に，公的な事前認証手続を設けて，そこで労働者派遣法や職安法の規制を受けない請負であるとの認定がされた場合には，事前に提示されたとおりの業務が展開されるかぎり，適法な請負として扱うという制度を導入すべきである。

⑷　労働者派遣法の規制内容

　労働者派遣を解禁した労働者派遣法は，1985年の制定当初（施行は1986年7月）は，過去の労働者供給の弊害をふまえて派遣ビジネスの適正化を図ること（大臣による事業許可等）や企業が正社員を派遣労働者に切り替えることによる長期雇用慣行の崩壊（「常用代替」）を防止すること（派遣可能業務の制限等）が中心的な規制目的だったが，徐々に派遣労働者の保護と派遣労働者を利用する企業の責任を重視する内容に変わってきている（2012年の法改正の際には，「派遣労働者の保護」が法律の名称に含められたことが象徴的である）。現在の労働者派遣法の規制内容のポイントは，派遣労働者を利用する企業（派遣先企業）側からみると次のようになる。

　まず労働者派遣の受入れは業務単位でなされる。同一就業場所での労働者派遣の受入れの上限は3年である（労派遣40の2①・②。派遣労働者が変わっても通算される）。この上限期間は過半数代表からの意見聴取の手続をふめば延長できる（同40の2③以下）が，そのときでも，就業場所の各組織（「課」レベル）で同一派遣労働者を，3年を超えて受け入れることはできない（同40の3）。労働者派遣はいわば労働力のレンタルであり，臨時的かつ一時的なニーズにこたえるものというのが法の建前である（同25を参照）。ただし，派遣元企業と無期雇用関係にある派遣労働者は，期間制限なく受け入れることができる。また60歳以上の高齢者派遣，終期が決まっている有期プロジェクトの業務やその日数が月の所定労働日数の半数以下でかつ10日以下の業務に従事する派遣，産前産後休業，育児休業，介護休業を取得している従業員の代替のための派遣も期間制限はない（同40の2①）。

　企業は，定義上，受け入れる派遣労働者と労働契約を締結していない（労派遣2⑴）が，次の場合は，労働契約の締結を強制される。すなわち，①労働者派遣が禁止されている業務（港湾，建設，警備［同4①・③]）に従事させた場合，②無許可事業者から受け入れていた場合（同24の2），③前記の就業場所単位および個人単位の派遣期間の制限に違反した場合，④法を潜脱する目的で，労働者派遣契約以外の名目で契約を締結して，労働者派遣契約で必要とされる事項（同26①）を定めずに受け入れていた場合（前記の「偽装請負」の場合等）には，これらの違法派遣に該当することを知らず，かつ知らなかったことに過失がな

かった場合を除き，派遣労働者に対して，従前と同一の労働条件を内容とする労働契約の申込みをしたものとみなされる（同40の6）。つまり，該当する派遣労働者が申込みを承諾する意思表示をすれば，労働契約は成立することになる。

　企業が派遣元企業と締結した労働者派遣契約は，通常の民事上の契約であり，その合意内容にしたがって解除することができるが，派遣労働者の国籍，信条，性別，社会的身分，労働組合の正当な行為をしたことなどを理由とする解除は禁止されている（労派遣27）。また労働者派遣契約の解除にあたっては，派遣労働者の就業機会の確保，派遣元企業の派遣労働者に対する休業手当費用の負担等，当該派遣労働者の雇用の安定を図るために必要な措置を講じなければならない（同29の2）。

　以上の法規制の特徴は，労働者派遣における派遣労働者の不安定な立場を考慮して，中小企業が多い派遣元企業だけでなく，派遣労働者を利用することが多い大企業にも責任を分担させようとする点にある。たしかに差別的な理由による労働者派遣契約の解除は，良き経営のために望ましいものではないが，違法派遣の場合のみなし申込み規定となると，ペナルティとして重すぎる。

　労働者派遣で最も重要な労働法の理念は，派遣元企業が責任をもって，派遣労働者に対して，労働契約の内容を明確にして，本人が就業条件全般に納得して派遣労働に従事できるようにすることにある。派遣労働を利用する側の企業に求められるのは，派遣元企業と締結した労働者派遣契約を遵守して，派遣労働者の人格的利益に配慮しながら就労させることであり，それ以上に，労働者派遣を不安定な雇用形態とみて，その利用自体が良き経営に反するという評価に基づく過剰な規制（受け入れ期間の規制など）は見直されるべきである。

補　注

(1)　**労働者派遣と出向**　　出向（⇒132頁）は，出向元に雇用され，出向先の指揮命令を受けて働くので，労働者派遣の定義に該当しそうであるが，「当該他人に対し当該労働者を当該他人に雇用させることを約してするものを含まない」とされているので（労派遣2(1)），出向はこの例外に該当すると解されている。この解釈は，出向労働者は出向元企業だけでなく出向先企業にも雇用されているため，派遣先企業が指揮命令しかしない労働者派遣と区別するという考えによるものだが，出向労働者のすべてが出向先企業に雇用されているとはかぎらず，この定義だけで出

向のすべてを労働者派遣から除外できるとは言い切れない。ここでいう「雇用させる」とは，世俗的にいえば「出向先の従業員」にもなることを意味し，その点で労働者派遣と違うという見解もある（菅野387頁）が，派遣労働者でも，同じような意味で派遣先企業で従業員として扱われている例はあろう。また，出向はたとえ労働者派遣に該当しても，「業として行う」ものではないので，労働者派遣事業には該当せず（同(3)），その結果，労働者派遣法の規制に服さない（さらに同様の理由で「労働者供給事業」にも該当しない［職安44参照］）という説明もある。しかし，定期的に出向を行っているような場合には，「業として行う」（一定の目的で同種の行為を反復継続することを指し，営利目的の有無は関係ない）に該当するので，やはり労働者派遣の定義に該当しうる。もちろん，人事異動の一つである出向が労働者派遣法の規制を受けることは適切でないが，労働者派遣に該当しない法的根拠は明確ではないのである。このことをふまえると，企業は従業員を出向させる場合には，労働者派遣法とは別の枠組みで行うということについて，当該従業員の納得同意を得ておくべきである（⇒134頁）。

思考 —労働契約締結強制立法の問題点—

企業が労働契約の締結を強制される場合として，派遣労働者の「みなし申込み」（労派遣40の6）以外にも，有期労働契約の無期転換規定（労契18）や雇止め制限規定（同19）による，労働者からの労働契約の申込みに対する「みなし承諾」がある。また，会社分割のスキームで事業を承継する場合，承継事業に主として従事する労働者を承継対象から外した場合において，その労働者の異議申立があれば，承継（転籍）は（分割先企業にとって）強制されることになる（労働承継4④）。これらは契約締結の自由の例外となる法令上の特別の定めといえる（民521①を参照）が，立法政策として，採用の自由を制限する法律を設けることが適切かについては議論の余地がある。企業に対して，自ら選択していない者との労働契約の締結を強制することは，企業の経済活動の自由（憲22，29）に対する侵害となるだけでなく，企業はその意に反して「押しつけられた」人材を積極的に活用する可能性は小さいので，そうした状況での就労は，かえって労働者の人格的利益を損なう事態を引き起こしかねない。違法派遣に対しては，派遣元企業への制裁により対処すべきであるし，事業譲渡の場合の強制契約はEUには例があるが，採用が事業遂行のためのポストごとになされていることと密接に関係しており，これとは異なる採用システムをとっている日本型雇用

システムに適したものではない（⇒136頁［思考］）。有期労働契約についての「みなし承諾」も，無期転換や雇止めの制限に関する強制的な法的介入を控え，労使双方にとって納得のいく契約管理ができるような仕組みに改めるべきである（⇒220頁）（大内・非正社員148頁も参照。筆者と反対の立場として，西谷160頁）。

自　学

◆ 労基法6条は「業として他人の就業に介入して利益」を得ることを，「中間搾取」（同条の見出し）と呼んで，それを原則禁止している。その理由は，どこにあるか（細井和喜蔵『女工哀史』（岩波書店・1980）等を参照）。

◆ 派遣労働者の賃金に対しても，受入企業の通常の労働者との間で，短時間・有期雇用労働者に関するのと同様の労働条件の不合理な相違を禁止する規定や均等待遇規定がある（労派遣30の3）が，この規定にかかわらず，派遣元企業が過半数代表との労使協定により賃金を決定すること（労使協定方式）もできるとされている。なぜ派遣労働者には，このような労使協定方式が認められているのか。また，これは妥当であろうか（小西康之「派遣先均等・均衡待遇原則と労働者派遣」日労研701号（2018）30頁も参照）。

（他の参考文献）

＊鎌田耕一・諏訪康雄編『労働者派遣法』（三省堂・2017）：労働者派遣法全般の概説書。
＊本庄淳志『労働市場における労働者派遣法の現代的役割』（弘文堂・2016）：労働者派遣制度について肯定的な立場の代表的文献。
＊萬井隆令『労働者派遣法論』（旬報社・2017）：労働者派遣制度について否定的な立場の代表的文献。
＊和田肇他編『労働者派遣と法』（日本評論社・2013）：労働者派遣制度について批判的な立場からの論考を集めた文献。

3　採用と情報

(1)　情報収集の制限

　採用は，本人の能力や適性を公正に評価して行うべきものである。もっとも，具体的にどのような選考基準を設けるかの決定については，企業の裁量があり（採用の自由），判例も「労働者の採否決定にあたり，労働者の思想，信条を調

査し，そのためその者からこれに関連する事項についての申告を求めることも」違法ではないとする（最大判1973・12・12〔三菱樹脂18〕）。ただ，この判例は，プライバシー（とくに個人情報がみだりに収集されない自由）が労働者の人格的利益として尊重が求められている現在，これをそのまま維持することはできない（⇒71頁）し，法律でも，一定の差別的な基準を設けることを禁止している。さらに今日の企業には，応募者の能力や適性のみを基準として採用選考を実施することが求められていると解すべきである（⇒63頁）。

このような観点からみて重要なのが，職安法の規制である。職安法は，求人時の企業（および職業紹介事業者ら）に対して，本人の同意や正当事由がないかぎり，業務の目的の達成に必要な範囲内で個人情報（その定義は職安4⑪）を収集し，収集の目的の範囲内でこれを保管および使用しなければならないとする（職安5の4。秘密保持義務もある〔職安51参照〕）。

さらに職安法の指針（1999・11・17労告141）では，「人種，民族，社会的身分，門地，本籍，出生地その他社会的差別の原因となるおそれのある事項」「思想及び信条」「労働組合への加入状況」についての個人情報の収集を禁止している（第4の1(1)）。これは労働者の同意の有無に関係のない禁止規定であり，個人情報保護法上の「要配慮個人情報」（個人情報2③）に対する規制（同17②）よりも厳しい。例外は，「特別な職業上の必要性が存在することその他業務の目的の達成に必要不可欠であって，収集目的を示して本人から収集する場合」である。

また同指針は，個人情報を収集する際には，本人から直接収集し，または本人の同意の下で本人以外の者から収集する等，適法かつ公正な手段によらなければならないとする（第4の1(2)）。本人からの直接収集は，面接や書類提出などによるものだが，厚生労働省の「公正な採用選考の基本」では，本人に責任のない事項（本籍・出生地，家族等）や本来自由であるべき事項（支持政党，人生観・生活信条，尊敬する人物，思想，労働組合や社会運動に関する情報，購読新聞・愛読書等）の把握はしないよう企業に協力を求めている。

本人以外の者からの収集には，本人のネット上の公開情報等からのものと，第三者から提供されるものとがある。いずれも本人の同意が必要だが，そこで必要とされる本人の同意は，労働契約関係に入る前の段階とはいえ，応募者と求人企業との間には，一定の法的関係がすでに形成され，労働法の理念に準じ

る要請が適用されるべきものと解される以上，納得同意がある場合にのみ適法と解すべきである（納得同意がない場合には，不法行為として慰謝料請求が可能となろう〔民709〕）。

職安法やその指針に違反する場合には，行政による指導や助言があるし（職安48の2），さらに改善命令や企業名の公表という制裁もある（同48の3）。

このほか，個人情報保護法により，利用目的をできるだけ特定し（個人情報15①），目的外利用を禁止し（同16），取得の際に利用目的の通知等をすること（同18）などの規制がある（⇒74頁）。

(2) 応募者の真実告知義務

能力や適性に関する情報については，応募者は，企業の求めに応じて真実の情報を提供しなければならない。判例は，学歴や職歴などの重要な経歴情報についての虚偽提供（経歴詐称）が採用後に発覚した場合，重大な企業秩序への影響があるとして，懲戒解雇事由になりうるとする（東京高判1991・2・20〔炭研精工29〕参照）。ただし，企業の求めがなければ，応募者が自己に不利な情報を積極的に提供する義務はない（前職における不祥事について，東京地判2012・1・27〔尚美学園〕。HIV感染の事実について，札幌地判2019・9・17〔北海道社会事業協会7〕）。

明示的に採用の基準とされている能力や適性に関する虚偽情報の提示は，解雇事由（普通解雇事由）となりうる（企業は，労働契約締結の意思表示を錯誤や詐欺を理由として取り消すこともありうる〔民95，96〕）。ただし，懲戒解雇事由とすることには，原則として合理性はなく，標準就業規則に組み入れるべきではないので，これを懲戒解雇事由として追加する際には，「標準就業規則の不利益変更」（過半数の納得同意＋反対従業員への誠実説明）の手続をふむ必要がある。

(3) 企業による情報開示

企業は，募集の段階から，求人者として，応募者本人や雇用仲介サービスを提供する者に対して，労働条件を明示する義務があり，労働契約締結の際までに労働条件の変更があればその変更も明示しなければならない（職安5の3）。また広告やインターネットをとおした募集には，とくに的確な表示をする努力義務が課されている（同42①）。募集情報等提供事業者も，求人者か求職者からの依頼があれば，提供する情報の的確な表示に向けて必要な協力を行うよう努

めなければならない（同42②）。

　さらに労働契約の締結の際には，企業には労働条件明示義務が課されている（労基15①）。明示内容は事実と異なっていてはならない（労基則５②）。労働者は，明示内容が事実と相違する場合は，労働契約を即時に解除でき（労基15②），その場合，就業のため住居を変更していた労働者が，契約解除日から14日以内に帰郷するときには，企業は旅費を負担しなければならない（同③）。

　労働契約締結の際の労働契約明示義務違反には罰則がある（労基120(1)）。募集時でも，虚偽の条件を提示して，公共職業安定所や職業紹介を行う者に求人の申込みをした場合には罰則の適用がある（職安65(9)）。

　労働条件の明示対象は，募集段階では，業務内容，契約期間，試用期間，就業場所，労働時間，賃金額，保険等であり，明示方法は書面か電子メール（後者は応募者が希望したとき）である（職安則４の２③・④）。一方，労働契約締結の際は，書面交付義務がある労働条件（契約期間，有期労働契約の更新基準，就業場所・業務内容，労働時間，賃金，退職）と，そうでないもの（退職手当，臨時に支払われる賃金，労働者に負担させる食費等，安全衛生，職業訓練，災害補償，表彰・制裁，休職）がある（労基則５。短時間・有期雇用労働者の労働条件の文書交付義務については短時有期６および短時有期則２，派遣労働者については労派遣34，労派遣則26を参照。書面確認については，労契４②も参照）。書面交付義務のある事項は，労働者の希望があれば電子メール（またはファクシミリ）による明示が認められる（労基則５④但）。立法論としては，現在，書面交付義務のある労働条件の明示方法は，デジタル情報としての開示を原則とし，労働者の希望がある場合のみ書面とすべきである。

　労働契約締結の際に明示すべき労働条件のほとんどは，就業規則の必要記載事項なので，就業規則を交付すれば書面明示義務も果たしたことになる（1999・１・29基発45）。したがって個別に書面で明示すべきなのは，契約期間，更新基準，就業場所・業務内容（個別事項）となる。

　なお，学校卒業見込者の募集の場合，ミスマッチによる早期離職を解消するために，企業は，応募者の求めにより，募集・採用の状況，職業能力の開発・向上に関する取組みの実施状況，職場への定着の促進に関する取組みの実施状況に関する事項（青少年雇用情報）を提供しなければならない（若者促進13，同施行規則５）。

⑷　契約内容の決定のための労働条件明示

　労基法による労働条件の明示と就業規則の作成・周知は，現行法では連携していない。前者は公法上の義務にすぎず，実際に労働契約の内容に直接関係する就業規則は，労働者に明示されていなくても，合理性があり，かつ周知されてさえいれば，労働契約の内容となる（労契7。「周知」と「明示」は違う）。このため明示されていない労働条件であっても，労働契約の内容になりうるし，また，募集時に明示されていた労働条件（求人票記載の賃金等）が，当然に労働契約の内容となるわけでもなかった（東京高判1983・12・19〔八州測量〕も参照）。

　ただ，こうした解釈は，労働契約の内容を適正なものとするという労契法の基本精神に合わない。労契法は，企業に対して，「労働者に提示する労働条件及び労働契約の内容について，労働者の理解を深めるようにするものとする」と定め（労契4①），労働者と使用者は，労働契約の内容について，「できる限り書面により確認する」（同②）と定めるにとどまるが，労働条件の明確化は，良き経営をするための前提であることを考慮すると，これでは不十分である。

　すでにみたように，集団的労働条件を就業規則に記載し，労働契約の締結時において労働契約の内容に組み入れるまでの手続にはより注目する必要がある。すなわち企業は，労働者と労働契約を締結する際に，標準就業規則を提示して，その内容について誠実説明をして納得同意を得るよう努めていなければ，就業規則の適用はできない（⇒34頁）。企業がこの手続を遵守せずに労働契約を締結した場合，就業規則は労働契約の内容に組み入れられないので，労働条件は白紙となる。この場合，労働契約は不成立とする見解もありうるが，少なくとも労働契約の成立に向けた意思の合致が認められれば，労働契約の成立を認め，その内容は標準就業規則によると解すべきである。ただし，労働者に義務を課す内容の標準就業規則の規定は，労働条件が白紙である労働契約より労働者に不利となるので適用されず（労契12参照），それ以外の労働者に有利な規定のみが適用されると解すべきである（労基法や最賃法の規定もそのまま適用される。東京地判2013・3・8〔芸能プロ〕も参照）。企業はこうした事態を避けるためにも，就業規則による労働条件の内容形成と労働契約への組入手続をしっかり行っておく必要がある。

補 注

(1) **犯罪歴の詐称**　裁判例によると，「履歴書の賞罰欄にいわゆる罰とは，一般的には確定した有罪判決をいう」とされているので（東京高判1991・2・20〔炭研精工29〕），公判係属中の事件については申告する必要がないが，犯罪歴は申告する必要があることになる。ただし犯罪歴は，職安法の指針（1999・11・17労告141）のいう「社会的差別の原因となるおそれのある事項」となるので，「特別な職業上の必要性が存在することその他業務の目的の達成に必要不可欠であって，収集目的を示して本人から収集」しなければならない（第4の1(1)）。また刑の消滅した前科（刑34の2）については，労働力の評価に重大な影響を及ぼすものでないかぎり，告知する義務はない（仙台地判1985・9・19〔マルヤタクシー〕参照）。

(2) **企業の不正確な情報提供の責任**　企業が，募集過程で労働条件について不十分な情報提供や説明しかしなかったことにより，労働者がより良い処遇を受けられると誤信していた場合には，労基法15条1項違反となり，かつ，労働契約締結過程における信義則にも反するとして，企業に精神的損害の賠償責任（民709）を認めた裁判例がある（東京高判2000・4・19〔日新火災海上保険19〕）。

思考　―合意原則の徹底に向けて―

　労契法は，基本原則として，「労働者及び使用者の自主的な交渉の下で，労働契約が合意により成立し，又は変更されるという合意の原則」（合意原則）をあげる一方で，「合理的な労働条件の決定又は変更が円滑に行われるようにすること」を通じた労働者の保護や個別の労働関係の安定も目的に掲げている（労契1）。労働契約では，労働者の契約弱者性が前提であるため（⇒17頁），合意原則をそのまま適用すると，労働者の保護という目的の実現は難しくなる。とりわけ労働契約の内容について労働者が同意をしたときに，その同意の効力をそのまま認めること（積極的合意原則）については，人事労働法では，納得同意という要件を加重してはじめて認められるとする慎重な立場をとる。一方，労働契約の内容について労働者が同意しないときに効力を認めないこと（消極的合意原則）は，人事労働法でも当然の前提とされるが，就業規則の拘束力をめぐる規定（労契7，10）をみると，「合理的な労働条件の決定・変更」（労契1）を実現しようとするものではあるが，労働者の同意は必須の要件とされていないので，（消極的）合意原則に反する内容を含んでいる。労契法18条や19条のように企業側にとって消極的合意原則に反する規定もある。人事労働法が納得同意を重視

する立場をとるのは，労契法が基本原則としながらも徹底できていない合意原則を徹底させることを目的とするものである（大内・雇用社会1話も参照）。

◆ 外資系企業など転職が活発になされる企業では，採用選考の際に，前職の上司や同僚等のリファレンスレター（推薦状）を要求することが多い。これにより，実際の働きぶりに関する情報を入手して，企業がすでに保有している応募者の能力や適性に関する情報を補完することが目的である。日本法の下で，企業が採用の際に，リファレンスレターの提出を求めることに，法的な問題が起こる可能性はあるか（労基22も参照）。

（他の参考文献）
＊鎌田耕一『概説労働市場法』（三省堂・2017）：職安法をはじめ労働市場全般に関する法制度の概説書。

4　採用過程と労働契約の成立

(1)　労働契約の成立時点

　労働契約は，書面で締結する必要はなく，「労働者が使用者に使用されて労働し，使用者がこれに対して賃金を支払うこと」の合意があれば，書面が交わされなくても成立する諾成契約である（労契6，民522②。荒木362頁も同旨）。一部の労働条件には書面による明示義務がある（⇒95頁）が，これは労働契約の成立とは関係がない。また，労働契約の成立は，黙示の合意によっても成立する。
　採用過程は，通常，募集⇒応募⇒内定⇒試用⇒本採用という段階を踏んで展開する。判例は，本採用の前の段階でも，まず試用段階での労働契約の成立を認め（最大判1973・12・12〔三菱樹脂18〕），次いで大学の卒業予定者の採用内定段階でも，企業から採用内定通知があった時点での労働契約の成立を認めた（最判1979・7・20〔大日本印刷20〕。企業の募集が労働契約の申込みの誘引で，それに対する学生の応募が申込みで，採用内定通知が承諾と解釈された）。労働契約が成立すると，それ以降の採用内定の取消し行為は，入社前であっても解雇となる。また労働契約が成立する以上，本書でいう就業規則の労働契約への組入れの手続（⇒34頁）

は，この時点で行う必要があるし，それ以降は，就業規則が適用される（入社前は，就労を前提としない条項のみ適用される）。

(2) 採用内定期間中の法律関係

採用内定期間は就労を予定していないが，採用内定者の同意があれば，企業は研修やレポート提出などの一定の作業を命じることができる（その場合でも，採用内定者が学生であるときには，学業への相応の配慮は必要である［東京地判2005・1・28〔宣伝会議〕参照］）。この場合，採用内定者を「労働者」（労基9，労契2①）と評価できるかは明確でないが，指揮命令の下に企業の命じる作業に従事する状況があれば，契約弱者性も認められるので，原則として労働者性を肯定すべきである（その結果，例えば最低賃金が適用されるので無償就労は許されず，またケガをすれば労災保険の適用があることになる）。企業は，労働者として扱わないことにする場合には，採用内定者の納得同意を得る必要がある。学生が在学中に行う就業体験（インターンシップ）の場合にも，同じ考え方があてはまる。

年次有給休暇の継続勤務の起算点となる「雇入れの日」（労基39①）は，出勤率が考慮される以上，現実に就労を開始した日と解すべきである。契約期間の上限規制（同14）や賠償予定の禁止（同16）等は，労働契約が成立さえしていれば就労の有無に関係なく適用しうるので，採用内定者との関係でも適用される。一方，解雇予告（同20）のように労働契約関係が実質的に展開していない場合には適用する必要のない規定もある（労基20について，結論同旨として，菅野236頁等）。

(3) 採用の不成就

企業が，ある応募者の採用手続を進めていたものの，それを何らかの理由で打ち切ったとき，応募者に大きな不利益が生じることがある。とくに中途採用の場合は，応募者は現在の勤務先を退職する行為をともなうので，労働契約不成立による損害は大きなものとなりうる。企業が，採用の過程で，契約が確実に成立すると誤解させるような行為をしたり，労働契約の成立に対する高度の期待をもたせる行為をしたりした場合には，期待的利益を侵害する不法行為として損害賠償責任を負う（民709。中途採用予定者の事例として，東京高判1986・10・14〔かなざわ総本舗〕，大阪高判2001・3・6〔わいわいランド〕等，学校卒業予定者の事例〔い

わゆる内々定〕として，福岡高判2011・3・10〔コーセーアールイー〕等）。

　採用の途中の過程でも，採用内定により労働契約が成立したと認められると，前述のように，その後の採用内定取消は法的には解雇となる。この場合，企業は，就業規則に基づく解雇に加え（⇒207頁），採用内定（労働契約締結）時に納得規範に従って追加された解雇事由（採用内定取消事由）に基づく解雇も可能である。ただ，判例は，解雇事由が存在する場合でも，企業が，採用内定当時知っていたか，知ることが期待できた事実であれば，解雇は認められないとする（前掲・最判1979〔大日本印刷〕）。なお，実際には，中途採用の場合には，解雇の有効性を争うよりも，損害賠償を請求するケースのほうが多い（裁判例として，東京地判2008・6・27〔インターネット総合研究所〕，福井地判2014・5・2〔カワサ〕等）。

　新規学卒者の採用内定を取り消した企業は，公共職業安定所または学校長に通知をしなければならず，それに基づき公共職業安定所長は「雇入方法等の指導」をすることになっている（職安54，職案則35②(2)・③・④）。内容によっては，企業名の公表もある（職安則17の4，2009・1・19厚労告5）。

　一方，労働者からの採用内定辞退は，通常の辞職と同様，2週間の予告（民627①）により可能となる。企業は早めに採用内定を出して労働者を確保しようとしても，それには限界があるのである。ただ，急な辞退など社会通念上著しく背信的な態様でなされ，企業に損害が生じた場合には，企業は内定者に損害賠償を請求することは可能である（同709）。

⑷　試用期間

　試用期間とは，労働契約の初期段階において，従業員の実際の就労状況を観察することによって，企業が追加的に得た能力・適性情報に基づき，最終的な本採用の決定をするための期間である。もっとも，新規学卒者の試用期間中に企業が入手する能力・適性情報は，本採用の採否の判定資料というより，将来の人事管理を的確に行うための資料という意味合いが強い。このため，新規学卒者の本採用の拒否（つまり解雇）の有効性は，厳格に判断すべきものと考えられてきた（最大判1973・12・12〔三菱樹脂18〕も参照）。

　しかし試用期間の本来の趣旨（本採用決定のための実験観察期間）に照らすと，本採用の拒否を制限しすぎることは適切でない。企業が入社時点で具体的に設定して従業員に開示していた能力・適性基準を充足していないことが，「勤務

状態等により，当初知ることができず，また知ることが期待できないような事実」（前掲・最大判1973〔三菱樹脂〕）から明らかになった場合にまで，解雇が制限されるべきではない。従来の新規学卒者の採用では，能力・適性基準を明確にしていないことがほとんどであったので，能力や適性に関する理由で，試用期間をパスしないことの正当化は難しかった。ただ今後は，企業は，新規学卒者も「ジョブ型」として，職務を限定し，そこで求められる能力・適性基準を明確にすることが予想され，そうなると試用期間中に入手した情報に基づく解雇が有効とされる場合が増えると考えられる（新卒の技術職員の解雇を有効としたものとして，大阪高判2012・2・10〔日本基礎技術〕）。中途採用の場合には，これまでも，能力・適性基準を満たしていないことを理由に，本採用拒否（解雇）となるケースは少なくなかった（東京高判1983・12・14〔欧州共同体委員会〕等を参照）。

なお，試用期間は，能力や適性の評価をするための上限期間にすぎず，その期間途中で企業が解雇することを否定するものではない（これと異なる趣旨の学説として西谷171頁，裁判例として，東京高判2009・9・15〔ニュース証券〕，東京地判2009・10・15〔健和会〕等がある）。

標準就業規則では，上限期間は必要記載事項とすべきであるし，また本採用拒否の事由は，デフォルトとして，「試用期間中または試用期間満了時に，採用時に明示した採用基準に合致しないとき」を，解雇事由として，他の解雇事由と並べて明記すべきである（⇒207頁）。

(5) 試用目的の有期労働契約

能力・適性基準を満たしているかを確認するための実験観察期間としての試用期間の設定と同一の機能をもつのが，いったん有期労働契約を締結して能力や適性を観察し，契約期間満了後に，審査をパスした労働者だけを無期労働契約で採用するという方法である。しかし最高裁は，雇用契約における期間は，その趣旨・目的が労働者の適性を評価・判断するためのものであるときは，期間の満了により当然に契約が終了する旨の明確な合意が成立しているなどの特段の事情が認められる場合を除き，契約の存続期間ではなく，試用期間であるとした（最判1990・6・5〔神戸弘陵学園21〕）。実験観察期間は，適性があれば本採用することを前提とした期間なので，その期間の満了で当然に契約が終了する旨の明確な合意があるケースは想定しにくく，実質的には，この判決は，実験

観察目的の有期労働契約は締結できないと述べているのと等しい。有期労働契約の締結については，法律上，目的による制限がないことからすると，この判決には疑問がある。労働契約に設けられた期間の解釈としては，期間満了後に本採用に移行することを前提とした契約でないことさえ確認できれば，それは試用期間ではなく，契約の存続期間と解釈すべきである（最判2016・12・1〔福原学園22〕参照）。この場合でも，契約を反復更新すると，雇止め制限規定（労契19）が適用され，有期での契約の更新が強制される可能性はある（関連裁判例として，東京高判2012・11・29〔日本航空〕）。

補 注

(1) **黙示の労働契約**　　企業が，指揮命令をしていても，それだけで労働契約の成立が認められるわけではない。例えば，派遣先企業が派遣労働者を指揮命令していても，労働契約は派遣元企業との間で成立している（労派遣2(1)）。業務処理請負の発注企業が，実際上は労働者派遣法の定める要件を満たさないで請負企業の従業員を指揮命令しているという偽装請負（違法派遣）の場合も，それだけで当然に黙示の労働契約が成立するわけではない（最判2009・12・18〔パナソニックプラズマディスプレイ15〕，福岡高判1983・6・7〔サガテレビ〕等を参照）。ただし現在では，偽装請負の場合は，労働契約の「みなし申込み」が認められる可能性がある（労派遣40の6。⇒89頁）。

(2) **法人格否認の法理**　　法人格否認の法理は，会社法の判例で認められたもの（最判1969・2・27〔山世志商会〕）だが，労働契約でもしばしば適用されている。法人格否認の法理の典型的な適用事例としては，ある企業の法人格が形骸化して別の支配企業の一部門にすぎない場合（形骸事例）と親子会社のケースで親会社が違法な目的の実現のために子会社の法人格を利用している場合（濫用事例）があり，いずれも支配側の企業が被支配側の企業の従業員（または，その従業員を組織する労働組合）に対して法的責任を負う効果が認められる。また法的責任にも，賃金・退職金等の金銭的な債権に関するような一回的・特定的な法的責任が問題となる場合（裁判例として，東京地判2001・7・25〔黒川建設16〕等）と労働契約上の地位の承継のような継続的・包括的な法的責任が問題となる場合とがあり，後者のほうが効果が重大なので，要件は厳格となる（法人格否認の法理については，荒木63頁を参照）。

(3) **偽装解散と労働契約の承継**　　労働組合を壊滅させるなどの不当な目的で子会

社を解散させ，法人格の濫用が認められる場合において，その後に解散した子会社の事業を親会社自身か他の子会社の下で継続させているという偽装解散の場合には，親会社が法的責任を負うとした裁判例がある（大阪高判2007・10・26〔第一交通産業ほか17〕）。ただ，この場合は，労働契約の承継は，解散した事業を引き継いだ企業との間で認めるべきとする考え方もありうる。不当労働行為の事案では，反組合的目的で企業を解散し組合員を含む従業員を解雇したあと，解散した企業でなされていた事業が，実質的に同一の経営主体で継続している場合（労組7⑴・⑶）には，その経営主体に対して，解雇された組合員を従業員として扱うよう命じられることがある（⇒235頁）。

(4) **留保解約権**　最高裁は，採用内定段階では，採用内定時に提出された誓約書記載の採用内定取消事由に基づく解雇権が留保されているとする（前掲・最判1979〔大日本印刷〕）。これは標準就業規則で記載されていない解雇事由の特約となるので，納得同意が必要と解すべきである（さもなければ労契12条により無効と解すべきである）が，実際には納得同意がないことが多いだろう。企業は，採用内定段階から，納得規範に則した良き経営をすべきなのである。

思考　—不安定雇用の雇用促進的機能—

労働契約の初期段階において能力や適性の実験観察期間を置くことは，企業が応募者に関する情報不足（情報の非対称性）があっても採用にふみきりやすいので，とくに目立った職歴がない若者の雇用にとっては，たとえ解雇される可能性が小さくなくても，雇用機会が得られるという点でプラスになるという考え方もある。（大内伸哉『解雇改革』（中央経済社・2013）184頁も参照）。また紹介予定派遣（労派遣2⑷）のように，非正社員としての雇用であっても，それをステップにして直接雇用につながることはありえるし，有期労働契約であっても，そこで企業に実験観察をしてもらえる機会を得ること自体が，正社員につながる可能性を生み出す。解雇の可能性があることや非正社員で働くことにともなう雇用の不安定性を，当然に悪と決めつけてはならないのである。

自　学

◆ 採用内定により労働契約が成立するとしても，入社日までは就労を予定していない。就労を予定していない労働契約に，どのような意味があるのだろうか。判例上は，

大学新卒者の採用内定について，入社日を労働契約の効力の発生の始期とする見解（最判1980・5・30〔電電公社近畿電通局〕を参照）と，就労の始期とする見解（前掲・最判1979〔大日本印刷〕）とがあるが，両者には入社日までの企業と内定者との間の法律関係についてどのような違いがあるか。

(他の参考文献)

＊大内伸哉「文献研究　採用・試用・採用内定⑴⑵」季労251号（2015）173頁，252号（2016）133頁：採用内定や試用期間に関する学説を整理し，分析した小稿。

第4章　労働契約上の義務

1　労務提供義務と賃金支払義務

（1）　総説

　企業が従業員と労働契約を締結するのは，賃金の支払いと引き換えに，その労働力を利用する権限を得るためである。一方，従業員は，自己の労働力を利用させることと引き換えに，賃金（報酬）を得るために労働契約を締結する。法的には，労働契約は，企業の賃金支払義務と，従業員の労務提供義務（労契法では「労働義務」，民法では「労働従事義務」）を主たる義務とする契約であり，かつ，それぞれの義務が互いに対価関係にあるという意味では，売買契約や賃貸借契約等と同じ双務契約である。

　労働契約で定められる義務には，この二つ（主たる義務）以外にも，さまざまなものがあり，その多くは，就業規則に記載されて集団的なルールの下で規律されている。

（2）　民法上の規律

　主たる義務である労務提供義務と賃金支払義務の内容は，原則として当事者の合意で自由に決めることができるが，民法上，若干の規律が定められている。

　まず報酬（賃金）の支払時期について，従業員は「その約した労働を終わった後でなければ，報酬を請求することができ」ず（民624①），「期間によって定めた報酬は，その期間を経過した後に，請求することができる」（同②）。双務契約には，「相手方がその債務の履行（……）を提供するまでは，自己の債務の履行を拒むことができる」という同時履行の抗弁権がある（民533）が，労働（雇用）契約では，労務提供義務を先に履行するのが原則なのである（従業員は，賃金を支払ってくれなければ労務を提供しない，とは言えない）。また，「使用者の

責めに帰することができない事由によって労働に従事することができなくなったとき」または「雇用が履行の中途で終了したとき」には，従業員は，すでにした履行の割合に応じて報酬（賃金）を請求できる（同624の2）。以上の民法の規定は，任意規定なので，当事者間で異なる合意をすることはできる。

　また労務提供義務については，従業員は，企業の承諾を得なければ，自己に代わって第三者を労働に従事させることができず，もしこれに違反した場合には，企業は契約を解除できる（民625②・③）。雇用では，誰が労務に従事するかが重要であり，この点で，報酬が仕事の結果に対して支払われ（同632），誰が仕事に従事するかは問われない請負との違いがある。実際に就業規則において，無許可で第三者に労働させることを解雇事由として定めている例は少ないだろうが，従業員自身の労務提供義務の債務不履行となり，その面から制裁（賃金カットや無断欠勤としての懲戒処分等）の対象となろう。

（3）　労務が提供されない場合の賃金支払義務の存否

　労務提供義務と賃金支払義務は対価関係にあるため，両者は牽連性をもち，労務提供義務が履行されない場合には，賃金支払義務は発生しないのが原則である（最判1988・3・15〔宝運輸〕も参照）。これを「ノーワーク・ノーペイの原則」という。争議行為中も，この原則により無給となる（⇒260頁）。ただ，ここでいう「原則」は強行性のある法的な規範という意味ではなく，特段の合意がなければそのように解釈するという意味にすぎない（契約の解釈準則）。したがって，例えば育児休業期間を有給とする合意は有効であるし，欠勤分の賃金を控除しない完全月給制の合意も有効である。

　「ノーワーク・ノーペイの原則」とは別に，民法上は，双務契約について，一方の債務が履行不能により消滅した場合の，他方の債務（反対給付）の存否（これを危険負担の問題という）を決める規定がある。これによると，労働契約では，労務提供義務が履行不能となった場合，契約当事者のどちらにも責任がない場合には賃金支払義務は消滅する（民536①）が，企業に帰責事由がある場合には，賃金支払義務の履行を拒むことはできない（同②前段。ただし，事後的に従業員がケガなどで労働能力を失った場合には，それ以降は企業に帰責事由のある履行不能ではないので，賃金支払義務の履行を拒否できる）。

　この規定は，企業に対して，その「責に帰すべき事由による休業の場合」に

平均賃金の6割以上の手当（休業手当）を支払うことを義務づける労基法の規定（労基26）と重なるようにみえるが，判例は，両者は帰責事由の範囲に違いがあること（労基26は，企業側に起因する経営，管理上の障害［企業側の支配領域で起きる外部的事情に基づく障害］を含む分だけ広いとする），および労基法違反には罰則があり（同120(1)），付加金の制裁（同114）があるところに違いがあるとする（最判1987・7・17〔ノース・ウエスト航空169〕）。

　企業に帰責事由があり賃金支払義務を負う場合でも，従業員が，労務提供義務を免れたことによって利益（中間利益ないし中間収入）を得たとき（休業中に他の企業でアルバイト収入を得た場合等）は，それを償還しなければならない（民536②後段）。ただし，判例はその償還額には，労基法26条の趣旨をふまえて，限度を設定している（⇒212頁）。

　要するに，企業は，特段の合意がないかぎり，労務提供がなされなければ賃金支払義務はない（ノーワーク・ノーペイの原則）が，労務不提供の原因が企業にある場合には，賃金を全額支払わなければならない。ただし，民法536条は任意規定なので，企業に帰責事由がある場合でも，支払賃金額を一部減額する旨の合意は可能だが，平均賃金の6割を下回る減額は労基法26条に反する。

　もっとも，このような現在の法規制には，疑問もある。

　第1に，民法536条2項は，中間利益の控除を認める点では，賃金全額払いの原則（労基24①）に反する可能性があるし，償還額の限定は民法の規定からは導き出せず，労基法26条の趣旨により修正されてしまっている。

　第2に，ノーワーク・ノーペイの原則といいながら，企業に「責めに帰すべき事由」がある場合については同原則は適用されず，原則が適用される場面は必ずしも広くない。その一方，「責めに帰すべき事由」という概念は曖昧であり，どのような場合に同原則が適用されないかが明確ではない。

　このように考えると，企業に帰責事由のある履行不能は，民法536条2項の適用を否定し，労基法26条のいう「休業」を広く解釈して，この規定のみが適用されると解すのが適切である。また，「責めに帰すべき事由」のような曖昧な法規範については，納得規範を適用して，事前に特定していくという手法をとるべきである。具体的には，まず「標準就業規則」では，通常の欠勤の場合は，ノーワーク・ノーペイの原則が適用される一方，企業が休業を命じた場合については，それが懲戒事由に該当する場合を除き，企業に平均賃金の6割の

支払義務があることをデフォルトとし，ただ，企業に「責めに帰すべき事由」がなく支払義務のない事由（ノーワーク・ノーペイが適用される場合）については，「標準就業規則の不利益変更」の手続（過半数の納得同意＋反対従業員への誠実説明）をふんで特定することを認めるべきである（ただし，個別的適用段階では，誠実説明が必要である）。また支払額については，平均賃金の6割を上回る就業規則の定めや個別的合意をすることはもちろん可能である。他方，下回ることも「標準就業規則の不利益変更」の手続をふめば可能である（この場合も，個別的適用段階では誠実説明が必要である）し，また雇用維持と引換えなどの理由で，従業員と個別に引き下げる場合でも，その納得同意があれば有効と解すべきである。

（4） 不完全な労務提供

従業員の労務提供義務の内容は，企業の指揮命令により特定される。指揮命令が及ぶ範囲は，労働契約での合意内容によって決まるが，正社員の場合は明示的にはその範囲を合意しないのが一般的である。

従業員が有効な指揮命令に従わずに労務を提供しようとしても，それは労働契約上の労務提供義務の履行とは評価できないので，企業はその受領を拒否できる（民法上は，債務の本旨に従った履行の提供ではないことになる［民493参照］）。この場合，企業の賃金支払義務は発生しない。

判例は，業務外の疾病により，企業の指示する業務の遂行ができない場合において，従業員が労働契約の範囲内で履行可能な軽易業務の遂行を申し出ている場合には，賃金支払義務を拒否できないとする（最判1998・4・9〔片山組89〕）。この判例は，実質的には，労働契約上職務が限定されていない従業員の疾病の場合に，企業に対して，本人の履行可能な職務に配置することを求めており，その点には問題がある。企業が病気の従業員に配慮することは望ましいとしても，どのような業務に従事させるかは，企業が判断できるべきだからである（この場合の賃金をどう考えるかについては，⇒110頁［思考］）。

（5） 労務提供義務違反の責任

労務提供義務は，通常，「いつ」労務を提供するかという時間的な要素が含まれているので，不履行があった場合に，後から履行をして完全履行とする

（追完する）ことはできない。すなわち，労務提供義務は，履行がされなければ直ちに履行不能となる（労務提供義務の内容が，時間的な要素から切り離されて一定の成果を出すことにある場合は別である）。労務提供義務の履行不能の場合，企業の賃金支払義務がどうなるかは，すでにみたように企業に帰責事由があるかどうかで決まる。従業員に帰責事由がある履行不能の場合には，企業は賃金支払義務を負わないだけでなく，損害が発生していればその賠償を請求できる（民415。ただし，損害賠償額の減額はありうる［⇒45頁］）。また義務違反の内容いかんでは，就業規則上の懲戒事由や解雇事由に該当することもある。

補　注

(1)　**平均賃金**　　休業手当（労基26）の算定基礎となる「平均賃金」は，原則として，これを算定すべき事由の発生した日以前3か月間にその労働者に対し支払われた賃金の総額を，その期間の総日数で除した金額をいう（同12①）が，業務上の負傷または疾病による療養のための休業，育児休業，介護休業等の期間およびその期間中の賃金は除外されるし（同③），臨時に支払われた賃金等も除外される（同④）。賃金締切日がある場合には，直前の賃金締切日から起算する（同②）。平均賃金は，休業手当以外に，解雇予告手当（同20①・②），年次有給休暇の手当（同39⑨），災害補償（同76①，77，79～82），減給の規制（同91）に関係し，さらに労災保険の給付基礎日額として用いられる（労災8①）。

(2)　**出来高払制の保障給**　　企業は，出来高払制その他の請負制で使用する労働者には，労働時間に応じ一定額の賃金の保障をしなければならない（労基27）。これは，労働者の責めに基づかない事由によって，実収賃金が低下することを防止する趣旨である（1988・3・14基発150）。完全歩合制の従業員が，災害等によって実収が減少した場合には，通常の実収賃金とあまり変わらない程度の収入が保障されなければならない。もっとも，その保障内容には幅があるので，具体的な額は，従業員の納得同意があれば，その内容で確定すると解すべきである。

(3)　**労基法上の労働時間と賃金**　　判例には，労基法上の労働時間（⇒180頁）に該当すれば，通常は労働契約上の賃金支払いの対象となると述べるものもある（最判2002・2・28〔大星ビル管理100〕）。しかし，賃金が支払われるのは，労働契約上の労務提供義務を履行したからであり，労基法上の労働時間と実際上は重なることが多いとしても，理論的には区別されるべきである。

　本文で紹介した判例（前掲・最判1998〔片山組〕）が述べるように，従業員が労働契約の範囲内において履行可能な軽易業務の遂行を申し出たときでも，企業は賃金支払義務を拒否できないとする場合，その法的根拠として，当事者間で，従業員からの業務遂行の申込み（労務の履行の提供）それ自体が，賃金請求権を発生させる旨の合意があるとする法律構成，あるいはこのような業務遂行申込みは債務の本旨にしたがった弁済の提供であり（民493），かつ，企業による受領拒絶により履行不能となり，それは企業の帰責事由によるものであることから，企業は賃金支払義務の履行を拒否できない（民536②）とする法律構成が考えられる。しかし，いずれであっても，実質的に，業務の内容を従業員が決めることとなり，企業の指揮命令は大きく制限されることになる。むしろ，これは企業による健康配慮の問題ととらえるべきであり，私傷病が原因で従前の労務提供義務を履行できない従業員に対して，労働契約の範囲内で履行可能な業務があるにもかかわらず，それを指揮命令しないことは，企業に帰責事由がある履行不能ないし休業にあたることを理由に，賃金支払義務（民536②）および休業手当の支払義務（労基26）があると解すべきである（本書の立場では，本文で述べたように休業手当のみ）。デフォルトはこのように解したうえで，企業と従業員との間で，疾病期間中における従事可能な業務とそれに対する賃金について合意が得られた場合には（従業員に不利な内容の場合は納得同意が必要），それが優先されるべきである。裁判例には，傷病休職中の従業員が，職場復帰に備えてリハビリ勤務をしている場合，その勤務が企業の指揮命令下で行われ，勤務の成果を企業が享受している場合には，無給の合意があったとしても，最賃法に基づく最低賃金（⇒164頁）を支払うべきと判断したものがある（名古屋高判2018・6・26〔NHK〕）。このケースでも，従業員の納得同意がある場合には，無給とする取扱いは有効と解すべきである。

自　学

◆ 在宅勤務において，従業員の担当業務をその兄が代わりにやっていた場合，これは労務提供義務を履行したことになるか。もしそれを否定したとき，兄は自身の賃金を請求できるか。兄が代わりに業務に従事したことで，企業が利益を得ていたときはどうか（民625②・③，民703を参照）。

◆ 学説のなかには，民法624条１項をノーワーク・ノーペイの原則の根拠規定とする見解もある（荒木135頁，西谷280頁）が，ノーワーク・ノーペイの原則を，賃金請求権がどのような場合に「発生」するかの問題であるとするならば，発生した賃金の支払時期に関する同項をその根拠とすることは適切であろうか。

2　労務提供と指揮命令

（1）　指揮命令とは何か

　従業員の労務提供義務の履行とは，企業の指揮命令に従って労働することを意味する（この指揮命令を「労務指揮」と呼ぶ）。企業の労務指揮権は，労働契約に内在するもので，特段の合意がなくても行使できる。労務指揮権の範囲は，労働契約で定められるので，勤務時間，勤務場所，職種などを限定する合意があれば，その範囲内でしか企業は労務指揮ができない。正社員の場合は，通常このような合意がなされない（⇒81頁）が，今後は，こうした特定が合意される場合が増えていくだろう（「ジョブ型」の雇用における職種限定合意等）。

　指揮命令には，労務指揮以外に，業務に関する種々の命令も含まれる（これを「業務命令」と呼ぶ）。業務命令の権限は，労務指揮とは異なり，労働契約に内在するものではないため，この権限を行使するためには従業員との合意が必要であるが，判例は，就業規則の合理的な規定でもよいとする（労契7。法定外の健康診断命令について，最判1986・3・13〔電電公社帯広電報電話局78〕）。人事労働法では，業務命令権の根拠となる従業員の同意は納得同意でなければならず，また就業規則の規定による場合でも，これは標準就業規則のデフォルト条項に含むべきではないので，就業規則で定めて労働契約に組み入れるためには，「標準就業規則の不利益変更」の手続（過半数の納得同意＋反対従業員への誠実説明）をふむ必要がある。

　適法な指揮命令に従わない場合には，規律違反になるし（⇒122頁），民法上の債務不履行にもなる（民415）。

（2）　指揮命令の限界

　（1）でみたように，指揮命令権のうち労務指揮権は，労働契約に内在するとはいえ，個別合意により制限することができる。その制限の範囲を超えて労務

指揮をする場合には，従業員の納得同意を要すると解すべきである。労務指揮権の範囲は，就業規則によって制限することもできる。就業規則による制限を，さらに個別合意で制限することも可能である（労契7但）。こうした制限の範囲を超えて労務指揮をする場合も，やはり従業員の納得同意を要すると解すべきである。指揮命令権のうち，業務命令権は個別の納得同意ないし正当な就業規則の規定により根拠づけられ，かつその範囲でしか行使できない。この場合も，これらの範囲を超える業務命令をするには，従業員の納得同意が必要である。

　事前の個別合意や正当な就業規則で定める指揮命令の範囲内の労務指揮や業務命令であっても，実際に指揮命令を行使する段階では誠実説明を行う必要がある。また，こうした労務指揮や業務命令が，従業員の安全や健康面での危険をもたらす場合には，それが労働契約上とくに想定されているものでないかぎり，安全配慮義務に反するものなので拘束力はない（なお，エックス線検査命令は，結核の集団防衛の見地から適法とされている（最判2001・4・26〔愛知県教委〕）。これは，強行性のあるルールなので，従業員の納得同意があっても結論は変わらない。

　企業は，個別合意や正当な就業規則で定める範囲に含まれない指揮命令は，それを従業員が遵守しなくても，労務提供義務違反や規律違反の責任を問うことはできない。また，そうした指揮命令を発すること自体，人格的利益の侵害として，企業に不法行為責任（民709, 715）が発生することがある。

補　注

(1)　**人格的利益を侵害する指揮命令と不法行為**　　判例は，組合バッジの取外し命令に従わなかった従業員に，通常業務ではなく火山灰の降灰除去作業を命じることは，労働契約上の義務の範囲内に含まれるとした（最判1993・6・11〔国鉄鹿児島自動車営業所1〕）が，組合ベルトを着用して就労した従業員に対する，就業規則の書き写し命令は，教育訓練としての企業の裁量の範囲を逸脱・濫用しているとした（仙台高秋田支判1992・12・25〔JR東日本〕）。前者の判例には，従業員の納得同意を得ることなく労働契約上の労務提供義務（労務指揮権）の範囲を超える義務を命じたのではないかという疑問もある。

┌─
　思考　―危険業務と安全就労の抗弁―
　労働契約で想定されていないような従業員の安全や健康に危険をおよぼすお

それのある労務を命じることができないのは，安全配慮義務（労契5）からの要請であるが，実際には，どのような危険性が労働契約上想定されていないかは明確でないし，危険の評価についても企業と従業員との間で判断が分かれることがある。判例で問題となった事例は，朝鮮戦争当時に，韓国政府が，朝鮮海峡での外国船舶に対して攻撃を予告していたという状況のなかで，海峡の海底ケーブル工事のための出航命令に従業員が従う義務の有無が問題となったケースだった（最判1968・12・24〔千代田丸〕）。

　労働における安全の重要性を考慮すると，従業員から労務従事の際の安全性への懸念が表明され，安全対策が施されないかぎり労務を提供しないという「安全就労の抗弁」が出されたら，企業は適切な対策を施して，従業員の納得同意を得ないかぎり，労務に従事させることはできないと解すべきである（菅野587頁，土田515頁・547頁も参照）。この場合には，企業は休業手当を支給しなければならない（労基26）。これは企業にとって厳しい結論のようだが，こうした事態に備えて，あらかじめ正当な就業規則で，安全性に懸念のある場合の就労についてルールを定めておくことが望ましい。そのルールは，就業規則対象者への誠実説明と過半数の納得同意を得れば労働契約に組み入れることができ，さらに実際に就労を命じる段階で，誠実説明を尽くせば適法な労務指揮権の行使となると解すべきである（この場合は上記の抗弁は出せない）。なお，千代田丸事件では，危険業務への就労を命じられた従業員の所属する労働組合と企業との間で，当該業務における労働条件について団体交渉がなされている途中に，企業が出航を命じたという事情があり，過半数の納得同意が得られていないとみられるケースだった（なお，安全就労の抗弁が出されるような状況は，労働組合があれば正当なストライキで対抗する典型例となり，労働組合がない場合には，労働組合の結成の契機となる可能性がある）。

自　学

◆ 労務指揮をして従業員を労務に従事させるかどうかは企業の権限であるので，それを行使しない自由もあるとする考え方もある（労働付与の「義務」がないという言い方もある）。これを従業員のほうからみると「就労請求権」がないことを意味する。裁判例も，特別の定めがある場合か，労務の提供に特別の合理的な利益がある場合でないかぎり，原則として就労請求権は認められないとする（東京高決1958・8・2

〔読売新聞社8〕）。しかし，近年，キャリア権の観点等から，労務提供それ自体に価値を認める見解もあり，そうなると労務指揮をするかどうか，またどのような内容の労務指揮をするかについて企業は自由に決定できないことになる（⇒130頁〔思考〕）。ただ企業は，自らの責任で労務指揮をしなかった場合には，賃金の支払義務はあるので（通説），かりに就労請求権がないとしても，少なくとも金銭面では従業員に損害がないと言えそうである。以上の点も考慮しながら，就労請求権を認めるべきとする見解の妥当性について論ぜよ（下井隆史『労働基準法（第5版）』（有斐閣・2019）247頁，菅野155頁，西谷114頁，土田142頁，荒木305頁も参照）。

3　賃金の支払方法に関する規制

（1）　労基法上の規制

　労基法によると，企業は，賃金を「通貨で，直接労働者に，その全額を」支払わなければならない（労基24①）。

　そこでいう賃金とは，「名称の如何を問わず，労働の対償として使用者が労働者に支払うすべてのもの」である（同11）。チップは企業が支払うものではないので，賃金ではない（1948・2・3基発164）。「労働の対償」には，基本給のような厳密な意味での労働の対価ではなくても，就業規則で支給基準があらかじめ明確に規定され，企業が支払義務を負うものは含まれる（退職金の賃金性を肯定した判例として，最判1973・1・19〔シンガー・ソーイング・メシーン92〕等）。行政解釈では，ストライキの妥結の際に労働協約に基づき支給された一時金や，企業が負担した所得税や社会保険料の労働者負担部分も賃金である（それぞれ1953・3・20基発137，1988・3・14基発150）。一方，従業員の「福利厚生」のためのものや，企業が任意で恩恵的に支払う手当（任意的恩恵給付）は労働の対償ではないので賃金ではない。

　業務の遂行のために企業が負担する費用（業務費）は，労働の対償ではないので賃金ではない（出張旅費，在宅勤務の際の通信費等）。バス会社が運転手に支払う携帯電話料も同様である（東京地判2013・10・1〔東名運輸〕）。ただし，通勤手当は，民法上は弁済の費用として労働者が負担すべきもの（民485）なので，業務費にはあたらず，その支給基準が明確になっている場合は賃金にあたる（1か月15万円までは非課税である〔所税9①(5)。同施行令20の2(1)〕）。

（2） 通貨払い

賃金は通貨で支払わなければならず，現物給与は禁止される。現物では，価格が不明確であり，換金にも不便だからである。そこでいう通貨は，日本国内で強制通用力のある日本銀行券（紙幣）と鋳造貨幣を指す。また従業員の納得同意があれば，その指定口座への振込みでもよい（労基則7の2①参照）。換金可能性に問題がないからである。労働協約に別段の定めをすれば，協約締結組合の組合員には通貨以外で支払うことができる（労基24①但）。その場合には，平均賃金の算定に組み入れる額を労働協約で定めなければならない（労基12⑤，労基則2）。通貨以外の支払方法（外国通貨やデジタル通貨等）も，たとえ労働協約の定めがなくても，従業員個人の納得同意があれば適法と解すべきである（合意により株式褒賞の形で賞与を支給することを適法とした，東京地判2012・4・10〔リーマン・ブラザーズ証券〕も参照。平均賃金の算定については，労基則2③を準用）。

（3） 直接払い

賃金は直接支払わなければならない。第三者の手を介すと中間搾取の危険があるからである。行政解釈は，本人と同一視できる使者への支払いや派遣先企業を通した派遣労働者への賃金の支払いは許されるとするが（1988・3・14基発150，1986・6・6基発333），これらも第三者を介した支払いである以上，納得同意が必要と解すべきである（本人が受領できないときは，通常は口座振込みが選択されるだろう）。なお，未成年の従業員の賃金を，親権者や後見人などの法定代理人が代理受領することは禁止されている（労基59）。この規定は，未成年の従業員の立場を守る必要性が高いため，強行規定と解すべきである。

従業員の賃金債権が差し押さえられた場合，当該債権者に賃金を支払うことは直接払いに反しない（東京高決1958・4・24）。ただし，差押えには限度額がある（民執152①(2)）。また，判例によると，企業は，賃金債権の譲受人に賃金を支払うことはできない（最判1968・3・12〔電電公社小倉電話局91〕）が，従業員の納得同意があれば適法と解すべきである。

（4） 全額払い

賃金は全額支払わなければならない。従業員の生活が不安定となったり，未

払賃金が残ることにより，不当な足止めが起こったりしないようにするためである。判例によると，企業が，従業員に対して有する金銭債権と相殺することもできない（最判1956・11・2〔関西精機〕，最大判1961・5・31〔日本勧業経済会〕）。また差押えができない範囲（⇒115頁）では相殺も禁止される（民510）。なお，前借金相殺の禁止（労基17）については，すでに述べた（⇒45頁）。

　過去に過払いがあったときの不当利得返還請求権と賃金との相殺（調整的相殺と呼ばれる）は，適正な賃金の額を支払うためになされるものなので，従業員の経済生活の安定をおびやかすおそれがあるような場合を除き適法と解されている（最判1969・12・18〔福島県教組94〕）。

　また法令に別段の定めがあれば，賃金の控除は許される（労基24①但）。所得税の源泉徴収（所税183），社会保険や雇用保険の保険料の控除（厚年84，健保167，労保徴32），財形貯蓄金の控除（財形6①(1)ハ）がその例である。また，過半数代表との書面協定（労使協定）がある場合も，控除が許されるが，行政解釈は，使途が不明であったり，実際に必要な費用に比して均衡を欠いたりするなど，事理明白でない控除はできないとする（2009・3・31基発0331010）。

　この労使協定は，当該事業場の全従業員に効力が及ぶが，その内容は賃金を一部控除しても労基法24条違反とならないとするだけで，企業に対して，各従業員との関係で控除する権限を与えるものではないので，企業が控除をするためには，労働契約上の根拠が必要となる（東京地判2008・1・9〔富士火災海上保険〕等を参照）。人事労働法では，これは納得規範に基づいて処理すべきこととなる。具体的には，標準就業規則のデフォルトは，賃金の控除を認めないものとし，賃金控除を行うためには，企業は，「標準就業規則の不利益変更」の手続（過半数の納得同意＋反対従業員への誠実説明）をふんで賃金控除事由を定める必要があるし，実際に控除を行う際にも，誠実説明を尽くす必要がある（労働組合の組合員には労働協約の根拠規定があればよい）。

　以上の法律上の例外要件を充足しない場合でも，判例は，「労働者がその自由な意思に基づいてされたものであると認めるに足りる合理的な理由が客観的に存在するとき」は，合意による相殺は可能とする（最判1990・11・26〔日新製鋼93〕）。しかし，合理的な理由の客観的な存否の判断は明確性に欠ける。これは納得同意がある場合の控除を適法とする趣旨と解すべきである。

　従業員による賃金債権の放棄があった場合は，この放棄の意思表示が自由意

思に基づくことが明確であれば，賃金を支払わなくても全額払い原則には反しない（前掲・最判1973〔シンガー・ソーイング・メシーン〕）。黙示の放棄や実労働時間によって変動しうる割増賃金の事前放棄は，自由意思であることの明確性に欠けるとされる（最判2003・12・18〔北海道国際航空〕，最判2012・3・8〔テックジャパン〕等）。ただ，自由意思の明確性もまた，納得同意の存否の問題に置き換えて処理すべきである（納得同意があれば，それだけで放棄は有効である）。

補 注

(1) **ストック・オプション**　行政解釈によると，従業員にストック・オプションが付与された場合，権利行使の時期や株式売却時期は従業員が決定できるものなので，それにより得られる経済的利益は，賃金（労基11）には含まれない。ストック・オプションが，このようなものである以上，その付与を，就業規則等で支払義務のある賃金の一部に充当することは許されない。ただ，ストック・オプション制度は，集団的労働条件の一部であるので，就業規則に記載しなければならない（労基89⑽。以上は，1997・6・1基発412）。以上に対し，賃金性を否定する理由を，利益の不確定性に求める見解（土田242頁），賃金性を肯定して通貨払い原則の例外として法令上定めるべきとする見解（荒木143頁）もある。

(2) **毎月1回以上・定期払い原則**　賃金は毎月1回以上，定期日に支払わなくてはならない（労基24②）。ただし，臨時に支払われる賃金，賞与，1か月を超える期間の勤務成績による精勤手当，1か月を超える期間の継続勤務に対する勤続手当，1か月を超える期間にわたる事由により算定される奨励加給・能率手当は例外である（労基則8）。

(3) **非常時払い**　企業は，労働者が出産，疾病，災害その他の非常の場合の費用に充てるために請求する場合には，支払期日前であっても，既往の労働に対する賃金を支払わなければならない（労基25。労基則9も参照）。

(4) **賃金の消滅時効**　従業員の賃金請求権は5年で時効消滅する（労基115。ただし，退職手当以外は，当分の間は3年〔同143③〕）。企業は，時効消滅を主張するためには，その援用をしなければならないし（民145），あえて援用しないで債務を履行することも可能である。時効は権利を行使できることを知ったときから進行し（同166①），裁判上の請求などがあった場合には完成猶予（かつての言い方は「中断」）され，確定判決により権利が確定したときには更新（かつての言い方は「停止」）される

（同147以下）。個別労働紛争解決手続におけるあっせんが打ち切られたあとに訴えを提起した場合や労働審判に適法な異議の申立てがあって通常訴訟に移行した場合，それぞれあっせん申請時，労働審判の申立時に，時効の完成猶予が認められる（個別労紛16，労審22）。

(5) **賃金債務の遅延損害金**　企業が賃金債務の不履行をした場合の遅延損害金（利息）の法定利率は年３％だが，2020年以降は３年ごとの変動制となった（民404②・③。なお，労働契約においても適用されることが多かった年６％の商事法定利率［かつての商514］は廃止された）。退職した労働者の賃金の遅延利息は，年14.6％である（賃確６①，賃確令１）が，天災地変，破産手続開始決定，合理的な理由により裁判所や労働委員会で争っていることなどの事由がある場合には，その期間中は適用されない（賃確６②，賃確則６）。

(6) **倒産時の賃金保護**　企業に全額払い原則を課しても，企業が支払不能となると意味がなくなる。従業員にとっては，企業が経営破綻した場合などに，企業の残余財産からどこまで賃金債権が優先的に支払われるかが重要となる。賃金債権には，民法上，先取特権が認められているが，その効力は強くない（民306(2)・308，329②，336但）。倒産手続（破産，民事再生，会社更生等）では，それぞれ一定の賃金債権の保護がなされている。また賃確法では，オイルショック後に急増した企業の倒産による賃金の未払問題に対処するため，未払賃金の立替え払い制度を導入した（賃確７。その要件や補償額は，賃確令２，４）（以上については，下記の池田文献も参照）。倒産と解雇については，216頁補注(8)を参照。

思考　―賃金全額払い原則の射程―

労基法が全額払い原則で禁じているのは，企業が，賃金を一部控除して支払うことである。そこでいう賃金の全額とは従業員の権利として発生しているものを指し，適法な減給の懲戒処分を受けた従業員に減給後の賃金を支払うこと，遅刻欠勤をした従業員の遅刻欠勤分の賃金を控除して支払うことなどは，全額払い原則と抵触しない。また，合意により賃金を引き下げたあとに，引下げ後の額を支払うこと，あるいは従業員が賃金を一部放棄したときに放棄後の残額を支払うことも，全額払い原則に反しない。ただ合意による引下げは，従業員が契約弱者であることを考慮すると，企業の一方的な引下げと実質的に異ならないともいえる。そのため裁判例は，全額払い原則に抵触しない合意相殺の判断基準（前掲・最判1990〔日新製鋼〕）を，この場合にも援用している（⇒26頁。東京

高判2000・12・27〔更生会社三井埠頭〕等）。人事労働法では，このような場合は，納得同意を得る必要があることになる。

　賃金債権の放棄は従業員の単独行為だが，企業からの呼びかけに応じて行う場合には，合意相殺と変わらない状況が出現しうるので，やはり同様の基準が適用される（前掲・最判1973〔シンガー・ソーイング・メシーン〕）し，人事労働法では，企業からの誠実説明が行われていなければ，放棄は無効となると解される。なお，同判決の原審は，従業員の退職時または退職後の意思表示は，従業員の抑圧された意思によるとは考えられないから有効である，としていた。退職時・退職後の従業員は契約弱者といえないということだが，最高裁はこの見解を支持しなかった。退職時は契約弱者とまではいえないものの，賃金債権の放棄は異例のことなので，人事労働法でも，退職時・退職後には，企業は誠実説明を行う必要があると解される。

自　学

◆ 懲戒解雇の際に退職金を不支給とする条項（⇒169頁）は，賃金の全額払い原則（労基24①）に反しないとされているが，その理由は何か。

（他の参考文献）
＊池田悠「倒産労働法」争点256頁：倒産手続と労働法に関する論点を整理した文献。

4　付随義務

（1）　信義則上の義務と就業規則

　労働契約上の義務には，主たる義務に加えて，明文の規定によるものではないが，信義則上（労契3④），付随義務と呼ばれる一連の義務が契約当事者双方に課される。企業側については，安全配慮義務がその代表であり（⇒48頁），従業員側については，（3）でみる企業秩序遵守義務がその代表である。ただ信義則は曖昧な概念であるため，行為規範としての明確性に欠ける。人事労働法では，付随義務の内容は，できるだけ事前に正当な就業規則において特定することを要請する。企業側の付随義務をみると，標準就業規則では，安全配慮義務のように強行性を認めるべきものを除き，「標準就業規則の不利益変更」の手

続（過半数の納得同意＋反対従業員への誠実説明）をふめば逸脱できるので，そのことを前提に，広めに設定しておくべきだろう。一方，従業員の付随義務は，標準就業規則では，必要最小限のものに限定し，それを追加する場合には，「標準就業規則の不利益変更」の手続をふむべきである。以下では，従業員の付随義務の代表例である誠実義務と企業秩序遵守義務をとりあげる。

（2）　誠実義務

　企業の利益を不当に侵害しないようにする義務を誠実義務（または忠実義務）という。誠実義務の代表として挙げられるのが，秘密保持義務と競業避止義務である。また転職の際に引抜きをしない義務などもこれに含まれる。

　秘密保持義務とは，従業員は企業秘密を漏えいしてはならない義務である（公務員には，こうした義務が罰則付きで法律で課されている［国公100①・109⑫，地公34①・60(2)]）。従業員は，在職中，抽象的には，こうした義務を労働契約上負うことになるが，企業が正当な就業規則ないし個別合意で，従業員が保持すべき秘密の範囲や禁止される開示方法を明確にしなければ，具体的な法的義務にはならないと解すべきである（就業規則で定める場合には，「標準就業規則の不利益変更」の手続をふむ必要がある）。なお守秘義務のある弁護士に対する秘密情報の提供は，禁止される開示行為には含まれない（東京地判2003・9・17〔メリルリンチ・インベストメント・マネージャーズ11〕）。退職後の秘密保持義務は，就業規則で定めても効力はない（訓示的な意味しかない）。就業規則は労働契約が存在している間しか効力はないからである（詳説労契111頁も参照）。企業は退職する従業員と個別に秘密保持特約を結び，その範囲でのみ契約の履行を求めることができる。退職後の義務であっても，在職中に契約が締結される場合には，従業員が契約弱者であることを考慮し，納得同意が必要と解すべきである（退職時の合意であれば，労働者は契約弱者とまではいえず納得同意は必要ないが，紛争の回避のためにも書面性は必要と解すべきである）。従業員への懲戒解雇や従業員からの辞職の場合には，退職時にこうした特約を結ぶことができないこともあるが，現在では特約の有無に関係なく，不競法の適用により営業秘密の漏えい等を抑止するための規制がなされている。

　競業避止義務とは，従業員が企業と競争関係にある他企業で雇用されたり，役員として就任したり，自ら競業事業を営んだりしてはならない義務である。

この義務も，在職中は，秘密保持義務と同様，抽象的には労働契約上負うことになるが，実際にどの範囲までの競業行為が制限されるかは，正当な就業規則や個別合意により，納得規範に則して定められなければならない。なお，競業規制は，副業規制と重なるところがあるので，就業規則上は一緒に規定されることになろう。退職後も競業避止義務を課す場合には，秘密保持義務と同様，就業規則により定めても効力はないので，競業避止特約を結ぶ必要がある。この義務は，従業員の職業選択の自由（憲22①）を侵害する可能性が高いことから，退職時の合意であっても，従業員の納得同意が必要と解すべきである。その際は，競業避止特約の有効性を，制限期間，場所的範囲，制限対象となる職種の範囲，代償を考慮して判断していた裁判例にかんがみ（奈良地判1970・10・23〔フォセコ・ジャパン・リミテッド9〕），企業は，これらの事項に関する誠実説明をすべきである。

　秘密保持義務や競業避止義務に違反した従業員や元従業員に対しては，企業は，履行請求（違反行為の差止めという形をとる）や損害賠償請求ができる。在職中であれば，正当な就業規則の規定に基づき，懲戒や解雇の対象にもなる。退職後には，退職金の減額や不支給とされる例もある（労基16との関係は，⇒46頁補注(3)）が，懲戒解雇の場合と同様，疑問がある（⇒169頁）。なお，退職後の競業避止特約を結んでいない場合でも，「社会通念上自由競争の範囲を逸脱した違法な態様」で顧客を奪取した元従業員には，不法行為として損害賠償を請求することはできる（最判2010・3・25〔サクセスほか〕。民709）。

（3）　企業秩序（規律）遵守義務

　企業は，多数の従業員を組織的に協働させるためには，従業員に対して，労働契約に則した労務提供を行うことだけでなく，事業が円滑に遂行されるよう企業秩序（規律）に従って行動することを義務づける必要がある。判例も，労働者には，労働契約上の義務として，労務提供義務と並び，企業秩序遵守義務があるとする（最判1977・12・13〔富士重工業30〕，最判1983・9・8〔関西電力23〕）。

　判例のいう企業秩序は，「企業の存立と事業の円滑な運営の維持のために必要不可欠なもの」であり，企業は，「この企業秩序を維持確保するため，これに必要な諸事項を規則をもって一般的に定め，あるいは具体的に労働者に指示，命令することができ，また，企業秩序に違反する行為があった場合には，その

違反行為の内容，態様，程度等を明らかにして，乱された企業秩序の回復に必要な業務上の指示，命令を発し，又は違反者に対し制裁として懲戒処分を行うため，事実関係の調査をすることができる」とする（前掲・最判1977〔富士重工業〕）。

また，企業秩序は，企業を構成する人的要素と物的施設の両者を総合して合理的・合目的的に配備組織するために定立されるものであり（最判1979・10・30〔国鉄札幌運転区172〕），職場外の職務遂行に無関係な行為であっても，企業の円滑な運営に支障を来すおそれがあるなど企業秩序に関係を有するものは，規制の対象となりうる（前掲・最判1983〔関西電力〕。最判1974・2・28〔国鉄中国支社〕も参照）。

人的要素に関する企業秩序とは，具体的には，職務遂行に関係する規律である。これには，指揮命令に従って労務を提供することに加え，職務専念義務（誠実労働義務ともいう）および誠実義務（誠実労働義務と紛らわしいが区別されるべきものである。⇒120頁）が含まれ，さらに組織的な協働のための秩序の遵守義務，良好な職場環境の実現への協力義務等も含む。物的施設に関する企業秩序とは，企業の施設管理権に従い，物的施設を許諾された目的以外に利用しない義務である（前掲・最判1979〔国鉄札幌運転区〕）。

判例によると，企業秩序を維持確保する手段には，就業規則によって一般的に定めるものと個別具体的な指示・命令（指揮命令）によるものがある。就業規則では，通常，服務規律として，従業員が遵守すべき義務が定められており，そこには上記の人的要素と物的施設に関する規律が含まれているが，こうした規律は従業員の人格的利益，とくに私的自由や政治的自由と抵触する可能性があることには注意を要する（⇒70頁以下）。標準就業規則では，こうしたことを考慮して，少なくとも懲戒事由と結びつく服務規律の範囲は必要最小限度にすべきである（なお「整理整頓」「節約」「清潔保持」など，実質は倫理規範であるものは，この限りでない）。企業は，標準就業規則よりも服務規律の範囲を広げる場合には，「標準就業規則の不利益変更」の手続（過半数の納得同意＋反対従業員への誠実説明）をふむ必要がある。また，企業秩序の維持確保手段が，個別具体的な指揮命令による場合は，それが正当な就業規則に根拠をもつものであっても，誠実説明を尽くす必要がある。

正当な就業規則や指揮命令により具体化されている企業秩序に違反すれば，

制裁としての懲戒処分が課されることがある（⇒144頁）。

補　注

(1)　**営業秘密の保護と不競法**　企業は，従業員が在職中または退職後に「営業秘
密」（その要件は，秘密管理性，有用性，非公然性〔不競2⑥〕）の不正な開示等による
不正競争（同2①）をした場合，不競法に基づいて，差止請求・廃棄除却請求（同
3），損害賠償請求（同4），信用回復措置の請求（同14）などができる。また不正
競争をした者には刑事罰が適用されることもある（同21①等）（詳細は土田118頁）。
不競法があるため，本文で述べた秘密保持義務は，懲戒を除くと，実際上は，不
競法上の「営業秘密」以外の秘密に関して問題となるにとどまる。

(2)　**引抜行為の防止**　従業員が他社に転職する際に，同僚の従業員を勧誘する行
為は，それが単なる勧誘の域を越え，社会的相当性を逸脱し，きわめて背信的方法
で行われた場合には誠実義務違反として不法行為責任を負うとした裁判例がある
（東京地判1991・2・25〔ラクソン12〕）。

(3)　**職務専念義務**　労働契約における職務専念義務は，公務員法上の同義務（国公
101，地公35等）とは異なり，労務提供の態様にかかわる義務と考えられている。た
だし，その義務の内容をどこまで厳格にとらえるかについては，判例と学説との間
で争いがある。判例は，公務員と同様の法律上の職務専念義務について，「勤務時
間及び職務上の注意力のすべてをその職務遂行のために用い職務にのみ従事しな
ければならない」とし，実害が発生していない場合でも，同義務違反は成立する
という厳格な職務専念義務論を採用した（最判1977・12・13〔電電公社目黒電報電話局
26〕）が，労働契約上の職務専念義務は，労務提供を誠実に行っているか否かで判
断すべきものであり，業務への具体的な支障が発生していない場合には，原則と
して同義務違反は成立しないと解すべきである（西谷210頁，土田108頁等も同旨。
⇒262頁）。なお大成観光事件・最高裁判決（最判1982・4・13〔大成観光171〕）の伊
藤正己裁判官の補足意見も，前記判例は，公社において政治的活動を行った事例
で示されたものであり，民間の労働契約においては，業務への具体的な支障がな
いかぎり同義務違反は成立しないとする立場をとった。

(4)　**従業員の調査協力義務**　判例は，企業は，ある従業員の企業秩序違反行為に対
して懲戒処分を行うための事実関係の調査をする権限があるが，調査への協力が
職務内容になっている場合以外は，従業員がその調査に協力する義務が当然にあ

るわけではないとし，調査対象となる違反行為の性質や内容，当該従業員の違反行為見聞の機会と職務執行との関連性，より適切な調査方法の有無等の事情を総合的に判断して，調査協力が労務提供義務を履行するうえで必要かつ合理的であると認められない場合は，従業員は調査協力義務を負わないとしている（前掲・最判1977〔富士重工業〕）。

思考 ―内部告発と企業秩序違反―

　企業の不正行為を外部に告発する行為（内部告発）は，秘密保持義務違反および名誉や信用の毀損（名誉毀損については，民723，刑230，230の２も参照）による誠実義務や企業秩序（規律）遵守義務に違反する可能性が高いが，「国民の生命，身体，財産その他の利益の保護にかかわる法令の規定の遵守を図り，もって国民生活の安定及び社会経済の健全な発展に資すること」（公益通報１）の重要性にかんがみ，従業員等による内部告発行為に対する企業からの不利益取扱いを禁止することなどを定めた公益通報者保護法が2004年に制定された（2006年施行）。同法は，公益通報（その定義は同２）を理由とした解雇の無効（同３），降格，減給その他不利益な取扱いの禁止（同５①），また，派遣労働者の公益通報を理由とした派遣先企業からの労働者派遣契約の解除の無効（同４），派遣元企業への派遣労働者の交代を求めることその他不利益取扱いの禁止（同５②）を定めた。これらの規定は，労契法上の解雇や懲戒に関する規定（労契16，15）の適用を妨げるものではない（公益通報６②・③）。すなわち，公益通報者保護法の厳格な要件を充足しない場合でも，企業は，従業員に懲戒処分などができないことがある（大阪地堺支判2003・6・18〔大阪いずみ市民生活協同組合32〕等も参照）。公益通報者保護法では，公益通報をした従業員の保護に目が行きがちだが，実は法の保護は従業員にとってのインセンティブにはなりにくい（むしろ違法行為に加担した者に対して懲戒処分を軽減する「社内リニエンシー」等の仕組みのほうが効果的である）。より重要なのは，企業に対して，コンプライアンスに尽力するようインセンティブを与えることである。公益通報者保護法は，企業が内部通報制度を整備することによって，従業員がその制度を使わずに外部に通報しても保護されにくくするという形で，企業にインセンティブを与えている。従業員にとっても，内部通報で適切に対処されれば，それに越したことはない。従業員に信頼されるような内部通報制度を整備することが良き経営にとっては重要である（内部告発に関しては，大内・雇用社会４話も参照）。なお公益通

者保護法は2020年に法改正がなされ，企業に対して，内部通報に適切に対応するために必要な体制の整備等（窓口設定，調査，是正措置等）を義務付けている。

自 学

◆ 企業は従業員のSNS（ソーシャル・ネットワーキング・サービス）の利用について，どのような規制をかけることができるか（大内・雇用社会10話，土田127頁・135頁も参照）。

（他の参考文献）
＊石橋洋「競業避止義務」争点66頁：競業避止義務に関する論点を整理した文献。
＊大内伸哉編『コンプライアンスと内部告発』（日本労務研究会・2004）：内部告発に関する論点を網羅的に整理・検討した文献。
＊竹地潔「企業秘密・情報の管理」争点68頁：秘密保持義務等に関する論点を整理した文献。

第5章　人　　事

1　人事権

（1）　配置と異動

　長期雇用を前提とした正社員は，採用から定年までのキャリアの展開を，その企業か企業グループ内で全うするのが一般的である。特定の職場に配置されるために採用されることが多い中途入社者と異なり，新規学卒者の場合，採用内定時には，配置される職場（初任配属先）は決まっていないのが通常である。初任配属後も，正社員は，定期的なものも含め，たびたび異動を経験し（これを「人事異動」と呼ぶ），それにより多くの職種や職場を経験しながら，キャリアを積んでいく。

　人事異動には，従業員の適性の発見，経験の蓄積による能力の伸張，人材の交流による組織の活性化，（現場経験をとおした）管理職に必要な能力の習得，人材の過不足の調整等の目的がある。ただそれらに共通する人事異動の究極の目的は，従業員の技能を伸張させながら，その能力や技能に応じた適職に配置して，企業の事業遂行に貢献できるようにすることである。企業はそのために人事上のさまざまな権限を保有している。こうした権限の総称が人事権である。

（2）　人事権の根拠とその限界

　人事権は，法律に根拠のあるものではない。有力な学説は，広義には「労働者を企業組織の構成員として受け入れ，組織のなかで活用し，組織から放逐する一切の権限」と説明し，狭義には「採用，配置，異動，人事考課，昇進，昇格，降格，休職，解雇など，企業組織における労働者の地位の変動や処遇に関する決定権限」と説明している（菅野157頁。同旨の裁判例として，東京地判1995・12・4〔バンク・オブ・アメリカ・イリノイ2〕等）。

　人事権の実質は，企業の組織上の権限であり，従業員に対して支配的な作用

を及ぼすので従業員の利益と抵触しやすい。したがって，人事労働法では，人事権は，その「権利」や「権限」の面が強調されるべきではなく，それをいかにして適正に行使すべきかという「義務」の面を重要視する。とくに人事権の多くは，労働契約に内在する労務指揮権の範囲を超えるものであることから，その内容を正当な就業規則に明文化したうえで，行使すべきものとする。すなわち，標準就業規則に規定されているものは，就業規則対象者への誠実説明が必要であるし，標準就業規則に規定されていないものを追加する場合には，「標準就業規則の不利益変更」の手続（過半数の納得同意＋反対従業員への誠実説明）をふまなければならない。さらに正当な就業規則に基づいて行使される人事権も，企業は，実際に行使する際には（個別的適用段階），その目的等についての誠実説明をしなければならない（⇒34頁〜38頁）。例えば，退職に追いやるための閑職への異動を違法とした裁判例（前掲・東京地判1995〔バンク・オブ・アメリカ・イリノイ〕）があるが，これは個別的適用段階で誠実説明が尽くされていなかった事例と評価できる。なお，人事権は差別的に行使されてはならないが，正当な就業規則の定めに基づいて行使され，かつ誠実説明を尽くしていれば，差別と評価することはできず，適法と解すべきである（⇒61頁）。

（3）　人事権の制限

　人事権が正当な就業規則に根拠をもつものであっても，従業員の希望を受け入れ，合意により，これを制限することはある。この合意は就業規則よりも従業員に有利な内容なので，就業規則に優先する（労契7但）。企業は，例えば，特定の職種にしか従事させない特約（職種限定合意）を結んでいる従業員を，それ以外の職種に従事させる場合には，その従業員の納得同意を得なければならない（⇒111頁）。職種限定合意が黙示的になされていると判断されることもあるが，正社員の場合は，長期雇用での就労を前提とし，複数の職種を経験することが想定されているので，明示的な合意がないかぎり，職種限定合意があると認定できないだろう。判例上も，長年同一職種に従事していた工員の職種限定合意の成立を否定したもの（最判1989・12・7〔日産自動車37〕），アナウンサーの職種限定合意の成立を否定したもの（最判1998・9・10〔九州朝日放送〕）がある。ただし，今後は，正社員でも「ジョブ型」での雇用が増え，採用時に職種限定合意があると判断されるケースが増えるだろう（職種について，処遇も含めて，

個別に決めるジョブ・ディスクリプション［職務記述書］の導入が増えていくことも予想される）。

　最近では，自分のキャリアを企業の判断に委ねようとしない従業員が増えてきている。企業による人事異動（キャリア管理）が，そのような従業員の意向と正面から衝突し，その労働意欲に悪影響を及ぼすおそれも生じている。そのような事態を避けるため，従業員からキャリアに関する希望を提出させたり（自己申告制），社内転職を促す人材公募制を導入したりする企業も増えてきている。法律も，企業に対して，労働者が実務の経験を通じて自ら職業能力の開発および向上を図れるようにするため，労働者の配置その他の雇用管理について配慮する措置を講じることを求めている（能開10の3⑵）。

（4）　教育訓練

　日本型雇用システムでは，正社員は即戦力として採用されているわけではなく，特定の職種でキャリアを展開していくことは想定されていないので，配置（およびその後の配置転換）と教育訓練はセットとなり，人事権の主要な内容を構成している。企業は，従業員に対して，職務遂行能力を向上させるために教育訓練に積極的に取り組むことを求める。企業が教育（職業）訓練を制度として定める場合には就業規則に記載しなければならない（労基89⑺）。標準就業規則には，業務上の必要に応じて教育訓練を命じる旨の条項がデフォルトとして定められるべきである。

　教育訓練には，従業員の業務の遂行の過程内で行われるOJTと過程外で行われるOff-JTとがある（能開9。今野他6章，佐藤他6章も参照）。OJT型の教育訓練は，労務提供義務と一体となったものだが，Off-JT型の教育訓練はそれを命じる場合には，企業が独自に業務命令として発することになる。上記の標準就業規則の条項は，そのような業務命令の根拠規定となる。教育訓練は，通常は従業員の利益になりうるものだが，濫用的な教育訓練がなされる可能性もあるので（仙台高秋田支判1992・12・25〔JR東日本〕等），企業が実際に命じる場合には，その目的等について誠実説明を行うべきである。

　教育訓練は，長期的な貢献をしてくれる正社員への投資という面があるため，一般には，短期雇用が想定される非正社員は対象外となる。しかし国の政策としては，非正社員に対しても，教育訓練がなされることが望ましいため，法律

により，短時間・有期雇用労働者について，企業に対して，正社員との均衡を考慮した教育訓練を実施する努力義務（短時有期11②），また職務内容が正社員と同一の場合には，その職務の遂行に必要な能力を付与するための教育訓練を実施する義務（同①）を課している。また，派遣労働者についても，派遣元企業が，「段階的かつ体系的に派遣就業に必要な技能及び知識を習得することができるように教育訓練を実施しなければならない」とし，無期雇用派遣労働者に対しては，「その職業生活の全期間を通じてその有する能力を有効に発揮できるように配慮しなければならない」（労派遣30の2①），としている。

補 注

(1) **限定正社員**　　企業は，これまでも，特定のニーズのある従業員との間で，人事権を制限する特約（例えば，勤務時間，勤務場所，職種などを限定する合意）を結ぶことはあったが，日本型雇用システムで正社員として採用された従業員について，そうした特約が結ばれること（限定正社員と呼ばれることもある）はまれであった。契約の解釈準則としても，特段の合意がないかぎり，正社員の人事権は制限されていないとされてきた。そのため，広範な人事権に服すことを望まない人は，有期雇用や短時間雇用の非正社員を選択することになった。非正社員の場合には，契約の解釈準則の原則と例外は逆転し，労働契約上の特段の合意がなければ，企業の人事権は制限され，具体的には残業，転勤，職種の転換等を命じることはできないと解される。前述のように，正社員と非正社員との間の労働条件は，デフォルトでは共通規定とすべきである（⇒84頁）が，非正社員の人事権の制限は，就業規則よりも有利な労働契約の解釈として認められることになるし（労契7但），また非正社員用の就業規則が制定されるときは，人事権に関する規定を取り除いた内容になると想定される（これは非正社員に有利となるので，標準就業規則の不利益変更の手続をふむ必要はない）。

(2) **特別な配慮を要する配置**　　法律上，企業が従業員の配置に対して，特別な配慮をしなければならない場合がある。例えば，妊娠中の女性の請求による軽易業務への転換義務（労基65③），中高年齢者等に対する心身の条件に応じた適正な配置をする努力義務（労安衛62），健康診断や医師の面接指導の実施の結果，必要と認められる措置を講じる義務（同66の5①，66の8⑤，66の10⑥等を参照）である。

(3) **教育訓練の差別**　　企業が正社員のなかでも期待する者とそうでない者との間

で教育訓練の差を設ける場合（例えば，一部のエリート社員だけ特別な研修を受けさせる場合），これを違法とする法規範はないし，人事労働法上もとくに問題とはいえない。これとは異なり男女間差別や障害者への教育訓練面での差別は明文で禁止されている（雇均6(1)，障害雇用35）。企業には，特段の合意をしないかぎり，従業員に対して教育訓練を実施する義務はないと解されるが，特定の従業員にのみ教育訓練を実施しないことは差別となりうるのである。もっとも，かりに差別と判断されても，教育訓練の実施を求めることまではできないと解すべきである。その意味で，これは理念規定の性格が強いが，行政指導の対象とはなりうる（⇒65頁）し，企業は，教育訓練を受けることができなかった側の従業員には，なぜそのような格差があるかについての補完的誠実説明をすることが望ましい。

思考 ―キャリア権―

「キャリア権」は，労働者にとって優先的な価値をもつものが，特定の企業での「雇用」の安定から，職業「キャリア」を継続的に展開していくことに移行するという雇用社会の大きな転換をいち早く予想した諏訪康雄が提唱した概念であり，現在では労働研究者（法学にとどまらない）に広く受け入れられている。労働者のキャリア権は，政府に対して，それに沿った雇用政策を実施するよう求めるだけでなく，企業に対しても，従業員のキャリア展開に配慮した人事を行うよう求めるものである。長期雇用を前提とすれば，企業の経営上の必要性と従業員個人のキャリア展開との衝突は起こりにくいが，転職が当たり前となり，企業の枠を超えたキャリア展開を望む従業員が増えると，両者の衝突が起こりうる。これまでは人事権として，企業の裁量が重視されてきた事項でも，従業員のキャリア展開への配慮が求められるようになるというのが，キャリア権を論じる法的意味の一つである。具体的にどのような配慮が求められるかは必ずしも明確ではないため，現時点では，企業に対して具体的な行動や措置を義務づけるものではないが，企業が従業員の納得同意を重視するプロセスでは，従業員のキャリア展開への配慮は常に意識することが求められるものとなる。その意味で，キャリア権の尊重は，良き経営の基本となるものである（下記の諏訪文献を参照。また大内・雇用社会21話も参照）。

◆「使用者は，労働契約の締結によって，当然に人事権なる包括的な権限を与えられるとする見解には賛成できない」（西谷242頁）とする見解と，本書のように，人事権とは個々の人事上の権限の総称であり，そうした人事上の権限（人事権）を行使するためには納得規範に基づかなければならないとする見解との間に，人事権の捉え方について実質的な違いはあるだろうか。違いがあるとすれば，それは何だろうか（野川忍『労働法』（日本評論社・2018）296頁も参照）。

（他の参考文献）

＊諏訪康雄『雇用政策とキャリア権』（弘文堂・2017）：キャリア権概念を構築した著者の雇用政策に関する論文を収録した文献。

＊両角道代「職業能力開発と労働法」争点244頁：教育訓練政策をめぐる労働法上の論点を整理して学説を概観した文献。

2　配転・出向・転籍

（1）　総説

　正社員の人事異動には，配属先の変更をともなう配置転換（配転）と，所属企業の変更をともなう出向や転籍とがある。配転は，配属先となる部署（これには場所的な意味での勤務場所と組織上の位置づけとしての配置場所という意味がある）や従事する業務の内容（職種），あるいはその両方の変更をともなうが，指揮命令権をもつ企業には変更がないのに対して，出向と転籍は，指揮命令権をもつ企業に変更がある点で配転との違いがある。また出向と転籍の間では，出向は，出向元企業との労働契約は解消しない（「在籍出向」と呼ばれることもある）のに対し，転籍は，転籍元企業との労働契約が解消する点に違いがある。

（2）　配転

　企業は，従業員を配転すること自体は，それが労働契約の範囲内であれば，指揮命令によって命じることができる。とくにどの部署に配属させるかは，労働契約に内在する労務指揮権の範囲内で決定できると解されるが，それが職務内容の変更をともなう場合にも，正社員であれば黙示の同意があると解される

ことが多いだろう。実際には，多くの企業は，就業規則に配転条項を置いて，配転を制度化している。また，勤務場所の変更をともなう配転（これは「転勤」と呼ばれる）については，とくにそれが住居移転を必要とする場合に特別な問題が生じるので，別途の検討が必要である（⇒193頁以下）。

就業規則の配転条項の典型例は，「業務上必要がある場合には，従業員の従事する職務の内容の変更を命ずることがある」といったものである。これ以上に限定した要件を求めるのは現実的ではないので，標準就業規則でもこれをデフォルトとして定めてよいだろう。したがって，企業は，この条項を，就業規則対象者に誠実説明を行って労働契約に組み入れている場合には，この条項に基づいて職種変更を命じることができ，実際に職種変更を命じる段階（個別的適用段階）で，業務上の必要性などに関する誠実説明を行えば，従業員は職種変更に応じなければならない。もちろん，従業員と職種限定合意を結んでいる場合には，その合意が優先されるので（労契7但），その範囲を超える配転をする場合には当該従業員の納得同意を得なければならない。

企業は従業員の職種変更の際には，その将来のキャリア展開に配慮すべきである（⇒130頁［思考］）ので，誠実説明を行う際には，この点についても十分な説明が必要である。職能資格制度が導入されていれば，配転は賃金の変更をもたらさないのが通常だが，職務等級制度の場合には賃金が下がる降格的配転となる可能性もあるので（⇒160頁），その場合には，そうした処遇面についても十分な説明が必要となる。

（3）　出向

出向は，人事交流による関係強化，従業員の能力開発，出向先企業の人材不足への対応（技術指導や経営指導も含む），出向元企業の人員余剰や管理職ポスト不足への対応，定年後の雇用機会確保等の目的で行われる。通常は復帰が予定されている（最判1985・4・5〔古河電気工業・原子燃料工業〕参照）が，余剰人員対策や定年後の雇用機会確保の場合のように，復帰を予定しない出向もある。

出向は，指揮命令権の行使主体という重要な労働条件の変更をともなうので，就業規則上の出向条項（例えば，「業務上必要がある場合に，従業員を在籍のまま，出向を命ずることがある」）だけでは，企業は出向を命じることはできず，対象となる従業員の同意を必要とするという考え方もある。民法上の，使用者の権

利の譲渡の場合に労働者の承諾を必要とする規定（民625①）が根拠とされることもある（最判1973・10・19〔日東タイヤ〕参照）。ただ判例には，経営主体が変更しただけで勤務の実態や労働条件に変更が生じないケースでは，従業員の個別的同意なしに出向を命じることを認めたものもある（最判2003・4・18〔新日本製鐵39〕）。このケースの出向はやや特殊なタイプだが，勤務の実態や労働条件に変更が生じるような出向であっても，現在では一般的な人事異動として行われていることから，前記のような出向条項をデフォルトとして標準就業規則に組み入れてよいと解すべきだろう（ただし学説上は従業員の利益に配慮した具体的な労働条件に関する規定が求められるとする見解が有力である［荒木461頁も参照］）。その場合でも，実際に出向を命じる際に（個別的適用段階），誠実説明が必要なのは配転と同じである。

　労契法は，出向を命じることができる場合でも，「その必要性，適用労働者の選定に係る事情その他の事情に照らして」権利濫用と認められれば無効となると定める（労契14）。しかし，この規定ではどのような場合が無効となるか見当がつかない。行為規範性を重視する人事労働法では，従業員の利益は，誠実説明を尽くすことをとおして図られるべきで，かつそれで十分と解する。

　出向中の労働者は，原則として出向元企業の就業規則が適用される。出向元企業は，出向先企業との合意により，出向先企業の就業規則を適用させるためには，出向元企業の就業規則のどの規定が適用されず，出向先企業の就業規則のどの規定が適用されるのかを書面で出向対象の従業員に明示すべきである。また出向先企業の就業規則の適用を受けることにより労働条件が下がる場合には，出向対象の従業員の納得同意を得る必要があり，それがなければ出向元企業の就業規則が適用され続けると解すべきである（土田446頁は，賃金支払義務は出向元企業が原則的義務者だが，出向先企業も併存的債務引受の責任を負うとする）。労基法などの適用は，当該規定について，権限や責任を付与されている側の企業が法遵守の責任を負うとするのが行政解釈である（1986・6・6基発333）。しかし，これでは現実にどちらの企業が責任を負うか明確でないことが多いと考えられるので，行為規範性を重視する人事労働法では，法遵守の責任自体も，端的に両企業間の合意により決定できると解すべきである（その決定内容は，労働基準監督署への通知が必要である）。ただし，従業員の安全と健康に関する事項については，実際に従業員を指揮命令する出向先企業が責任を負い，これは強行性

があるルール（合意で出向元企業のみに責任を負わせることはできない）と解すべきである（安全配慮義務［労契5］を出向先企業に認めた裁判例として，東京地判2008・12・8〔JFEスチール等〕等）。

　なお，出向には，労働者派遣法の適用もありうる（⇒90頁補注(1)）が，対象従業員の納得同意を得ておけば，同法の適用を排除できると解すべきである。

（4）　転籍

　転籍は，出向と同様，グループ企業内での人事異動として行われることが多いが，転籍元企業との労働契約が終了し（つまり退職となり），従業員の利害に重大な影響が生じうるので，企業は従業員の同意なく転籍を命じることはできないとする見解が有力である（荒木464頁。裁判例として，東京地決1992・1・31〔三和機材40〕）。このことも考慮すると，標準就業規則では，出向とは異なり，転籍条項はデフォルトとして定めるべきではない。したがって，転籍条項を盛り込むときには，「標準就業規則の不利益変更」の手続をふむことになる（過半数の納得同意＋反対従業員への誠実説明）。実際に転籍を命じる段階（個別的適用段階）でも，誠実説明をすべきなのは出向と同様であり，その際には，とくに転籍後の労働条件についての詳細な説明がなされなければならない。とくに後述の事業譲渡にともなう転籍の場合には，転籍前後で職務の変更がないにもかかわらず賃金等が低下することが起こりやすいので，企業はその点も含めて十分に誠実説明を行う必要がある（事例として，東京高判2004・11・16〔エーシーニールセン・コーポレーション46〕を参照）。

　転籍は，会社法上の組織変動の手段である会社分割（会社757以下）によっても生じる。会社分割には，吸収分割と新設分割とがあり，それぞれ吸収分割契約と新設分割計画により承継対象とされた権利義務が，自動的に移転することになる（合併の場合と同様の「包括承継」である）。ただし，労働契約の承継に関しては特別法の規制があり，「承継される事業に主として従事する」労働者の労働契約が承継対象とされた場合には，自動的に承継（当然承継）され（労働承継3），承継対象外とされた場合は，一定の期間内に当該労働者が異議を申し出れば承継される（同4）。それ以外の労働者が承継対象とされた場合には，一定の期間内に異議を申し出れば承継されない（同5）。以上のうち当然承継を定めた規定は，強制転籍させられる労働者の利益に配慮するため，企業には，会

社分割にあたって，過半数代表との協議その他これに準ずる方法によって，その雇用する労働者の理解と協力を得る努力義務がある（労働承継7，同施行規則4）。また，労働者との事前協議（商法等の一部を改正する法律附則5条1項によるもの）も行う必要があり，判例は，この手続がまったく行われなかったとき，または説明や協議の内容が著しく不十分であったときには，当然承継は無効となるとする（最判2010・7・12〔日本アイ・ビー・エム76〕）。これらの法令や判例は，強制転籍の場合でも，企業に，誠実説明を尽くす義務を課す趣旨と解すべきである。

（5）　事業譲渡にともなう転籍

　事業譲渡は，その他の転籍と異なり，グループ企業ではない企業が譲渡先となることが多く，それゆえ純然たる商取引となりやすい。事業譲渡は，合併や会社分割と異なり，権利義務の移転について，当事者間の合意が必要であり（「包括承継」と区別して「特定承継」という），労働契約上の権利義務も同様である。誰を転籍対象とするかは，譲渡元と譲渡先の合意で決めることができる。転籍対象に含められた労働者は転籍を拒否することはできる（民625）が，転籍対象から外された労働者に転籍を求める権利はない（東京高判2005・7・13〔東京日新学園74〕等）。ただ，事業の全部譲渡の場合，譲渡元の企業は解散し，転籍対象に含められなかった労働者は解雇されることになる場合が多い。このような解雇は原則有効だが（⇒216頁補注(8)），労働者から不当な承継排除があったと主張される可能性はある。裁判例でも，全部譲渡の場合には，承継排除は解雇と直結するものであるため，解雇を正当化するような事情がないかぎり，譲渡先への転籍を認める傾向にある（大阪地判1999・12・8〔タジマヤ〕，東京高判2005・5・31〔勝英自動車学校ほか75〕等を参照）。

補　注

(1)　**転籍の法律構成**　転籍には，転籍元企業から転籍先企業に使用者の地位（権利）を譲渡するタイプ（地位譲渡型）と，転籍元企業との労働契約の解約と転籍先企業との労働契約の締結が合わさったタイプ（新規契約締結・解約型）とがあるが，どちらにせよ労働者の同意は必要である。後者の場合には，雇用の安定性を損

なわないようにするために，特段の合意がないかぎり，解約は新規契約締結が有効であることを停止条件とするもの（条件の成就により法律効果が発生する）と解すべきである（東京高判1994・3・16〔生協イーコープ・下馬生協〕を参照）。

(2) **解雇回避措置としての転籍**　企業は，経営悪化による事業所閉鎖などの際に，従業員に転籍を解雇回避措置として提示することがある。この場合も誠実説明を尽くすことは必要であるが，納得同意を得られなかった場合の解雇は有効と解すべきである（⇒208頁。東京高判1993・3・31〔千代田化工建設53〕は疑問である）。

思考 ―事業譲渡の法的規制はなぜ難しいか―

　日本では，事業譲渡についての法規制は存在しないが，欧州ではEU指令（企業譲渡指令）により，原則として，事業譲渡があれば，それとともに労働契約も自動的に承継される（下記の濱口文献参照）。それは，労働者が当該事業において必要とされるポストに雇い入れられる「ジョブ型」であることと関係している。事業が雇用と密接に関連しているのである。ところが，どの企業で採用されるかが重要である（いわば「企業」が雇用と密接に関連している）日本型雇用システムの下では，EU指令のような政策を採用する基盤がない。日本では，不採算事業の切り出しを目的とする事業譲渡の場合には，それにともなう転籍は従業員に不利となる可能性が高いし，優良企業に事業譲渡される場合は，その逆となる。また本文でも述べたような事業の全部譲渡のケースでは，事業譲渡後の企業は解散し，従業員は解雇される可能性が高いので，転籍されないほうが不利となる。このように日本では，事業譲渡はケースによって従業員の利害状況が大きく変わることから，労働法の理念に照らしても何が本筋の政策かが見えにくく，そのことが法規制を困難にしている（荒木472頁も参照）。今後，日本でもジョブ型の雇用が広がると，EU指令のような自動承継の規定が導入される可能性はある。

自　学

◆ 会社分割を行う際，承継事業に主として従事する労働者の労働条件を不利益に変更するために，労働契約承継法にしたがった当然承継（労働条件もそのまま承継）の対象とせず，新規契約締結・解約型の転籍という形をとって，労働条件をその労働者と転籍先企業との合意により決めることは認められるか（神戸地尼崎支判2014・4・22〔阪神バス〕，土岐将仁・判批・ジュリスト1484号（2015）131頁を参照）。

（他の参考文献）
＊濱口桂一郎『EUの労働法政策』（労働政策研究・研修機構・2017）：EU労働法全般を知るう
　えでの必須の文献。

3　休　　職

（1）　総説

　休職は，人事管理論では，ほとんど扱われないテーマだが，実際の法的な紛
争では，その有効性が問題となることがしばしばある。休職制度は，従業員が
何らかの理由で継続的な労務提供が困難となった場合に備えて設けられる制度
である。長期雇用の正社員の場合，病気や事故など労務提供が困難となる事情
に遭遇することはどうしても避けられないが，そのような場合でも解雇をせず，
雇用を継続する人事上の措置としての休職制度は，企業の長期雇用保障に対す
る積極的な姿勢を正社員に向けて示す効果がある。

　公務員については，意思に反する休職はできないのが原則であるが，例外と
して「心身の故障のため，長期の休養を要する場合」と「刑事事件に関し起訴
された場合」は休職を命じることができる（国公75・79，地公27②・28②）。民間企
業ではこうした法的な規制はない。休職は，企業が任意に設けることができる
制度であり，労働条件明示義務の対象事項には含まれている（労基則5①⑾）が，
就業規則の必要的記載事項としては明記されていない（ただし，労基89⑽の包括条
項に基づき，制度を設ければ記載義務はある）。

　比較的多くの企業で定められている傷病休職と事故欠勤休職は，後述のよう
に，解雇猶予措置としての意味があるので，標準就業規則においてデフォルト
しして定めてもよいだろう。しかし，その他の休職事由は，それが従業員に必
ずしも不利となるものではないが，それを追加する場合には，休職による直接
ないし間接の不利益が全く生じない場合を除き，標準就業規則の不利益変更の
手続（過半数の納得同意＋反対従業員への誠実説明）をふむべきである。その際
の誠実説明は，休職期間，復職要件，保障賃金等を示して行う必要がある。

（2）　傷病休職

　休職制度のなかでも，傷病休職には固有の法的論点がある。傷病により労務

の提供ができない場合，それが業務に起因するものでないかぎり（業務外の傷病は「私傷病」と呼ばれる），解雇事由にもなりうるが，傷病休職制度を設けることは，そのような場合でも，企業は解雇をせずに従業員の復職を待つという意味をもつ。傷病休職制度があるときに，その適用をせずに解雇すると，解雇回避努力が不十分として無効と判断される可能性もある（労契16）。判例には，精神的な不調を訴えて無断欠勤を継続する従業員に対して，本人が要求する休職制度の適用をしないままなされた懲戒処分（諭旨退職）を無効としたものもある（最判2012・4・27〔日本ヒューレット・パッカード33〕）。その意味で，企業は，傷病休職制度を設ける際は，そのメリット（従業員の労働意欲の向上など）とデメリット（病気の従業員の解雇がしづらくなることなど）をよく考えておく必要がある（もちろん傷病休職制度がない場合でも，病気にかかった従業員の解雇が当然に有効となるわけではない）。

　休職期間中の賃金は，ノーワーク・ノーペイの原則によれば，企業に帰責事由が認められないかぎり不支給とできる。しかし，人事労働法では，企業が命じた従業員の労務不提供の場合は，平均賃金の6割（労基26）を支給することを標準就業規則のデフォルトとしており，企業の判断でより高い賃金を支給することはもとより可能だが，逆に，「標準就業規則の不利益変更の手続」（過半数の納得同意＋反対従業員への誠実説明）をふめば，平均賃金の6割を下回る保障額を就業規則で定めることが可能であるし，従業員と個別に納得同意を得ることによって，さらにその額を引き下げることができる（⇒108頁）。なお従業員は，欠勤が4日以上となると，健康保険から傷病手当金として1日あたり標準報酬月額の30分の1に相当する額の3分の2が最大1年6か月支給される（健保99）。賃金が支払われた場合には，傷病手当金は支払われなくなる（支払われた賃金が傷病手当金よりも低い場合は差額が支払われる〔同108①〕）。

　休職中に休職事由が消滅した場合には，復職させることができる。傷病休職の場合には，治癒が復職事由となる。復職の際にはリハビリ勤務をさせることもある（⇒110頁〔思考〕）。所定の休職期間の満了時に復職できない場合には，労働契約は自動的に終了する（実務上は「自然退職」と呼ばれる）。就業規則において，自動終了ではなく，解雇によって退職させると定めることもできるが，その場合は労契法16条が適用される。復職については，裁判例には，休職前の職種では十全な労務提供ができなくても，その能力，経験，地位，企業の規模

や業種，その従業員の配置や異動の実情，難易などを考慮して，現実に配置可能な職種があれば，そこに配置すべき（復職可能である）としたものがある（大阪地判1999・10・4〔JR東海41〕）。職種を決定することができるのは指揮命令権をもつ企業であるが，職種を限定しないで採用されている従業員については，企業内に従事可能な職種があるかぎり，そこに配置する義務はないとしても（⇒108頁），退職させることはできないと解すべきだろう。

　休職は，企業が自主的に設ける制度であり，従業員に解雇猶予という有利な内容を含むものなので，制度設計において企業にある程度の自由を認めるべきである。標準就業規則には，傷病休職は，「業務外の傷病による欠勤が○か月を超え，なお療養を要するため労務を提供できないとき」を休職事由とし，休職期間の上限を定めたうえで，「休職事由が消滅した場合には，元の職務に復帰させる」「休職期間が満了してもなお就業が困難な場合には，休職期間の満了をもって退職とする」という条項をデフォルトとすべきである。休職に入る前の欠勤期間要件の月数や休職期間の上限月数は，企業が記入したうえで，誠実説明を行ったうえで，労働契約への組入れを行うべきことになる。企業は，就業規則に基づき，休職に付すとき，休職から復職させるとき，または，休職期間満了時に退職とするときには，従業員への誠実説明が必要である。また従業員から医師の診断書を添えた復職要求があった場合でも，復職をさせるかどうかの決定権（指揮命令権の一つ）は企業にあるが，ただ復職を拒否して休職を継続する場合には誠実説明が必要である（以上の誠実説明は，これらの措置の有効要件と解すべきである）。

　従業員の自己都合により労務の提供ができない場合の事故欠勤休職についても，傷病休職に関する上記の内容が基本的にはあてはまる。

（3）　その他の休職

　標準就業規則におけるデフォルトの休職事由は，傷病休職や事故欠勤休職であるが，それ以外に，一定の事由を休職事由として定めて，休職に付すことを就業規則で定める場合には，企業は，「標準就業規則の不利益変更」の手続をふむことが必要である（⇒137頁）。実例として多いのは，起訴された従業員に対する休職（起訴休職）制度である。起訴休職の趣旨は，裁判例によると，「刑事事件で起訴された従業員をそのまま就業させると，職務内容又は公訴事

実の内容によっては，職場秩序が乱されたり，企業の社会的信用が害され，また，当該従業員の労務の継続的な給付や企業活動の円滑な遂行に障害が生ずることを避けること」にあるとされ，従業員が起訴されただけで当然に休職に付すことができるわけではなく，この休職制度の趣旨に照らして休職処分の有効性が判断される（東京地判1999・2・15〔全日本空輸42〕参照）。

なお休職と実質的に同じ機能をもつものとして，出勤停止（自宅謹慎）の懲戒処分があるが，それには懲戒の法理が適用される（⇒143頁）。また，懲戒処分をするかどうかの調査のための非懲戒的な出勤停止（自宅待機命令）も休職と類似だが，これは，勤務場所に関する指揮命令の一つと解すべきであり，その期間中は，命令にしたがい自宅待機をしているかぎり，労務を提供したことになるので，企業は，賃金を全額支払わなければならない（⇒147頁補注(5)）。

補 注

(1) **傷病休職と障害者への合理的配慮**　傷病により障害が残った従業員の復職にあたっては，法律上の義務として，合理的配慮を講じる必要がある（障害雇用36の3，36の4）。合理的配慮の具体的な内容の決定方法については，65頁を参照。

(2) **症状固定後の企業の災害補償責任**　業務上の疾病による休職中に，症状が固定したために，労災の休業補償給付が打ち切られたが，復職はできない状況にある従業員に対しては，企業は労基法上の休業補償をする必要はないし（労基76。同84①により，労災保険で給付がなされるべき事由の範囲では，現実に休業補償給付が支払われているかどうかに関係なく，企業の災害補償責任はなくなる），休業手当（同26）の支払義務もない（最判2008・1・24〔神奈川都市交通126〕）。

(3) **復職の見込みがない場合の解雇**　裁判例には，休職期間後も復職の見込みがないことが明らかな従業員には，企業は傷病休職制度を適用せずに，直ちに解雇できるとしたものがある（東京地判2002・4・24〔岡田運送〕）。

> **思考　―業務上の疾病と雇用保障―**
>
> 　企業は，うつ病などの精神疾患にかかった従業員に対して，それが私傷病であるとして，傷病休職処分としていたところ，労働基準監督署長により，その疾病が業務上の疾病（労災）と認定されることがある。業務上の疾病の療養のために休業している期間は，解雇をしてはならないので（労基19①。⇒214頁補注(2)。

ただし症状固定すれば「治癒」となり療養対象から外れるので解雇禁止期間は適用されない），就業規則上に傷病休職期間の満了時期が定められていたとしても，その従業員が療養のための休業をしているかぎり，期間満了時の解雇はもちろん，自然退職も認められない（自然退職については労基19①の類推適用。大阪高判2012・12・13〔アイフル〕等）。ただし，労基法は，療養開始後3年を経過しても治らない従業員に対して企業が打切補償（平均賃金の1200日分）を支払った場合には，解雇禁止を解除している（労基19①但，81）し，また労災保険法は，傷病補償年金の受給者が療養開始後3年経過した日，またはその後に同年金を受給するようになった日に打切補償をしたものとみなしている（労災19）。傷病補償年金の受給者は重度の傷病等級に該当する者（労災12の8③，労災則18，別表2）なので，解雇それ自体はやむを得ない面がある。療養開始後3年が経過しても，傷病補償年金の受給要件となる程度の傷病ではなく休業補償給付を受給している場合には，前記の打切補償を支払うことにより解雇制限を解除できる（最判2015・6・8〔専修大学57〕）が，これは実質的には解雇の金銭解決である（ただ労基19の解雇制限が解除されても，なお解雇権が濫用となる場合はありうる〔労契16〕）。

　以上が業務上の疾病等に対する雇用の解消に関する法的ルールだが，就労の能力と意欲がある人材であるかぎり，本人の希望に応じて，業務の軽減などをしながら雇用を継続することは良き経営をするために求められることである（私傷病であれば，ここまでの要請はない）。ただし，その前提として，賃金等の処遇面では，従業員の納得同意を得られれば弾力的な決定ができるという人事労働法の考え方が法解釈として確立されている必要があるだろう（リハビリ勤務に関する議論も参照。⇒110頁〔思考〕）。

自　学

◆ 休職制度は長期雇用慣行がなくなると不要になる，休職制度があれば（企業としてはやむを得ないと考える）解雇がやりにくくなる，とくに精神的な疾患による傷病休職の場合に復職可能性の判断やリハビリ期の対応が難しく，さらに復職と休職が繰り返されて人事管理が難しくなるなどの理由から，休職制度はないほうがよいという見解もありえる。この見解を論評せよ。

（他の参考文献）

＊石﨑由希子「休職」争点58頁：休職に関する法的論点を整理した文献。

4 懲 戒

（1） 総説

　懲戒とは，企業が非違行為をした従業員に対して行う制裁である。対等な契約当事者である企業と従業員との間で，企業が従業員に対して懲戒権をもつ根拠については議論がある（公務員については，明文の根拠がある［国公82以下，地公27以下］）。学説上は，懲戒権は，企業が固有にもつ権限であるとする見解（固有権説）と契約に基づいて取得するとする見解（契約説）があるが，判例は，どちらの立場をとるかは明示せず，たんに，企業には労働契約に基づく権能として，企業秩序違反に対する制裁罰である懲戒を課すことができる，と述べている（最判1983・9・8〔関西電力23〕，最判2006・10・6〔ネスレ日本24〕）。

　懲戒権の根拠がどうであれ，懲戒が従業員に不利益を及ぼし，その人格的利益を侵害する危険がある以上，企業は，どのような企業秩序違反行為が懲戒事由とされ，それにどのような処分（懲戒の種類）が，どのような手続を経て課されるかを事前に明確にし，実際に行われる処分は，組織的な協働に必要な企業秩序（規律）を維持するという懲戒の目的の達成に必要最小限の範囲にとどめることが，良き経営のためには求められる。

　法律上も，企業が懲戒（制裁）の定めをする場合には，その種類および程度を就業規則に記載しなければならない（労基89(9)）。なお判例も「労働者を懲戒するには，あらかじめ就業規則において懲戒の種別及び事由を定めておくことを要する」とする［最判2003・10・10〔フジ興産79〕］）し，また「労働者を懲戒することができる場合において，当該懲戒が当該懲戒に係る，労働者の行為の性質及び態様その他の事情に照らして，客観的に合理的な理由を欠き，社会通念上相当であると認められない場合は，その権利を濫用したものとして，当該懲戒は，無効とする」と定められている（労契15）。

（2） 懲戒の種別

　懲戒の方法について法的な規制はない。減給の上限規制があるにとどまる

（労基91）。一般に，懲戒には，労働契約を終了させる効果をもつもの（雇用終了型懲戒処分）と，労働契約を継続させたままなされるもの（雇用継続型懲戒処分）とがある。後者は，過去の企業秩序（規律）違反への制裁だけでなく，将来に向けた教育的な目的もある。

雇用終了型懲戒処分の例としては，懲戒解雇と諭旨退職がある。懲戒解雇は，解雇の一種だが，退職金の不支給事由とされていることが多く，再就職にも支障を来すという重大な不利益をともなう点で，その他の解雇（「普通解雇」と呼ばれる）と区別される。諭旨退職は，企業秩序違反を説諭して退職を促す処分であり，退職金は支給されるのが通常である。ただし，一定期間内に従業員が自発的に退職しない場合には，懲戒解雇となるとされていることが多い。

雇用継続型懲戒処分の例が，降格（多くは役職や職位の降格だが，それにともない職能資格の降格となることもある［事例として，最判2015・2・26〔海遊館34〕]），減給，出勤停止，譴責である。企業によっては，始末書の提出をともなう譴責と区別して，始末書提出をともなわない戒告という懲戒手段を定めている例もある。また厳重注意を懲戒に含める例もある。

標準就業規則では，懲戒処分の種類は，最も一般的な，懲戒解雇，減給，出勤停止，譴責にとどめるべきだろう。実際に就業規則に懲戒規定を設ける場合には，減給の場合はその上限額を，また出勤停止の場合はその上限期間と賃金（デフォルトは企業に帰責性のない不就労なので無給）を定めておく必要がある。なお減給は，1回の額が平均賃金の1日分の半額を超えてはならず，総額が1賃金支払期における賃金の総額の10分の1を超えてはならない（労基91）が，この上限額は，就業規則対象者の過半数の納得同意があり，かつ反対する従業員には誠実説明を尽くすことによって，引上げ可能と解すべきである。

（3） 懲戒権の濫用

懲戒は，前述のように，その目的の達成のために必要最小限のものでなければならず，それに反していれば権利濫用となると解すべきである（労契15）。懲戒事由に該当する場合でも，懲戒をせず，厳重注意などの非懲戒的な対応で，企業秩序の維持という目的を達成できる場合には，そのような対応を優先すべきである。

もっとも，個々の企業秩序（規律）違反行為と懲戒処分との対応関係を厳密

に基準化することは困難である。雇用終了型懲戒処分ができる懲戒事由については，雇用継続型懲戒処分の懲戒事由よりも重い非違性があることを要するという程度の基本原則は定めることができるが，実際には個別事案での情状を考慮せざるを得ない。

　そこで標準就業規則には，雇用終了型懲戒処分である懲戒解雇の事由と雇用継続型懲戒処分の懲戒事由を分けて記載し，前者は雇用の継続が困難とされる重大な企業秩序（規律）違反行為を懲戒事由とし，ただし情状によっては，それよりも軽い処分ができるとし，後者は雇用の継続が困難とまではいえない企業秩序（規律）違反行為を懲戒事由とし，その場合，原則は減給または出勤停止だが，情状によって戒告とすると定めるのが適切だろう。懲戒事由を標準就業規則よりも増やすには，「標準就業規則の不利益変更」の手続（過半数の納得同意＋反対従業員への誠実説明）をふむ必要がある。企業は，実際に処分を行う際には，当該従業員に対して，企業秩序維持という目的との関係での必要最小限の処分であることの誠実説明が必要である。これにより納得同意を得ることができれば，企業は事後の紛争を回避できるだろうし，法的にも，後述の懲戒事由該当性も含めて，納得同意が得られるよう誠実説明を尽くせば懲戒処分は権利濫用とならず，有効と解すべきである。

　懲戒は，過去の同種事案より重いものであってはならないという考え方もあるが，懲戒の内容は，客観的な非違行為の内容だけをみて判断するわけではないので，過去と全く同種のケースはほとんどないと思われる（共同非違行為のような場合でも，その役割によって非違性に違いがありうるので同一の処分となるわけではない。例えば，違法争議行為の場合の幹部責任等［事例として，東京高判1988・3・31〔ミツミ電機〕］を参照）。もっとも，企業は，類似の先例よりも重い処分をする場合には，誠実説明の際に，その点を十分に説明する必要がある。

（4）　懲戒事由

　懲戒事由の典型は，就業規則で明文化された企業秩序（規律）遵守義務に違反する行為（服務規律違反等）である（⇒121頁）。そのほか，私生活上の犯罪のように，服務規律以外で，懲戒事由として定められるものもある（なお，業務上の横領等の職務上の犯罪を懲戒事由として定めうるのは当然である）。

　懲戒事由については，形式的にはそれに該当しても，実質的に企業秩序を侵

害していない場合には，該当性は否定されるとする考え方もある（最判1977・12・13〔電電公社目黒電報電話局26〕参照）。従業員の利益を考慮した限定解釈だが，懲戒事由該当性の判断が不明確になるおそれがある。懲戒事由該当性は形式的に判断し，企業秩序の侵害の程度は，情状として懲戒処分の種類を選択する際に考慮されるべきものとし，企業はそれらのことを処分対象の従業員に誠実説明をして，納得同意を得るよう努めるべきである。

　懲戒事由について抽象性の高い文言を用いていると，具体的にどのような行為が懲戒事由かはっきりしなくなるため，実際に懲戒処分をする際の誠実説明が難しくなり，結果として納得同意が得られず，紛争の種が残ることになろう。裁判においても，誠実説明が不十分であるとして，権利濫用法理に服すことになり，最終的に懲戒処分が無効とされる可能性が高まる。

　実際，判例には，飲酒後に他人の住居に侵入して罰金刑を受けた工員が就業規則上の「不正不義の行為を犯し，会社の体面を著しく汚した者」に該当するとして行った懲戒解雇を，この事由に該当しないとして無効としたものがある（最判1970・7・28〔横浜ゴム28〕）。これは私生活上の犯罪を懲戒事由とすることに消極的な判断をしたケースというより，規定が抽象的であるため，懲戒解雇の及ぼす大きな不利益も勘案し，企業が十分な誠実説明をしたと判断されるためのハードルが高いケースだったとみるべきだろう。また，言葉によるセクシュアルハラスメントについて「会社の秩序又は職場規律を乱すこと」に該当するとして，出勤停止の懲戒処分を有効とした例もある（最判2015・2・26〔海遊館34〕）。この事件は，雇用継続型懲戒処分であるため，企業が誠実説明をしたと判断されるハードルは比較的低い事案だったことが結論に影響しているとみることができるが，抽象性の高い懲戒事由に基づく懲戒処分であるために，従業員の納得が得られにくく，裁判紛争にまでなったケースといえる。このような紛争を避けるためにも，懲戒事由はできるだけ明確に定め，誠実説明により処分対象従業員の納得同意を得やすいようにすることが必要であり，それが納得同意が得られずに裁判となったときでも，誠実説明が十分されているとして懲戒処分が有効と判断されることにつながりやすくなるのである。

　なお，多くの就業規則にみられる一般条項（「その他，前各号に準ずる不適切な行為」等）は明確性に欠けるため，雇用終了型懲戒処分の事由としてはもちろん，雇用継続型懲戒処分の事由としても認められないと解すべきである。

（5） 懲戒手続

　前述のように，懲戒処分を実際に行う場合には，企業は処分対象の従業員に対して，どのような非違行為がどの懲戒事由に該当し，なぜその懲戒処分が選択されたかなどについて，誠実説明を尽くす必要がある（懲戒事由は，従業員の弁明の便宜を考えて，書面で通知すべきである）。雇用終了型よりも軽い雇用継続型の懲戒処分の場合であっても，教育的な効果を考えると，やはり誠実説明を尽くす必要がある。誠実説明には，従業員からの弁明を聴取し，それに対して適切に応対することも含まれる。前述のように，誠実説明を尽くして，納得同意が得られるよう努めていた場合には，懲戒処分は有効とみなされる。以上の手続は，標準就業規則でデフォルトとして定めるべきである。

　判例は，懲戒が秩序罰であることを根拠に，「具体的な懲戒の適否は，その理由とされた非違行為との関係において判断されるべき」とし，「懲戒当時に使用者が認識していなかった非違行為は，特段の事情のない限り，当該懲戒の理由とされたものでないことが明らかであるから，その存在をもって当該懲戒の有効性を根拠付けることはできない」と述べている（最判1996・9・26〔山口観光25〕）。この判決は，直接的には，処分理由の事後的追加を認めないことを述べたものだが，企業は，懲戒事由となる非違行為について，なぜそれが懲戒の理由とされたのかを説明しなければならないとする考え方を前提としたものと解することができよう。

補　注

(1)　**懲戒解雇は解雇か懲戒か**　　懲戒解雇は，解雇と懲戒処分の性格を併有しているため，解雇に関する規定も適用される（ただし，労基20の予告規定は，同①但の「労働者の責に帰すべき事由」があるとして即時解雇が認められるケースが多いだろう）が，就業規則上，懲戒処分として行われる以上，労契法は解雇に関する16条ではなく，懲戒に関する15条が適用されるべきである（同旨，荒木509頁）。

(2)　**逆経歴詐称**　　裁判例によると，採用時に従業員が最終学歴を低く詐称することは，真実告知義務に違反することから，懲戒解雇事由になるとする（東京高判1991・2・20〔炭研精工29〕。⇒94頁）が，疑問がある。

(3)　**懲戒処分と損害賠償**　　企業は，非違行為により企業に損害を与えた従業員に

対して，正当な就業規則に基づき懲戒処分を行った場合でも，企業が被った損害について不法行為ないし債務不履行として賠償請求することは妨げられない（名古屋地判1987・7・27〔大隈鐵工所〕参照）。懲戒処分と損害賠償とは目的が異なるからである。ただし，企業は，従業員が損害賠償をした場合には，その事実を懲戒処分の種類を選択する際に情状として考慮すべきである。

(4) **期間経過後の懲戒処分**　判例には，上司への暴力行為について，企業が検察の捜査結果を受けて懲戒処分を決定することとしたが，結果として7年半後の処分決定（諭旨退職）となったという事案で，検察が不起訴処分をしたことや時間経過により企業秩序が回復していることなどを理由として処分を無効としたものがある（最判2006・10・6〔ネスレ日本24〕）。

(5) **自宅待機命令**　自宅待機命令は，出勤停止と類似だが，懲戒処分としてではなく，指揮命令として発せられるものである。これは懲戒事案が発生したときに処分を決定するまでの間，発せられることが多い。理論的には，自宅待機命令は，労務の受領拒否と法律構成することも可能だが，むしろ一時的に自宅を勤務場所とする労務指揮がなされたとみるべきであり，そうなると，これは労働契約に内在する権利の行使によるものとなる（⇒111頁）。就労請求権（⇒113頁〔自学〕）を肯定する立場においても，短期的な自宅待機命令にとどまるかぎり，問題視する理由はなかろう。また就労を命じているので，その間は企業に賃金支払義務がある。もっとも，自宅待機命令は，特別な労務指揮なので，正当な就業規則で規定化しておくことが望ましい。

思考　―懲戒と罪刑法定主義―

懲戒処分は，企業による「制裁罰」である点で，刑事罰と類似性があることから，「罪刑法定主義」の原則等が準用されると言われることもある（ただし，これは比喩的な表現にすぎないという見解もある〔荒木498頁等〕）。具体的には，懲戒事由と懲戒処分の種別を事前に明文で定めること，不遡及の禁止（行為時に制定されていなかった懲戒規定により遡って処分することの禁止），一事不再理（いったん決まった処分を，蒸し返すことの禁止）という原則が適用される。一事不再理と類似なものとして，二重処分の禁止も挙げられることがあるが，その意味は必ずしも明確ではない。少なくとも，雇用継続型懲戒処分には，従業員への教育目的もあることから，過去の処分歴を情状において考慮することまで否定されるべきではない。

◆ 就業規則の懲戒事由については，裁判所は，限定解釈（合理的限定解釈）により懲戒事由該当性を限定的に判断すべきだとする考え方がある。一方，裁判所が限定解釈をすることを見越して，懲戒事由はできるだけ広めに設定しようとする危険があるので，裁判所は限定解釈をしないほうがよいとする考え方もある。どちらが妥当と考えるか。人事労働法は，この問題について，どのような対応をしようとするものといえるか（⇒145頁）。

(他の参考文献)

＊三井正信「懲戒権の根拠・要件・効果」争点60頁：懲戒権に関する主要な論点を整理し分析した文献。

第6章　評価と報酬

1　格付け制度

（1）　職能資格制度

多数の従業員を管理するための方法として多くの企業が用いているのは，従業員の貢献度を評価し，その高低により序列化を行う格付け制度である。これにより，企業は，どのような人材をどのように評価しているかを従業員に示し，従業員はそれを努力の目標とすることができる。格付けランクが上がれば処遇も上がるので，格付け制度は処遇制度でもある。企業によって何を評価の基準とするかは異なるが，一般には能力主義と職務主義とに分けられる。

日本企業は，かつては純然たる年功処遇が採用されていたが，その後に能力主義に移行した。そこでいう能力とは職務遂行能力を指し，基準（職能要件）を定めて，その高低により資格等級として序列化された。職能要件は，さまざまな仕事に共通して必要とされる能力を基準としたので，個々の職務を遂行する能力からは切り離され，抽象性が高い。資格等級の上昇（これを「昇格」という）のためには，上位の基準をみたす必要があるが，基準が抽象的であることもあり，実際上は，勤続年数に応じて昇格する年功的運用がなされてきた。とくに職務遂行能力は，従業員のもつストックとしての能力であり「目減りしないもの」と考えられてきたため，降格は想定されてこなかった。また職種の変更（配転）などの人事異動が，資格や賃金に影響しないことは，企業が人事管理をスムーズに進めることに貢献した（⇒131頁）。

人事権の行使は，企業と従業員との支配従属性の根拠となり，従業員の人格的利益の侵害となる可能性もあるが，本人の職務遂行能力の向上とそれに応じた格付け（年功的昇格）というポジティブな面とセットになっているため，人事権の行使への従業員の納得度を高める機能をもっていた。

（2）　年功型から成果主義型へ

　職能資格制度では，従業員の勤続年数に応じた昇格があっても，必ずしも役職や地位の上昇（これを「昇進」という）をともなうものではなかった。企業は指揮命令が効率的に伝達されるために，事業組織を階層化し，それを役職（管理職）や職位（非管理職）の形で示してきたが，この階層はピラミッド構造であるため，上位の役職・職位になるほど数は減っていく。こうして「昇格先行，昇進追従」が起こった。他方，職能資格制度は，基本給（職能給）と連動していたため，昇格は昇給を意味した。つまり日本企業では，昇進は遅れても，昇格・昇給はされたのである（佐藤他3章，平野他4章を参照）。

　ただ，こうなると，役職は非管理職でも，賃金は管理職層となる者が増えるなど，企業の人件費負担が高まることになる。そのため企業は，管理職層への昇格要件の厳格化，役職に就いた後の賃金上昇を抑制するための役職定年（一定の年齢になれば役職から外れること），出向・転籍，早期退職優遇制度などでこの問題に対処しようとしたが，これらは高年従業員の処遇の不利益変更として，法的紛争となることもあった。

　また，企業のなかには，能力主義の内容を，潜在的能力から，顕在化された能力，すなわち個人の業績を重視する成果主義にシフトさせるところもあった。成果主義は，従業員の評価の3要素とされる「能力・意欲」（インプット），「職務行動」（プロセス），「成果」（アウトプット）のうちの「成果」を重視するものである。「能力・意欲」と「職務行動」は，本人の努力により左右できるが，「成果」は本人とは無関係な事情に左右されることもあるため，成果を評価の中心に据えて賃金や昇進・昇格と連動させると，従業員の労働意欲を下げるおそれがあった。そのため，成果を賃金に反映させるのは，通常，賞与（ボーナス）にとどめられていた（平野他7章も参照）。成果主義へのシフトは，毎月支払われる基本給や昇進・昇格にも成果の評価を取り入れることを意味する。

（3）　職務等級制度

　職能資格制度が上記のような問題点を抱えることから，企業のなかには，新たなコンセプトの賃金体系を模索しようとするところもあった。その一つが，外資系企業等で多くみられる職務等級制度である。

職務等級制度では，従業員の評価は，どのような職務に従事しているかを基準として行われる。この制度では，職務が類似の価値をもつものが一つの職務等級にまとめられ，それが賃金（職務給）に対応する（一等級に一賃金が対応するのをシングルレート，同一等級内で賃金に幅があるものをレンジレートという）。職務の価値の高低によって，序列化がなされる。

　職務等級制度は，「ジョブ型」の雇用の場合に適用される賃金で，従業員に求められる職務の内容は，職務記述書（ジョブ・ディスクリプション）に記載されている。その内容をきちんとこなすことが評価の基準となる。このため，職能資格制度よりも透明性が高く，従業員にとってどのようにすれば高い評価が得られるかが明確である。

　昇格は，上位の等級の職務に空きが出て，本人にその職務に適した能力や業績の伸張が認められた場合になされる。職能資格制度のように，年功的な昇格はされないので，上位のポストがつかえている場合には，なかなか昇格・昇給できず，転職を誘発しやすくなる。実際，職務等級制度が導入されている企業や業種では転職率が高い傾向にある。

　なお近年は，役割等級制度と呼ばれる資格・賃金制度を導入する企業も増えている。これは，企業が従業員に期待する役割（どのような行動をとって企業に貢献するか）を，その難易によって階層化する資格制度である。職務等級制度のように職務を細かく定義することはせず，役割という形で緩やかに定義するため，職務価値の分析による賃金制度の見直しの必要は小さく，評価制度の運用に弾力性がある。もっとも役割等級制度自体，さまざまな制度設計があり，運用次第では年功型にもなりうる。

（4）　格付け制度と労働法の理念

　従業員（正社員）をどのように格付けし，育成しながら，昇格させ，それと賃金をどう関連付けるかは，企業の人事戦略の根幹として，その裁量に任せられるべきものである。とくに職能資格制度それ自体は，人材育成を主眼としたもので，労働法の理念と抵触する部分は出てきにくい。しかし，職能資格制度は処遇にも関係しており，職務等級制度となると，その面がいっそう明確になる。こうした処遇に関係する部分において，企業の裁量を広く認めることは，従業員が契約弱者であることも考慮すると適当ではなく，そこに法的な介入の

必要が生じる。

とくに紛争となりやすいのは，年功的な運用がなされている職能資格制度に
おいて，従業員がもつ昇格や昇給への期待に反するような人事や処遇を企業が
した場合である。例えば，職能資格制度に，新たに成果主義的な要素が導入さ
れ，実際に賃金が低下した場合（制度変更型の不利益変更）や，職務等級制度に
おいて，降格がなされ，賃金が低下した場合（制度運用型の不利益変更）に紛争
が比較的多く生じている。制度変更型の不利益変更は，すでに論じた就業規則
の不利益変更の一類型である（⇒25頁）。制度運用型の不利益変更は，評価（人
事効果，査定）に基づき，同じ等級内での降給（レンジレートの場合など）や降
格にともなう降給などがなされるというパターンが多く，このような場合には，
評価の公正さが問題となりやすい（⇒153頁）。

補 注

(1) **成果主義型への移行と就業規則の不利益変更**　　就業規則上の賃金規定を変更
して，年功型から成果主義型に移行する場合，それによって賃金が当然に不利益と
なるわけではないが，賃金がこれまでの安定的なものから変動的なものになるこ
と自体が不利益変更となるとみて，労契法の規定（労契9，10）が適用されると解
されている（労契法制定前の事件であるが，東京高判2006・6・22〔ノイズ研究所〕等を
参照）。また，企業が，差し迫った経営危機はないものの，将来に備えて賃金体系
を年功型から成果主義型に移行する決定をした場合，賃金等の労働条件の実質的
な変更をする場合に求められる高度の必要性（最判1988・2・16〔大曲市農協〕，最判
1997・2・28〔第四銀行80〕，最判2000・9・7〔みちのく銀行81〕等）があるといえる
かも裁判実務上は問題となる（大阪高判2001・8・30〔ハクスイテック〕等参照）。

> **思考 ―成果主義の功罪―**
>
> 　企業にとっては，成果主義による報酬要素を増やすことは，短期的な業績の
> 変化のリスクを従業員に転嫁させることができる点にメリットがある。従業員
> のほうも，達成した業績がすぐに報酬に現れるのは，評価システムが明確であ
> れば納得度が高いものである（とくに出来高が数字になって現れるものであれ
> ば，明確性は高い）。本来，労働（雇用）契約とは，労働に従事したことに対し
> て報酬を支払うものなので（民623），従事する時間が報酬の算定根拠となりやす

く，成果主義は，仕事の結果に対して報酬を支払う請負に近いものといえる。労基法27条（⇒109頁補注(2)）は，こうした請負的な報酬体系の不安定性に配慮した規制だが，成果主義には，加えて長時間労働を誘発する危険があることにも注意を要する。さらに成果主義的な報酬体系は，仕事の意味を金銭的なものに置き換えることになり，個人の内発的な労働意欲を押し下げる危険性も指摘されている（高橋伸夫『虚妄の成果主義』（日経BP・2004）を参照）。

企業が人事管理に成果主義を取り入れるうえでは，成果の公正な評価だけでなく，過重労働や労働意欲低下という相異なる方向の問題にも適切に対処していく必要がある。

自　学

◆ 本文で述べた職能資格制度は，基本的には正社員を対象としたものであり，その賃金は外部労働市場とは切り離された内部労働市場で決まっている。一方，非正社員の賃金は外部労働市場における需要と供給の関係により決まる。ところが短時間有期雇用法10条は，短時間・有期雇用労働者に対して，その職務の内容，職務の成果，意欲，能力または経験その他の就業の実態に関する事項を勘案し，通常の労働者（すなわち，正社員）との均衡を考慮しつつ，その賃金を決定するように努めるものとすると定めている。法が努力義務として求めている賃金の決定は実現可能であろうか。そもそも正社員と非正社員の賃金の均衡はなぜ必要となるのだろうか（大内・雇用社会14話，大内・非正社員173頁）。

（他の参考文献）

＊中嶋哲夫「成果主義は日本の賃金制度を変えたか」日労研573号（2008）46頁：人事コンサルタントの観点から成果主義が日本の企業人事に及ぼした影響を論じた文献。

2　評　価

（1）　公正な評価と良き経営

企業が格付け制度を運用していくうえで，最も留意しなければならないのは，従業員の格付けが，公正に運用されることである。なかでも重要なのが，評価（人事考課，査定）の公正さである。採用時の公正な選考（⇒92頁）と並んで，

公正な評価は，企業が労働法の理念に照らした良き経営を行うための基本となる。人事管理上も，評価が公正に行われなければ，従業員の労働意欲が下がり，格付け制度は機能不全に陥る危険性がある。

　職能資格制度における年功的な運用は，前述のように（⇒150頁），従業員の評価を「能力・意欲」，「職務行動」，「成果」の三つをバランスよく考慮し，企業の指揮命令にしたがって忠実に労務を提供し，技能の蓄積にとりくんでいる従業員が報われるようにしたものであり，日本人の公平感に合致するものだった。また日本企業の特徴とされる「遅い選抜」は，勤続年数による平等な昇格・昇進をできるだけ長く続けることによって，従業員の労働意欲を維持することに寄与してきた。

　しかし，このようなやり方は，徐々に問題を露呈するようになった。その背景には，「遅い選抜」は，優秀な若い人材には悪平等と感じられるなど，労働意欲に逆効果となってきたこと，革新的なリーダー育成に必要な訓練を早期に始めることを困難にしたり，企業外から優秀な人材を集めるうえでの障害になったりしたことが挙げられる（今野他8章，平野他6章等を参照）。

　さらに重要なのは，企業が長期的な雇用を前提に人材育成をするというスタイルが，技術革新が急速に進歩するなかで機能しなくなってきていることである。「能力・意欲」や「職務行動」のような要素が評価されてきたのは，それが長期的な貢献が期待される従業員の労働意欲の維持に必要であったからだが，その前提がなくなると，企業が成果（短期的な成果）に着目するようになるのは当然である（なお，最近では，職務行動として，高い業績につながる行動を意味する「コンピテンシー」を重視した評価も増えている）。要するに「一所懸命に努力しているけれど成果が出せない人でも，きちんと処遇する」という従来の日本型雇用システムの下での処遇方法の維持が困難になってきたのである。

　このことは，評価に基づき不利益な処遇をしなければならないケースが増えることを意味する。降格や降給がその典型例だが，解雇，（高齢者の）再雇用拒否などのように評価が雇用の喪失につながることもある。こうなると，評価の公正さは，労働法の理念という観点からも厳重に求められることになる。

　伝統的労働法では，評価がどのようにされるべきかの規範が明確でなく，法的な紛争が常に起こりうる状況にあった（従業員は，いつでも評価が不公正であるとして争う余地がある。ただし，その主張が裁判所で認められる可能性は高くな

かった）。人事労働法では，以下にみるように，納得規範を遵守して従業員の評価を行うことが，従業員の納得度を高めて事後の法的紛争を抑止することにつながり，また納得規範を遵守した結果が裁判所でも尊重されることが，企業に納得規範を遵守するインセンティブを与え，良き経営につながると考える。

（2） 公正な評価と納得規範

（1）でみたような公正な評価の重要性にかんがみると，企業の評価における裁量を強調する議論（裁判例として，東京高判2004・11・16〔エーシーニールセン・コーポレーション46〕）は，再考の余地がある。むしろ人事労働法では，従業員が納得できるような評価システムの構築にむけた法的な介入こそ必要となる。

具体的には，評価の基準や手続をどのように定めるかは企業に任さざるを得ない（客観的に合理的なデフォルトの設定はできない）ものの，公正な評価と認められるためには，その基準や手続を就業規則対象者に対して誠実説明をして労働契約への内容に組み入れる手続をとり，実際の評価は，その内容に従って行い，その過程でもまた個々の従業員に対して，評価の内容について誠実説明を尽くした場合には，その評価の結果（あるいは，それに基づく賃金額）は，法的に争うことはできないものと解すべきである。これにより，企業に対して，納得同意を得るための誠実説明へのインセンティブを与えることになる。なお，学説には，公正な評価の意味を，①公正・透明な評価制度の設計・開示，②それに基づく公正な評価，③評価結果の開示・結果に分け，①と③がなされていれば，②は推定されるとする有力な見解がある（土田294頁）が，人事労働法の立場では①に基づき③について誠実説明がされていれば，②が認められることになる。このほかにも，評価（査定）を公正に行わなければならないとする適正評価（公正査定）義務を認め，結果が公正でない場合には義務違反の成立を認める見解もあるが，これは実質的には評価を裁判所に委ねることになり，疑問である。人事労働法では，誠実説明を行って従業員を納得させることができるような評価（納得規範に基づく評価）こそが公正であると考える。

なお，評価における差別は，法律で禁止される差別事項には明文では掲げられていない（労基3，雇均6等）が，評価はさまざまな人事の基礎になるものなので，それに関する差別も含まれていると解すべきである。ただ評価が，上記の納得規範に基づき行われている場合には，差別に該当する余地はないと解す

べきである。例えば，昇進や昇格に差別があると争っている場合や，降格や賃金額における低査定を争っている場合でも，誠実説明を尽くしたうえでの評価に基づく格差であれば，差別とは認められないと解すべきである（⇒65頁）。なお，納得規範に基づかなかったため，違法とされた場合において，昇格自体を請求したり，差額賃金の請求をしたりできるかについては，後述する（⇒158頁）。

（3）　新たな評価システム

近年では，評価方法を個別に設定して，その到達度に照らして評価する「目標管理システム」が導入されることも多い。そこでは評価期間がまず定められ，期初は「目標の設定」（部下からの自己申告→上司との面談による調整→確定），期中は「目標の改定」，期末は「成果の評価」（部下の自己評価→上司との面談による調整→最終評価の決定）というプロセスを経て評価を行う。この評価方法では，部下の自主性と企業の組織的な要請とのすりあわせが必要である。その過程でなされる上司と部下とのコミュニケーションがうまく機能すれば従業員の納得度も高まる。納得規範を基礎とする人事労働法の立場からは，目標管理システムは，望ましい評価システムとみることができる。

さらに最近では，従来の「遅い選抜」をやめて，評価に基づく選別を早め，中核的人材には若い時期から別の昇進ルートに乗せてエリート教育をする「早い選抜（ファスト・トラック）」を導入する企業もでてきている。前述のように（⇒154頁），「遅い選抜」が労働意欲に悪影響を及ぼすのであれば，いつまでもこれを維持すべきではない。もっとも，選抜から漏れた従業員の労働意欲にも配慮する必要がある。そのために用意されるのが「専門職」としてのキャリアである。「専門職」は，その名のとおり，専門的な能力を備えた人材を配置するポストだが，これまでは主として，管理職への出世ルートから外れた人材の受け皿という面が強かった。しかし今後は，特定の職種において専門性をもつ，真の意味での専門職（プロ人材）が必要となるのであり，企業は専門職の育成も管理職の育成と並ぶ企業の人事戦略の中核に位置づけ，それに対応した教育訓練や処遇の充実化を図ることが必要となろう。

⑴　**不公正な評価の法的効果**　　企業が，事前に開示した基準や手続に反する形で評価を行えば，少なくとも従業員に対する損害賠償責任は生じうる。不公正な査定がなされなければ，受けていたであろう評価が明確であれば，その評価に基づく処遇を求めることはできるだろうが，そのような例はまれであろう（広島高判2001・5・23〔マナック〕は，こうした例にあたるまれなケースである）。裁判規範としては，評価そのものを覆して，他の公正な評価を認定して強制することは難しい。人事労働法において重視する行為規範の面からは，不公正な評価は重大な反規範的行為であるし，これにより紛争が生じることは人事管理の典型的な失敗例でもある。

> **思考　―企業特殊熟練と転職力―**
>
> 　企業が人材育成に投資をしても，途中で転職されると，その回収ができなくなる。逆にいうと，日本の企業が人材育成に投資をしてきたのは，従業員（正社員）の多くが転職しないと見込んでいたからである。転職しない理由の一つは，企業による教育訓練が，その企業の遂行する事業に特有の技能（「企業特殊熟練」などと呼ばれる）を習得させるものであり，それは他企業では必ずしも高く評価されない可能性があるからである。このことは，その企業での勤続年数が長くなるほど，従業員の市場価値（転職力：employability）が低減することを意味し，そのことが解雇を制限することを正当化する事情にもなる（⇒207頁）。

自　学

◆　公正な評価をすることは企業の義務であり，これに違反することは企業の債務不履行であるとみる見解（代表的なものが，毛塚勝利「賃金処遇制度の変化と労働法学の課題」学会誌89号（1997）5頁）と，評価それ自体は企業が人事権として行使できるが，公正な評価をしないことは人事権の行使の濫用（労契3⑤）とみる見解（代表的なものが，土田292頁）がある。それぞれの見解の特徴はどこにあるのか。本書で述べた見解は，これらの二見解と比べて，どのような点に違いがあるか（石井の下記論文，土田293頁も参照）。

（他の参考文献）

＊石井保雄「成果主義賃金制度と労働法（学）の10年」日労研554号（2006）5頁：評価・査定など成果主義に関係する労働法上の論点を分析した文献。

＊小池和男『仕事の経済学（第3版）』（東洋経済新報社・2005）：日本型雇用システムの特徴を経済学の観点から分析した代表的な文献。「遅い選別」に関しては第3章を参照。

3　昇進・昇格・降格

（1）　昇進

　配転がヨコの異動であるのに対して，昇進（および降格）はタテの異動である（平野他6章）。これまでの職能資格制度の下では「昇格先行・昇進追従」が起こり（⇒150頁），昇進と昇格は必ずしも一体ではなかった。

　役職や職位の上昇である昇進は，企業が事業組織をどのように効率的に運営していくかという経営戦略と密接に関係したものである。したがって，昇進は，原則として，企業が指揮命令権に基づき行うことができ，その時期についても，企業の裁量的判断に任される。ただし，その判断の基礎となる評価は，納得規範に基づく必要がある（⇒155頁）。また，昇進をさせない行為については，法律で禁止する差別に該当してはならない（明文のものとして雇均6(1)）。人事労働法では，納得規範に基づく評価によらない場合には違法となる（⇒64頁）が，それは他者と比較した格差が問題となるのではなく，本人への誠実説明が不十分であることが理由であり，したがって，納得規範に基づかない違法な評価による不昇進であったとしても，企業はその従業員を一定の役職や職位に昇進することを義務づけられるわけではない。その意味で，こうした差別禁止規定は理念規定と解すべきであり，法的な救済としては，差別行為による精神的損害の賠償請求ができるにとどまる（民709，710）。なお組合員差別の不当労働行為の行政救済において，労働委員会には，救済命令の決定に広い裁量がある（⇒238頁補注(2)）が，管理職への昇進を命じる命令は違法と解されている（荒木450頁，菅野1126頁。裁判例として，東京高判2003・9・30〔朝日火災海上保険〕等）。

（2）　昇格

　職能資格制度における昇格は，客観的な昇格基準が示されている場合，従業員が，それを充足していると主張して昇格を請求することがある。昇格の基準が企業に裁量の余地がないほど客観的に明確で，その基準を充足すれば自動的に昇格が認められるとしている場合には，こうした従業員の請求が認められる

余地はある（このことは，昇進の場合も，同じである）が，そのようなケースは通常は考えられないし，また何らかの裁量の余地のある基準を設けることが企業の落ち度ともいえないだろう。

職能資格制度における職能要件は，職種をまたがる抽象的な要件とならざるを得ず，その基準の明確化には限界がある。ただ，職能資格制度は，日本企業の人事管理において重要な意味があり，だからこそ従業員が納得できるような運用が必要である。少なくとも昇格に関係する評価の過程では，納得規範により誠実説明を尽くすことが必要である（⇒155頁）。評価について誠実説明を尽くしている場合には，昇格に関する企業の判断には法的な問題はないので，差別禁止規定などとの関係でも違法という問題は生じないと解すべきである。

裁判例には，男女差別のケースで，差別がなければ昇格していたであろう資格への昇格を認めたものがある（東京高判2000・12・22〔芝信用金庫43〕。学説として，西谷264頁）が，多くは，企業に昇格についての裁量があることを理由にこれを否定する。この場合には，比較対象となる男性従業員との格差分を，不法行為を根拠に賠償請求できるとすることはある（東京地判1990・7・4〔社会保険診療報酬支払基金〕等。政治思想差別のケースで，千葉地判1994・5・23〔東京電力84〕等）が，企業に裁量がある場合には，差別がなければ実現していたであろう資格を特定することはできず，賃金面での損害は発生していないと解すべきである。したがって企業が負うとしても，誠実説明がされていないことによる精神的損害の賠償責任にとどまると解すべきである（賃金の格差を財産の損害ではなく精神的損害として請求できるとする裁判例もあるが疑問である）。ただし，組合員に対する差別が不当労働行為（労組7(1)）と認定された場合に，労働委員会が行政救済として昇格命令を出すことは，その裁量の範囲内と解すべきである（菅野1126頁，荒木451頁。なお最判1986・1・24〔紅屋商事195〕も参照）。

（3） 降格

降格には，役職や職位における降格と，職能資格制度における降格，さらには，職務等級制度の降格がある。

役職や職位における降格は，昇進の反対概念であり，昇進が指揮命令権の範囲で行われるのと同様，降格も指揮命令権の範囲で行われるのが原則である。したがって，就業規則の根拠がなくても可能だが，それが評価に基づいて行わ

れる以上，すでにみたような納得規範に基づくことが必要である（⇒155頁。こ
れに対し，裁量権の逸脱または濫用の観点から審査すべきとする裁判例として，東京高判
2009・11・4〔東京都自動車整備振興会45〕等を参照）。

　一方，職能資格制度における資格や等級の降格（およびそれにともなう降給）
は，職務遂行能力は勤続年数に応じて上昇し，「目減りしないもの」とされて
いるなかでは（⇒149頁），例外的なことなので，納得規範に基づく評価（⇒155
頁）がなされることに加え，実際にその評価に基づき降格・降給を行う段階で
も当該従業員の納得同意が必要と解すべきである。正当な就業規則において降
格条項を置くことは可能だが，デフォルトは降格不可と解すべきなので，「標
準就業規則の不利益変更」の手続（過半数の納得同意＋反対従業員への誠実説明）
をふんだうえで労働契約への組入れを行うべきであるし，この条項に基づき実
際に降格させるときには，当該従業員の納得同意は不要だが，誠実説明を尽く
すことは必要と解すべきである（降格に関する裁判例としては，東京地決1996・12・11
〔アーク証券44〕を参照）。職能資格制度における降格は，役職・職位の降格にと
もなって行われることもあるが，後者が適法であったとしても，職能資格の降
格としての有効要件を充足していないかぎり，降格・降給は認められない（役
職の降格が有効であれば，役職に対する役職手当の減額や不支給は認められる）。

　職務等級制度における降格は，職務内容の変更にともなう降格的配転である
ことが多いので，配転としての有効性も問題となる。この点，職能資格制度の
下での配転では，職能資格にも賃金にも影響しないのが通常であるため，配転
と降格は無関係となる。職能資格制度が導入されていない場合でも，正当な就
業規則の根拠規定がなければ，たとえ軽易な職務への配転がなされたとしても，
従業員の納得同意なしに賃金を引き下げることはできない（東京地決1997・1・24
〔デイエフアイ西友〕参照。東京高判2011・12・27〔コナミデジタルエンタテインメント〕も
参照）。ところが，職務等級の降格の場合，下位の等級の職務への配転それ自
体が有効でなければ降格は無効となる。そして配転の有効性は，それが降格に
ともない経済的な不利益があることから，降格の有効性と一体で判断がなされ
る傾向にある（仙台地決2002・11・14〔日本ガイダント38〕。東京地判2015・10・30〔L産
業〕等も参照）。人事労働法では，このような降格的配転は，通常の配転と同様
に行うことができるが（⇒132頁），配転を実施する段階（個別的適用段階）では，
降格面についての説明も十分にしておかなければ誠実説明を尽くしたことには

ならない。同じ等級内（レンジレート）での（つまり降格をともなわない）降給（降給的配転）でも，同様に解すべきである。

（4）　降格をともなわない賃金減額

職能資格制度を導入していない企業でも，賃金のなかに職能給という項目を立てて，それについては，企業の評価（査定）によって額を決定できるとしているケースもある（最近の事例として，福岡地判2019・4・15〔キムラフーズ〕）。しかし，賃金を企業の一方的な評価により決定・変更できるようにするためには，正当な就業規則により制度化しておく必要があるし（新設の場合は「既存就業規則の不利益変更」の手続となる［⇒37頁］），実際に評価に基づき減額する場合において，その評価が公正と判断されるためには，前述の手続をとる必要がある（⇒155頁）。こうした制度化がされていない場合には，従業員の納得同意を得なければ引下げはできないと解すべきである。

補　注

(1)　**年俸制**　報酬を年単位で決定する年俸制は，従業員の評価を年単位で行うタイプの成果主義型処遇に適合的なものである（この場合でも報酬は毎月1回支払う必要がある［労基24②］）。労働時間規制の適用を受けないため割増賃金を支払う必要がなく，純粋に成果だけで評価できる管理監督者（同41(2)）を対象に導入されることが多かった（裁量労働制の適用対象者［同38の3，38の4］も同様である。また，今後は高度プロフェッショナル（高プロ）制度［同41の2］の適用対象者への導入も考えられる。菅野436頁も参照）。法的な問題としては，目標管理による評価システムを採用していたが，評価期間内に労使間で年俸額の合意が成立しなかった場合の取扱いがあるが，裁判例には，企業に決定権があるとするもの（東京地判2007・3・26〔中山書店〕）と，年俸額決定のための手続が就業規則に明示され，その内容が公正な場合にかぎり企業に決定権があるとし，そうでない場合には，前年度の年俸額が次年度の年俸額となるとするものがある（東京高判2008・4・9〔日本システム開発研究所90〕）。年俸制を導入する場合には，次年度の年俸額の合意が不成立の場合に，年俸額をどのように決定するかは就業規則に定めておくことが望ましい。その場合，デフォルトは今年度の年俸額の維持とすべきであるが，企業に決定権を付与する方法に変更する場合には，標準就業規則の不利益変更の手続（過半数の納得同

意＋反対従業員への誠実説明）をふむことが必要である。なお，いったん合意した年俸額を期間途中で引き下げることは，それが就業規則に基づく場合でも認められない（労契12。東京地判2000・2・8〔シーエーアイ83〕も参照）。

思考　―就業規則不利益変更から降格へ―

　伝統的労働法では，降格は従業員に大きな不利益をもたらすため，契約弱者である従業員が不当に降格されないようなチェックが必要という発想となりやすい。ところが，人事管理論では，そもそも降格という論点が扱われることはまれである。職能資格制度における降格が想定されていないことも理由の一つであるが，実際の企業人事では，例えば同じ職務をしながら賃金が下がるという降格は，従業員の労働意欲を下げることになり，人事管理が難しくなるため，そういうことはできるだけ避けようとするからではないかと思われる。そもそも人材育成を重視する日本型雇用システムは，職能資格制度において降格をしなければならないような状況，さらに進んで解雇しなければならないような状況が生じないようにすることを目指したシステムであったといえる。人事管理論において，人材育成や教育訓練が重要なテーマとなるのもそのためである。

　これまでは日本型雇用システムの中核である長期雇用を維持するうえでは，労働条件の弾力的な変更が必要とされ，それが企業からの就業規則による賃金制度等の（合理的）変更を正当化してきた（菅野203頁，荒木393頁を参照）。しかし，就業規則による労働条件の変更は，集団的な制度変更をともなうものであり，そう頻繁に行えるものではない。そのため，労働条件の弾力化は，報酬体系において成果主義的な要素を広げたり，職務等級制度や役割等級制度を導入したりするなど，業績や成果と報酬を連動させる形で行おうとする動きが広がってきている。こうなると，降格や降給が日常的なこととなるが，そのなかで従業員の労働意欲をいかに落とさずに納得いく報酬決定ができるかが人事の腕の見せ所となるし，法的にも，評価の公正さや降格の規制という抽象的な規範の設定で満足せず，納得規範と法的効果を結びつけて，企業が望ましい行動をとるようインセンティブを与えることが重要となるのである（⇒19頁以下）。

自　学

◆ 役職の降格は，実際には制裁的に行われることがあるので，その場合には，懲戒処

分に関する法的ルール（⇒142頁以下）に服さなければならないという見解もある（そうなると，もし就業規則において懲戒の種類に降格を含めていなければ，降格はできなくなる）。しかし，制裁的かどうかの判断基準は明確ではないし，企業としては，懲戒処分ではなく，人事上の措置として降格を行っている以上，法的に懲戒処分として扱われる理由はないという見解もある。どちらの見解が適切と考えるか（大阪地判2000・8・28〔フジシール〕も参照）。

4 報 酬

（1） 総説

　従業員に対する評価は，それが報酬として示されるときに，その労働意欲に最も大きく影響することになる。報酬は，労働に従事することに対して支払われるものであり（民623），労働法では，これを賃金と呼んで「労働の対償」と定義する（労基11。⇒114頁）。しかし，実務上は，報酬は，評価と密接に関係する従業員へのインセンティブの仕組みであり，「労働の対償」という法的な賃金概念では捉えきれないところもある。

　報酬の内容には，まず毎月支給される賃金（月例賃金）がある。それは基本給と諸手当から構成される固定的な「所定内賃金」と時間外労働，休日労働，深夜労働等の実際の就労に応じて変動する「所定外賃金」とがある。基本給は，通常，年齢給（本人給・生活給）と職能給からなり，前者は，学歴，年齢，勤続年数に応じて決まり，後者は職能資格制度に対応した賃金で，前述のように実際上は年功的に運用されてきた（⇒149頁）。基本給は，かつては年に一度の定期昇給と，ベースアップ（ベア）による全体的な引上げにより上昇してきたが，現在では，定期昇給を行わない企業も多く，また，かつては労働組合との春季労使交渉（春闘）での主たる交渉事項だったベアも妥結されることはまれになっている。

　諸手当のなかには通勤手当，家族手当，地域手当，住宅手当，単身赴任手当，寒冷地手当，食事手当等の「生活関連手当」，業績手当，役付手当，特殊作業手当，特殊勤務手当，技能手当，精皆勤手当等の「職務関連手当」，趣旨が必ずしも特定されていない「調整手当」等がある。

　以上の「月例賃金」以外に，年に1回ないし複数回支給される賞与（ボーナ

ス，一時金）がある（定期的なものと臨時的なものがある）。また退職時に支払われる退職金（退職手当）もある。さらに企業の人件費の負担という点では報酬と同じ意味をもつ福利厚生もある。これは法定福利費（社会保険［厚生年金，健康保険，介護保険］や労働保険［労災保険，雇用保険］の企業負担分）と法定外福利費（企業独自に行う福利厚生の費用）に分けられる。福利厚生は原則として労基法上の賃金には該当しない（1947・9・13発基17）。

　企業は，これらの報酬を，就業規則に「賃金」と「臨時の賃金等」と「退職手当」に分けて記載しなければならない（労基89(2)・（3の2）・(4)）。「賃金」については，その決定，計算および支払いの方法，賃金の締切りおよび支払いの時期，昇給に関する事項を記載しなければならない。「臨時の賃金等」と「退職手当」（⇒168頁）は，それについての定めをする場合に記載すべきものである。

　法律は，賃金が従業員にとって生活をするうえで必須のものであることにかんがみ，すでにみた支払方法に関する規制（労基24。⇒115頁以下）や差別規制（⇒64頁）に加え，最低賃金の規制を設けている。また法定の賃金といえる時間外労働等に対する割増賃金は，その支払い方などを含め実務上紛争が数多く生じている。このほか，臨時的なものだが，金額が比較的大きい賞与や退職金にも，特有の法的問題がある。

（2）　最低賃金

　企業が支払う賃金は，最低賃金額以上でなければならない（最賃4①）。最低賃金額は，時間によって定められ（同3），都道府県ごとに決定される（同9①。これを地域別最低賃金といい，このほかに職業別の特定最低賃金がある）。最低賃金額以上でなければならないのは「所定内賃金」に相当するもので，具体的には，賃金から，所定労働時間・所定労働日外の労働および深夜労働に対する賃金と，賞与などの臨時に支払われる賃金と1か月を超える期間ごとに支払われる賃金を除いたものである（同4③，同施行規則1）。

　最低賃金には，労基法の定める基準と同様（労基13），強行的効力と直律的効力とがあり（最賃4②），違反には50万円以下の罰金が科される（同40。なお最賃法は，1959年に労基法から独立して制定されたものである［労基28参照］）。最低賃金は，精神または身体の障害により著しく労働能力の低い者や試用期間中の者等に対しては，都道府県労働局長の許可を得て，所定の率に減額する特例措置がある

（最賃7，同施行規則3，4，5）。特例措置に該当しない場合でも，労働者の納得同意があれば，最低賃金を下回る賃金も認められると解すべきである。

（3）　割増賃金

　企業は，時間外労働，休日労働，深夜労働の場合に，通常の賃金に一定の割増率を乗じた割増賃金を支払わなければならない（労基37）。具体的には，法定労働時間を超える時間外労働をさせた場合は25％以上の割増賃金（同①。1か月に60時間を超える場合には50％以上［同①但］だが，引き上げられた部分は過半数代表との書面協定があれば休暇で代替させることができる［同③］。また，中小企業には2023年3月末まで適用猶予が認められている［労基138]）。法定休日に労働（休日労働）をさせた場合は35％以上の割増賃金（同37①），深夜の時間帯（原則午後10時から午前5時）に労働（深夜労働）をさせた場合は25％以上の割増賃金（同④）を支払わなければならない。時間外労働または休日労働が深夜労働と重なった場合は，割増率は合算される（労基則20）。割増賃金は法定の賃金であり，未払いがあれば罰則があるし（労基119(1)），付加金の支払いが命じられることがある（同114）。付加金の対象となる未払い額は，法律が支払いを義務づけている割増賃金部分だけであり，通常の賃金は含まれないと解すべきである（異論もある）。

　割増賃金は，算定基礎賃金に割増率を乗じて算定する。算定基礎賃金から，家族手当，通勤手当，別居手当，子女教育手当，住宅手当，臨時に支払われた賃金，1か月を超える期間ごとに支払われる賃金は除外してよい（労基37⑤，労基則21。これらは「除外賃金」と呼ばれる。名称は違っていても趣旨が同じであれば除外できる）。これ以外の賃金を除外することはできないと解されているが，納得同意があれば可能と解すべきである。

　割増賃金の計算方法は，賃金のタイプに応じて規定されている（労基則19）。判例によると，この計算方法に従う必要はなく，結果として，この計算方法によって算出した額以上を割増賃金として支払っていれば適法とされている。

　割増賃金を基本給に組み入れて支給することも可能だが，その場合には，割増賃金部分と通常の賃金の部分との判別可能性がなければ割増賃金を支払ったことにはならず（最判2017・7・7〔医療法人康心会105〕。最判1994・6・13〔高知県観光〕，最判2012・3・8〔テックジャパン〕も同旨），全額が算定基礎賃金になる。しかし，たとえ判別可能性がなくても，従業員に納得同意がある場合にまで，割増

賃金の基本給への組入れを否定すべきではない。

　割増賃金の支払方法として，定額の手当とすることも，納得同意があれば適法と解すべきである。納得同意がない場合でも定額手当それ自体は無効とならず，法令に則して算定した割増賃金額との差額部分の支払いが，企業に義務づけられるだけである（労基法37，13）。なお，企業が支払う手当が割増賃金として支払われるものか明確でないこともある。この点は，当該手当が，時間外労働等に対する対価性があるかどうかにより判断される。対価性の有無は，判例によると，基本的には，契約書等の記載内容や企業による従業員への説明内容などにより判断されるが，その手当が割増賃金相当額と逸脱していないかという客観的な要素も考慮される（最判2018・7・19〔日本ケミカル〕）。しかし，労基則による割増賃金の算定方法とは異なる基準で支払われる手当の対価性は原則として否定されるべきで，従業員からの納得同意を得なければ，割増賃金への充当は認められるべきではない。

　割増賃金の趣旨は，企業に「割増賃金を支払わせることによって，時間外労働等を抑制し，もって労働時間に関する同法〔労基法〕の規定を遵守させるとともに，労働者への補償を行おうとする」ものとされている（前掲・最判2017〔医療法人康心会〕，前掲・最判2018〔日本ケミカル〕，最判2020・3・30〔国際自動車〕等）。これは企業が従業員に長時間労働をさせたことへのペナルティとしての面に着目したものだが，自分の仕事の進め方をコントロールできる従業員には，割増賃金は長時間労働へのインセンティブにもなり，ペナルティ機能を減殺する可能性もある。長時間労働へのペナルティとしては，法定労働時間や時間外労働の規制が罰則付きで行われていること（労基32・36，119(1)）を考慮すると，割増賃金の規制趣旨は，端的に長時間労働をした従業員への補償と解すべきだろう。

　割増賃金は，時間外労働の長さに比例して支払われる賃金だが，これは工場労働者のような企業による指揮命令が厳格で拘束力が強い働き方をする場合には適したものである。しかし，このような働き方は現在では減少している。さらに成果主義のように，従業員の評価が，指揮命令下での労働の従事という労働時間的な要素から切り離されつつあるなか，企業に対して労働時間比例で算出される賃金の支払いを強制するのは行き過ぎである。加えて，賃金は本来，当事者が契約で自由に決めることができるべきであるという原則論も考慮すると，割増賃金は長時間労働をする従業員への補償の標準を決めたにすぎず，従

業員の納得同意があれば，それを引き下げることも可能と解すべきである（⇒171頁［思考１］，182頁）。

（４）　賞与

　行政解釈の定義によると，賞与とは，「定期又は臨時に，原則として労働者の勤務成績に応じて支給されるものであって，その支給額が予め確定されていないもの」である（1947・９・13発基17）。これは賃金の毎月１回定期日払い原則の例外が認められる賞与の定義だが（労基24②），賞与の一般的な特徴を示すものである。世間でボーナスと呼ばれているものが，これにあたる（労働組合は「一時金」と呼ぶ）。賞与は「臨時の賃金等」として，その定めをする場合には，これに関する事項（支給要件，支給額の計算方法，支払期日等）を就業規則に記載しなければならない（同89(4)）。

　賞与は，企業の経営状況に合わせた利益配分と個人の成果に合わせた利益配分がなされる点で，固定的な基本給や多くの諸手当と違い，企業業績との連動性が高い。また，基本給等とは異なり，割増賃金の算定基礎とならず，通常は退職金の額にも反映されない。

　賞与額の算定方法は多様である。賞与を支給するとのみ規定し，額は労働組合との団体交渉によるとしたり，企業の判断で決めるとしたりする例が多い。経営状況によっては支給しないという留保付きの場合もある。

　判例は，就業規則等において，企業と個人の業績等の諸要素を勘案して，企業の裁量により支給の有無やその額を決定する規定になっている場合には，従業員が規定上その支給を受ける資格を有していても，そこから直ちに具体的な請求権が発生するものではなく，支給の実施および具体的な支給額または算定方法についての企業の決定，労使間の合意または労使慣行があって初めて発生するものとしている（最判2007・12・18〔福岡雙葉学園〕。業績連動型報酬についての最判2015・３・５〔クレディ・スイス証券〕も参照）。

　従業員に賞与の具体的な請求権が認められない場合でも，少なくとも賞与を支給する旨の規定がある場合には，それによって，企業は従業員の労働意欲を向上させることを図ったものとみるべきなので，従業員の賞与支給に対する期待に配慮すべきである。したがって，このような場合に，前年よりも額を引き下げることは，企業は誠実説明を尽くしてはじめて可能となると解すべきであ

る。

　賞与については，従業員の将来の貢献に期待する機能もあることから，支給日に在籍していることを要件とすることがある。この点につき，賞与は過去の労働に対する報償でもある（賃金の後払いである）ことを重視して，こうした要件に批判的な見解もある（土田277頁，西谷303頁等）。しかし，任意の手当である賞与の支給要件をどう設定するかは企業の自由であり，支給日在籍要件を正当な就業規則に組み入れている場合にまで，その効果を否定すべきではない。判例も有効性を肯定している（最判1982・10・7〔大和銀行96〕等）。ただし，企業側の都合により支給日前に退職せざるを得なくなった場合（整理解雇，定年など）には，個人の成果評価の対象期間に在籍していれば，賞与を支給すべきである（東京地判2012・4・10〔リーマン・ブラザーズ証券〕）。

　支給日在籍要件は，賞与の支給をめぐる紛争を引き起こしがちであることを考慮すると，標準就業規則のデフォルトには，この要件を組み入れるべきではなく，この要件を設ける場合には「標準就業規則の不利益変更」（過半数の納得同意＋反対従業員への誠実説明）の手続をふむべきものとし，その場合には，企業側の都合により退職する場合の例外は必ず設けなければならない。

（5）　退職金

　退職金（退職手当）は，退職時に支給される手当である。企業は，その定めをする場合には，対象労働者の範囲，手当の決定・計算・支払いの方法，支払時期について就業規則に記載しなければならない（労基89（3の2））。こうして制度化された退職金は，労基法上の賃金（同11）となる（最判1973・1・19〔シンガー・ソーイング・メシーン92〕）ので，全額払いなどの規制を受ける（同24）が，通貨払いとの関係では，従業員の同意を得れば，銀行振出小切手，銀行支払保証小切手，郵便為替で支払うことができる（労基則7の2②）し，労働協約の定めがある場合やそれがない場合でも従業員の納得同意があればその他の方法による支払いも可能である（⇒115頁）。

　退職金の性質としては，功労報償性と賃金の後払い性が挙げられることが多い。会計上，退職金の原資を積み立てなければならない（退職給付引当金）という点では，賃金の後払い性があるようだが，退職金制度を設ける企業の動機に着目すると功労報償性が重要である。また制度設計上，勤続年数が長い方が

有利となる算定方式となることが多く（所得税法上も20年を超えれば優遇される），長期勤続へのインセンティブ策として機能している（自己都合退職の場合に金額を不利に設定していることが多いのも，このためである）。一方，退職金には生活保障機能があると言われることもある。とくに永年勤続した後の退職金は，公的年金を補完する意味もある。退職金が年金形式で支給される場合もあり，これらは企業年金と呼ばれ，公的年金の上乗せとして機能しうる。

法的には，労働契約の締結時点での退職金規定の内容は暫定的なものであり，最終的には，退職時に適用されている規定の内容にしたがって退職金額が決まる。従業員は，ある時点で退職すれば退職金がどの程度の額で支給されるかは計算可能であることが多く，そこで積み上げられた額は既得権であるとして，その額を引き下げる変更には拘束力がないと主張することもある。しかし，退職金の具体的な請求権は退職時に発生するものであり，退職する前の段階での計算上の額は，従業員の単なる期待にすぎない。したがって，退職金規定（就業規則）の不利益変更も，合理性があれば可能である（労契10）。人事労働法では，これは「既存就業規則の不利益変更」の手続として，就業規則対象者の過半数の納得同意と，反対従業員への誠実説明を尽くす必要がある。

退職金は，懲戒解雇された場合，あるいは懲戒解雇に相当する事由がある場合には，不支給ないし減額とする条項が置かれることが多い（退職後の競業避止義務違反の場合も同様である）。裁判例には，永年の勤続の功労を抹消してしまうほどの重大な不信行為や顕著な背信性がある場合にのみこれらの条項を適用可能とする（懲戒解雇において，東京高判2003・12・11〔小田急電鉄97〕等を参照。競業避止義務違反において，名古屋高判1990・8・31〔中部日本広告社〕等を参照）。

たしかに懲戒解雇がなされるような場合は，企業に多大な損害を及ぼすことも多い。退職金の不支給や減額は，実質的には退職金と損害賠償との相殺である。しかし，そうした相殺は合意で行えば適法となりうる（⇒116頁）が，損害額を明確にしないまま退職金で充当するのは不公正であるし，退職金のもつ前記の生活保障機能を考慮すると，たとえ企業が功労報償的な動機により任意に設けた制度であるとしても行き過ぎである（従業員の損害賠償責任を制限する判例があることも考慮すべきである〔最判1976・7・8〔茨石13〕〕。⇒45頁）。したがって，標準就業規則には，懲戒解雇や懲戒解雇相当事由の不支給の場合の退職金の不支給・減額条項は組み入れるべきではなく，この条項を入れるときには，退職金

の不利益変更の場合と同様の納得規範に基づく前記の手続をふむべきである。競業避止義務違反の場合も同様である。

補　注

(1)　**付加金**　解雇予告手当（労基20），休業手当（同26），割増賃金（同37），年休手当（同39⑨）の未払いがあった場合に，従業員からの請求があれば，裁判所は，未払金と同一額の支払いを命じることができる（同114）。これを付加金という。この請求は，違反のあったときから5年以内にしなければならない（同114但。ただし，当分の間は3年［同143②］）。付加金の支払いが義務的かは議論があるが，企業側の違反の状況に応じて，減額支給または不支給となることも少なくない。また，判例は，企業は，上記の未払いについて訴訟を提起された場合，裁判所に付加金を命じられる前（事実審の口頭弁論終結時まで）に，未払分を支払った場合は，裁判所は付加金の支払いを命じることはできない，としている（最判1960・3・11〔細谷服装58〕，最判1976・7・9〔新井工務店〕，最判2014・3・6〔ホッタ晴信堂薬局〕参照。これに反対する学説として，水町115頁，川口165頁）。

(2)　**企業年金**　企業年金には，現在では，確定給付企業年金と確定拠出年金（企業型）とがある。前者は給付額があらかじめ決まっており，運用の責任は企業が負う。後者は，運用の責任は従業員が負い，給付額は運用の結果次第となる。これらは法律で規制されている企業年金（確定給付企業年金法，確定拠出年金法）だが，そのほかに企業が独自に運営する自社年金もある。裁判例では，自社年金のケースで，受給中の退職者に対して，経営状況の悪化などを理由になされた減額について，年金規程中の減額条項に該当するとしてこれを有効と認めたものがある（大阪高判2006・11・28〔松下電器産業グループ98〕。このほか，東京高判2009・10・29〔早稲田大学〕等を参照）。減額の根拠条項がある場合でも，退職従業員の企業年金には，在職時代の労働条件との連続性もあることから，誠実説明を尽くすことは必要と解される（土田288頁も参照）。また，減額の根拠条項がなければ，退職従業員の納得同意がないかぎり，減額はできないと解すべきである。

(3)　**割増賃金の対価性と判別可能性**　割増賃金として支払う趣旨が外形上明確になっている手当でも，例えば算定基礎賃金がきわめて低く，当該手当のなかに通常の労働時間の賃金が含まれていると解されるような場合には，その手当は判別可能性がないとされ，その手当全体が算定基礎賃金とされるとする裁判例もある（大

阪高判2019・4・11〔洛陽交通〕。前掲・最判2020〔国際自動車〕も参照）。ただ，こうした判断は，割増賃金の運用を不明確にすることになるし，また結論としても妥当ではない（割増賃金としていたものが一転して全額割増賃金の算定基礎賃金となってしまう）。このような観点からも，割増賃金の運用は，企業が従業員の納得同意を得て行うことができるようにすべきである。

(4) **職務発明に対する報酬**　従業員のした職務発明（その性質上，企業の業務範囲に属し，かつその発明をするに至った行為が，その従業員の現在または過去の職務に属する発明）は，契約や就業規則等で規定があれば，特許を受ける権利は，初めから企業に帰属する（特許35①・③）。この場合，従業員は，相当の金銭その他の経済上の利益（相当の利益）を受ける権利を有する（同④）。相当の利益を，契約や就業規則等で定める場合には，その基準の策定に際し，労使間の協議の状況，策定された当該基準の開示の状況，相当の利益の内容の決定について行われる従業員からの意見の聴取の状況等を考慮して，不合理なものであってはならない（同⑤）。不合理である場合，または相当の利益についての定めがない場合は，その発明により企業が受けるべき利益の額，その発明に関連して企業が行う負担，貢献および従業員の処遇その他の事情を考慮して定めなければならない（同⑦。以上について，詳しくは土田144頁）。以上の相当の利益の決め方は，デフォルトとして特許法35条7項の定める基準があるなかで，相当性の内容は，納得同意があれば労使で決めてよいという趣旨に理解することもできる。そうであるとすると，これは納得規範の一適用例となる（なお，従業員が職務上作成した著作物の著作権については，著作15を参照）。

思考1　―割増賃金は法定すべきではない―

報酬は，企業にとっては費用という面もあるが，何を評価して支払うかを示すことによって，企業がどのような人材を高く評価するかを従業員に伝えることができる。また，報酬は，従業員の労働意欲に大きく影響を与える。このようなことから，報酬制度をどのように設計するかは，最低賃金と差別禁止規制の遵守をしているかぎり，企業に広い自由度が与えられている。ところが，企業にとって，どうしても自由が効かない報酬が，割増賃金である。これは法定の賃金だからである。

割増賃金の算定基礎は，月によって定められた賃金については，その金額を所定労働時間数で除して算出する（労基則19①(4)）。このため，賃金を変えずに所

定労働時間を短縮すると，割増賃金の単価が増えることになるので，労働時間短縮の阻害要因となる。企業は，同じ賃金原資のまま，基本給を減らし，除外賃金に該当する生活関連手当等を増やせば，算定基礎賃金を減少させることができるが，基本給が減ることは従業員の労働意欲を減退させる可能性があるので，こうした方法による人件費の節減はしたくないだろう。

　割増賃金の定額払いや基本給への組入れなどは，月例賃金を高くみせることに効果的だが，現在の判例の下では，対価性や判別可能性を充たしていなければ，割増賃金はまったく支払われていなかったことになるし，それだけではなく，定額払いについては，すべて算定基礎賃金に含まれて，割増賃金額がはね上がることにもなるのでリスクが高い。管理職に昇進させて，管理監督者として扱い，割増賃金の支払いをしないようにしても，法的には認められない可能性が高い（⇒179頁）。

　つまり割増賃金という法定の報酬は，いろいろな形で紛争を引き起こす原因をはらんでいるのである。本文で述べたように割増賃金は，当事者の合意により定めることができるものとし，法的介入はできるだけ控えるのが望ましい。ちなみにEUでは，労働時間指令で，週48時間という絶対的上限を設定しているだけで，割増賃金は強制していない（各加盟国に委ねている）。このことは，労働時間規制にとって，割増賃金は本質的な要素ではないことを示唆している（海外の労働時間制度の概要は大内・労働時間4章，筆者の割増賃金見直し論は同書8章を参照）。

思考2　―労働時間積立口座制度―

　労基法は2008年改正により，1か月に60時間を超える時間外労働に対する割増賃金を25％から50％に引き上げたが，その引上げ分については，過半数代表との協定に基づき休暇（代替休暇）を付与することに代えることを認めている（労基37①但，同③）。割増賃金には，長時間労働を促進する機能があることも考慮に入れると（⇒166頁），時間外労働や休日労働に対する補償はすべて金銭ではなく休息（休暇）付与という形で補償したほうがよいといえる。ドイツなどでは，こうした「労働時間積立口座制度」が普及している。日本でも，労基法上の割増賃金制度を廃止して，こうした制度を導入すること（例えば標準就業規則のデフォルトとすること）も一考に値するだろう。

◆ 非金銭的な報酬といえる福利厚生も，従業員の労働意欲を左右するものであり，その実務上の重要性は低くないが，法的には，差別禁止の分野でわずかに規制されているにすぎない（短時間有期12，短時間有期則5，雇均6(2)，雇均則1）。労基法3条は，労働条件について国籍等を理由とする差別を禁止するが，労働条件の明示義務（労基15，労基則5）の対象に含まれていない福利厚生についての差別が禁止されているかは解釈に委ねられている。差別が禁止される労働条件の範囲を拡大したほうが従業員の利益にはなるが，福利厚生の制度設計に法があまり介入すると，企業は負担を回避するために福利厚生を廃止する可能性もあり，そうなるとかえって従業員のためにならないことになる。労働法ではよくある問題であるが，こうした問題について，どのように考えるのが適切か。

◆ 賞与や退職金は，長期勤続へのインセンティブを与える必要がある正社員にのみ支給されるのが通常であるが，短時間有期8条（その前身の労契法の旧20条）が制定されたことにより（⇒83頁），非正社員に支給しないことは不合理な格差となるとする見解もある。この見解について論評せよ（最判2020・10・13〔大阪医科薬科大学〕，同〔メトロコマース〕も参照）。

(他の参考文献)

＊神吉知郁子『最低賃金と最低生活保障の法規制』（信山社・2011）：最低賃金に関する理論的研究をした文献。

＊森戸英幸『企業年金の法と政策』（有斐閣・2003）：企業年金を法的観点から分析した文献。同著者の「企業年金の『受給者減額』」土田道夫他編集代表『労働関係法の現代的展開』（信山社・2004）119頁も参照。

第7章　ワーク・ライフ・バランス

1　労働時間

（1）　総説

　労働時間規制は，工場法の時代からある労働法の古典的な規制分野である。工場労働を念頭におくと，指揮命令下に置かれる時間は，身心のエネルギーを摩耗させることになり，その時間の上限を画すことは，従業員の健康に役立つと同時に，企業にとっても，従業員が持続的に優良なパフォーマンスを発揮できるようにするために必要なことだった。もっとも，このような拘束性のきわめて強い働き方をする労働者の割合は，産業構造の変化により，徐々に減ってきている。とくにホワイトカラー（事務系の職務に従事する労働者）に対しては，その健康の確保の重点は，労働の時間的な長さだけでなく，心理的なストレスなどの質的な要素にも配慮する必要が高まっている。近年では，労安衛法において，過重労働に従事する従業員に対する医師の面接指導やストレスチェックの制度が導入されて，健康面に直接対処がされるようになっている（⇒50頁）。

　このようななか労働時間規制に新たに期待されるようになっているのは，ワーク・ライフ・バランスの実現である。2007年に制定された労契法は，「労働契約は，労働者及び使用者が仕事と生活の調和にも配慮しつつ締結し，又は変更すべきものとする」と定めて（労契3③），「仕事と生活の調和（ワーク・ライフ・バランス）」を，明示的に労働法の理念に取り入れた。

　ワーク・ライフ・バランスに関する従業員のニーズは多様で個人差があることを考慮すると，その実現のためには，法律による画一的な規制よりも，企業が従業員の納得同意を得ながら契約によって決めていく手法が適している。また従業員の健康の確保という点でも，テクノロジーの発達により，個人で自己管理（自己保健）がしやすくなっていることを考慮に入れておく必要がある。

（2） 労働時間の規制

　労基法は，企業に対して，就業規則に，「始業及び終業の時刻，休憩時間，休日，休暇並びに労働者を二組以上に分けて交替に就業させる場合においては就業時転換に関する事項」を記載することを義務づけている（労基89(1)）。始業時刻と終業時刻をどのように設定するかについては，とくに規制はない。一方，労働時間の長さ，休憩の時間の長さ，休日の日数，休暇の日数については量的な規制がある。まず労働時間の長さは，1日8時間，1週40時間が上限である（これを「法定労働時間」という［同32］）。休憩は，1日6時間を超える場合には45分，8時間を超える場合には60分を途中で付与しなければならず（同34①），また一斉に付与し（同②。過半数代表との書面協定があれば例外），自由に利用させなければならない（同③）。休日は1週に1日，または4週に4日である（同35）。休暇は，年間に有給で取得させなければならない日数が定められている（同39）。

　このほか，深夜の時間帯（午後10時から午前5時）における労働（深夜労働・深夜業）に対する規制もある。満18歳に満たない年少者の深夜労働は原則禁止され（労基61），また妊産婦の請求があればその深夜労働を免除しなければならない（同66③）。それ以外の成人労働者は，深夜労働それ自体の規制はなく，企業には，25％以上の割増賃金が義務づけられるにとどまる（同37④）。深夜労働の割増賃金は，裁量労働制の適用対象者や管理監督者にも適用される（管理監督者については，最判2009・12・18〔ことぶき〕も参照）が，高プロ制度の適用対象者には適用されない（労基41の2）。

（3） 時間外労働の規制

　企業は，従業員に，法定労働時間を超える労働（時間外労働）をさせる場合には，災害等による臨時の必要がある場合（労基33）を除き，過半数代表との労使協定（三六協定）を締結して労働基準監督署長に届け出なければならず（同36①），また実際に行われた時間外労働に対して法所定の割増賃金を支払う必要がある（同37①。⇒165頁）。

　三六協定で定めることができる時間外労働時間数は，1か月については45時間，1年については360時間である（これを「限度時間」という［労基36③・④］。1年以下の単位の変形労働時間制において3か月を超える単位を定めている場合は，

それぞれ42時間，320時間）。ただし，臨時的に限度時間を超えて労働させる必要がある場合には，特別協定により1か月単位で時間外労働および休日労働を100時間未満まで，また1年単位で時間外労働を720時間以下まで延長できる（同⑤。なお，時間外労働時間数が1か月に45時間［上記の変形労働時間制の場合は42時間］を超えることができる月数は，1年に6か月以内の範囲としなければならない）。

　以上とは別に，企業が三六協定に基づいてさせることができる時間外労働と休日労働をあわせた時間数の上限も定められている。それによると，単月で100時間未満，かつ当該月を含めた過去2，3，4，5，6か月のそれぞれについて1か月平均で80時間以下でなければならない（同⑥(2)(3)。このほか，健康上とくに有害な業務については，1日2時間以下という規制もある［同⑥(1)]）。これに違反した場合には，法定労働時間違反（適法な三六協定や特別協定に基づかない時間外労働）とは別に罰則が適用される（労基119(1)）。

　要するに，法律は，労働時間の「絶対的上限」として，三六協定・特別協定によって設定できる時間外・休日労働時間の枠の上限を定めると同時に，「三六協定による時間外労働（ないし時間外労働＋休日労働）の実時間数の上限」（菅野512頁）を定めたのである。

（4）　弾力的な労働時間規制

　法定労働時間の規制には，法定労働時間を一定の期間内の平均で遵守すれば，ある1日や1週においてそれを超えても時間外労働とならない変形労働時間制という仕組みもある。これは労働時間の長さを総枠で規制しようとするものであり，1か月以下を単位とするもの（労基32の2。過半数代表との書面による労使協定［または就業規則］の締結が要件）と1年以下を単位とするもの（同32の4。過半数代表との書面による労使協定の締結が要件）がある（このほか，小売業，旅館，料理店，飲食店に対する1週間単位の非定型的変形労働時間制がある［同32の5，労基則12の5。過半数代表との書面による労使協定の締結が要件]）。

　また，始業時刻と終業時刻を従業員が選択できるフレックスタイム制（企業の指揮命令下に入る時間帯を従業員が選択できるもの）は，労働時間の総枠を規制する単位（「清算期間」と呼ばれる）を3か月以内とする広義の変形労働時間制の一つである（労基32の3。ただし他の変形労働時間制との違いを強調する見解もある［荒木195頁]）。フレックスタイム制の導入要件は，就業規則に始終業時間を従

業員の決定に委ねる旨を規定し，所定の記載事項を定めた過半数代表との書面協定を締結することである。企業は，コアタイム（従業員が労働しなければならない時間帯）を設定することもできる（労基則12の3①(2)）。2018年の法改正で，清算期間の上限が1か月から3か月に延長されたが，1か月を超える清算期間の場合には，1か月ごとの週の平均労働時間が50時間を超えないという総枠規制もかけられた（労基32の3②）。

なお総枠規制分を超えた労働をさせれば時間外労働となる。また変形労働時間制では，本来の法定労働時間を超える労働時間が設定されている日または週とそれを下回る労働時間が設定されている日または週があるが，前者はその時間を超えれば時間外労働となるし，後者は8時間（1日）ないし40時間（1週）を超えれば時間外労働が成立する。

（5）　みなし労働時間制

労働時間は実労働時間で算定されるのが原則だが，一定の場合は，労使の合意で労働時間を決めて，それを法律上の労働時間と「みなす」仕組みがある。その一つが，労働時間の全部または一部について事業場外で業務に従事した場合で，労働時間を算定し難いときに認められる「事業場外労働のみなし労働時間制」である。この場合の労働時間は，所定労働時間（就業規則に基づく勤務時間）とされる（労基38の2①本文）が，当該業務を遂行するためには通常所定労働時間を超えて労働することが必要となる場合は，労使協定によってその時間を定めることもできる（同①但・②）。「労働時間を算定し難いとき」に該当するかの判断では，勤務状況を具体的に把握することの難しさがポイントとなる（最判2014・1・24〔阪急トラベルサポート102〕参照）が，その判断は容易ではない。割増賃金は賃金の一部として合意で決定できるとする人事労働法では，みなし労働時間数はそれほど重要ではなく，それが法定労働時間を超えている場合でも，割増賃金は納得同意があれば引下げが可能と解すべきである（⇒167頁）。むしろ事業場外労働については，立法論として，労働条件明示義務の対象に，労働時間以外の時間も含む拘束時間を加えることこそ検討すべきだろう。

また裁量労働制におけるみなし労働時間制もある。これにも二つのタイプがあり，一つは「業務の性質上その遂行の方法を大幅に当該業務に従事する労働者の裁量にゆだねる必要があるため，当該業務の遂行の手段及び時間配分の決

定等に関し使用者が具体的な指示をすることが困難なものとして厚生労働省令で定める業務」について，過半数代表の労使協定により労働時間を定めることができる「専門業務型裁量労働制」である（労基38の３，労基則24の２の２等）。もう一つは，「事業の運営に関する事項についての企画，立案，調査及び分析の業務であって，当該業務の性質上これを適切に遂行するにはその遂行の方法を大幅に労働者の裁量に委ねる必要があるため，当該業務の遂行の手段及び時間配分の決定等に関し使用者が具体的な指示をしないこととする業務」について，労使委員会（当該事業場の労働条件に関する事項を調査審議し，事業主に対して意見を述べることを目的とする，使用者および当該事業場の労働者を代表する者を構成員とする委員会）の５分の４以上の多数による決議をし，労働基準監督署長に届け出た場合に，同決議により労働時間を定めることができる「企画業務型裁量労働制」である（労基38の４）。

いずれのみなし労働時間も，法定労働時間を超えれば，時間外労働としての規制は受ける。また，これは労働時間の算定方法に関する特例なので，それ以外の労働時間規制（休憩や休日の規制，深夜労働の割増賃金等）は適用される。

（6） 就業規則上の根拠条項

勤務時間は，前述のように就業規則の絶対的必要記載事項である。そのほかにも，所定労働時間を超える労働をさせたり，法律上の弾力的な労働時間規制を導入して，それに従って労働させたりする場合にも，まずは正当な就業規則上の根拠規定がなければならない。逆にいうと，こうした根拠規定がなければ，法律上の時間外労働や弾力的な労働時間規制等の導入要件を満たしていても（労使協定の締結・届出や労使委員会の決議・届出をしていても），従業員に対して拘束力はない（なお，三六協定と企画業務型裁量労働制以外は，労働基準監督署長への届出は導入要件ではない）。

とくに問題となるのは，所定労働時間を超える所定外労働命令（残業命令，早出命令等）である。所定外労働の時間が法定労働時間の範囲内におさまっていても，所定労働時間を超える労働をさせる以上，そのための根拠規定が必要であり，それが就業規則の規定である場合には，内容が合理的でなければならない（労契７。最判1991・11・28〔日立製作所武蔵工場103〕も参照）。所定労働時間外労働は，法定労働時間を超える時間外労働を含むことが多いことを考慮すると，

標準就業規則では所定労働時間外労働の規定は置くべきではなく，これを置く場合には，「標準就業規則の不利益変更」の手続をふみ（過半数の納得同意＋反対従業員への誠実説明），かつ実際に所定労働時間外労働を命じる段階でも，延長時間を明示したうえで，誠実説明を尽くす必要がある。なお過半数代表者が関与する労使協定については，私法上の効力との関係では，対象労働者の過半数の意思を直接確認する方法によるべきである（⇒29頁［思考]）。「標準就業規則の不利益変更」の手続をとれば，従業員の過半数の納得同意を得ることが必要となるので，それを得た場合には，労使協定に代替する過半数意思の確認もできたと解すべきである。

　弾力的な労働時間規制についても，同様に，法律の規定に則した内容で「標準就業規則の不利益変更」の手続をふんで労働契約の内容に組み入れなければならない。また実際の適用の段階では，本人への誠実説明を行う必要があるが，裁量労働制については従業員への不利益が大きくなりうるため，本人の納得同意を得る必要があると解すべきである（企画業務型裁量労働制については，本人の同意を得ることが決議事項となっている［労基38の4①(6)]）。

（7）　管理監督者の適用除外

　労基法は，監督または管理の地位にある労働者（管理監督者）については，労働時間，休憩および休日に関する規定は適用されないと定める（労基41(2)）。どのような従業員が管理監督者に該当するかは，法令では明確ではなく，行政解釈（1988・3・14基発150等）があるにとどまる。同じように適用除外とされる監視断続労働者については，労働基準監督署長の許可がなければ労働時間規制の適用除外ができない（同(3)）のとは異なり，管理監督者についてはそうした行政上の手続がないため，企業内で管理監督者として扱われていた従業員が，裁判では，管理監督者と認められないケースが多発している。

　裁判例によると，管理監督者とは，企業経営上の必要から，労働時間規制の枠を超えて事業活動をすることがやむを得ないような重要な職務や権限を付与されている従業員であって，賃金等の待遇において他の従業員より優遇され，労働時間規制の適用が除外されても保護に欠けるところがない者とされる（東京地判2008・1・28〔日本マクドナルド107〕）。この要件を充足する管理監督者は，実務上，管理職と呼ばれる者の範囲より狭いものだが，その範囲を明確に定義す

ることは困難である（⇒27頁）。行為規範としての明確性を高めるためには，立法論としては，裁量労働制と同様，労使協定や労使委員会の決議により管理監督者の範囲を定めて，労働基準監督署長に届け出るという事前手続を義務づけることが考えられる。人事労働法では，標準就業規則において，管理監督者には労働時間等の規定を適用しないと定めたうえで，その具体的な範囲については，企業が提案し，就業規則対象者の過半数の納得同意を得て，特定するという方法をとるべきである。また実際に労働時間等の適用除外がされる管理監督者として扱う場合には，本人の納得同意を必要とすべきである（さらなる立法論は，⇒182頁）。機密の事務を取り扱う者の適用除外も同様である。納得同意を得る場合には，法の趣旨や適用除外の効果について十分な説明をする必要がある。

（8）　労働時間の概念

労基法による労働時間の規制は，実際の労働時間（実労働時間）の長さでカウントされる。実労働時間とは，労働者に「労働させた時間」である（労基32）。「労働させた」は「指揮命令する」に置き換えることができ，判例も，労働時間を「労働者が使用者の指揮命令下に置かれている時間」と定義している（最判2000・3・9〔三菱重工長崎造船所99〕）。この指揮命令には，黙示的なものも含まれる（最判2007・10・19〔大林ファシリティーズ〕）。従業員に就業を命じた業務の準備行為等を事業所内で行うことを義務づけ，またはこれを余儀なくしたときも，指揮命令下に置いたと評価され，社会通念上その行為に要すると認められる時間が労働時間に算入される（前掲・最判2000〔三菱重工長崎造船所〕）。

就業規則上，所定労働時間外とされている時間帯でも，実際には従業員を指揮命令下に置いていれば，労働時間となる。また，企業の指示があったときに，ただちに労務に従事するよう待機が義務づけられている「手待時間」は，実際に労務に従事していなくても，待機そのものが黙示の指揮命令による「労働」に該当するので，労働時間となる。判例は，実作業に従事していない不活動仮眠時間について，「労働契約上の役務の提供が義務づけられていると評価される場合には，労働からの解放が保障されているとはいえず，労働者は使用者の指揮命令下に置かれている」としている（最判2002・2・28〔大星ビル管理100〕）。ただし，実作業への従事の必要が生じることが皆無に等しいなど，役務提供の義務づけが実質

的にないと認められる場合は，この限りではない）。いわゆる呼出労働も，自宅等での待機について企業の明示的な指揮命令があれば労働時間となる（なお，病院の宅直制度について，医師の自主的な取り決めによるものであるため黙示の指揮命令はなく労働時間に含まれないとした裁判例として，大阪高判2010・11・16〔奈良県〕）。

　もっとも労働時間性の判断をめぐっては，本務に従事していることが明確でない場合には，紛争となることが少なくない。次のように解すべきだろう。まず事業場内での所定労働時間内の労働は，休憩時間や明示的な休息を認めている場合を除き，企業の指揮命令下にある労働時間となる。また所定労働時間外の労働（残業等）は，人事労働法では，企業が延長時間も明示しながら誠実説明を尽くしたうえで従事させるものなので，本務に従事しているかどうかに関係なく，その時間は労働時間となる。一方，企業がこのような関与をしない所定労働時間外労働は従業員の自発的な労働（指揮命令によらない労働）とみるべきなので，どんなに業務との関連性が高くても労働時間ではない。現在の判例や通説では，自発的な労働であっても，客観的にみて指揮命令下にあるとして労働時間と判断される可能性があるが，このような解釈は労働時間概念をあいまいにさせるので，行為規範としてみた場合には弊害が大きい。

　これは，企業が関与していない所定労働時間外労働は労働時間にはカウントされないという解釈を確立することを意味する。従業員にとってはそのような所定労働時間外労働をしても利益にならないという点では，保護に欠ける解釈のようだが，本来，企業が従業員に所定労働時間外の労働をさせることは例外的なことであり，それを行わせるときには，きちんと誠実説明をするという前記のルールを遵守させること（従業員はこれに反する労働は拒否できること）こそ，従業員の利益につながるのである。一方で企業としては，従業員が所定労働時間外に企業の関与していない労働に従事するという状況は，長時間労働の原因となるという点で良き経営とも相容れないことであり，できるだけ回避しなければならない。

（9）　労働時間の規制と納得規範

　現行法では，労働時間を指揮命令下にある時間と定義し，その長さに着目して，三六協定と割増賃金で規制しようとする手法を採用している。しかし，指揮命令下という基準は明確性に欠き，労働時間規制の行為規範としての明確性

を損なっている。行為規範性として機能させるためには，（8）で試みたような，労働時間概念の明確化が必要となる。

　さらに，労働時間規制の主たる目的が，ワーク・ライフ・バランスに移行していることからすると，労働時間規制を受けるかどうか自体も，従業員本人の納得同意によって決めていくことが望ましい。もちろん，実際には，拘束性の強い働き方をする従業員もいて，こうした従業員には，労働時間規制はなお必要だろう。労働時間の長さが労働者の心身の負荷と比例するので，時間比例で算定される割増賃金規制にもなじみやすい。ただ，今後は，こうしたタイプの従業員（以下，「旧来型従業員」と呼ぶこととする）は徐々に減少していくことが予想されるので，法規制の対象者として，旧来型従業員のみを措定するのは適切ではない。

　すでに述べたように，割増賃金については，納得同意があれば割増率を自由に設定できるようにすべきである（⇒167頁）。これにより賃金の構成要素のなかから，法定部分（割増賃金）を取り除くことができ，企業と各従業員との合意だけにより報酬を決定できるようになる。これは職能給に職務給を追加したり，あるいは職能資格制度から職務等級制度へ移行したりするなど，一定の時間，労働に従事したことではなく，成果を出したことに着目して報酬を決めることが広がりつつある状況の変化に対応したものともいえる。

　また，健康確保はもはや労働時間規制に頼る必要がなくなってきていることも考慮する必要がある（⇒174頁）。労働時間の意味は，その長さよりも，個々の従業員が，どのように自分の働く時間と生活時間とを区切って，ワーク・ライフ・バランスを確立するかにある。企業は，この点をふまえて，個々の従業員の納得同意を得ながら，労働時間を決めていくことが求められるようになる。

　労働時間規制の今後の課題は，このように，納得同意による契約的手法にまかせてよい従業員（以下，「自己管理型従業員」と呼ぶこととする）と，なお伝統的労働法のような規制を要する旧来型従業員とをどのように区別するかにある。ただ，これを法律で決めるのは容易ではない。そこで考えられるのは，専門業務型裁量労働制でみなし労働時間制を導入する際に採用されている手法を参考にして，一定の基準（例えば，「業務の性質上その遂行の方法を当該業務に従事する労働者の裁量に委ねるのが適切なもの」）を法律で定めたうえで，その内容の具体化を就業規則により行うこととする仕組みである。従来型の労働時間規制に

適しているかどうかは，企業と現場の従業員が一番よくわかっているので，その判断を現場に委ねるのである（労使自治的手法）。具体的には，就業規則対象者の過半数の納得同意が得られた場合において，その納得同意をした従業員にかぎり，その従業員は労働時間規制の適用を除外できるようにすべきである。反対従業員には誠実説明をしても納得同意を得られなければ適用除外とすべきではない（以上の適用除外の立法構想は，管理監督者や裁量労働制を統合したものであり，大内・労働時間8章をさらに発展させている）。

　なお，旧来型従業員に対しても，現行の労働時間規制をそのまま適用すべきではない。実労働時間の長さの規制部分は強行規定と解すべきであるが，割増賃金についての納得同意による逸脱は認められるべきである。三六協定については，これまで時間外労働を労使の合意により管理するという本来の機能をはたさず，むしろ時間外労働が違法とならないようにするために行う「儀式」と化していたことも考慮すると，罰則付きの絶対的上限が定められた現在，三六協定によるチェックは不要である。立法論としては，三六協定を廃止すべきであるし，解釈論としても，少なくとも従業員の納得同意があれば，三六協定の締結のない時間外労働も，絶対的上限の範囲内では適法と解すべきである。

補　注

(1)　**変形労働時間制の特定性**　　変形労働時間制では，法定労働時間を超える日や週の特定をすることが要件となっているため，その変更をする場合には，その事由が具体的に就業規則に記載されていなければならない（広島高判2002・6・25〔JR西日本101〕）。

(2)　**労働時間規制の特例**　　労働時間と休憩については，一定の業種には特例がある（労基40）。例えば，商業，映画・演劇業（映画製作は除く），保健衛生業，接客娯楽業で，常時10人未満の労働者を使用する事業場では，1週の法定労働時間は44時間となる（労基則25の2）。休憩時間については，運輸交通業，商業等では一斉付与の原則の適用除外（同31），運送事業や郵便事業等では休憩付与規定の適用除外（同32），警察官や常勤の消防団員らには自由利用の原則の適用除外（同33）が定められている。

(3)　**企業の労働時間管理**　　企業は，労働時間の適正な把握のために，始終業時刻の確認をして記録をしなければならず（厚生労働省の「労働時間の適正な把握のため

に使用者が講ずべき措置に関するガイドライン」（2017・1・20）を参照），また医師の面接指導のために労働時間の状況の把握（労安衛66の8の3）をしなければならない（2018・12・28基発1228第16号参照）。また，企業は，労基法上，労働時間などを記録するために，賃金台帳の調製が義務づけられている（労基108，労基則54）。この書類は5年間の保管義務がある（労基109。当面は3年間［同143①］）。

(4) **異なる事業場間での労働時間の通算**　従業員の就業が複数の事業場で行われている場合には，労働時間は通算される（労基38①）。複数の企業にまたがっている場合でも，同じである（1948・5・14基発769）。通算された場合，三六協定の締結・届出や割増賃金の支払いに関する企業の義務がどのように負担されるかについては争いがある（行政解釈は，一般に，労働時間の通算は時間的に先に労働契約を締結したほうから行っていくとするので，それによると，時間的に後に労働契約を締結したほうが義務を負うことになろう）。もっとも，当該従業員が他企業でどの程度労働をしているかを把握することは実際上不可能である。加えて，労基法は，各企業に労働時間管理の責任を課すものであり，他企業での労働時間までカウントして責任を負わせるのは適切ではない。したがって，労働時間の通算は，企業ごとに行われるべきである。なお2018年1月に制定され，2020年9月に改正された「副業・兼業の促進に関するガイドライン」は，自己申告や「管理モデル」（自企業の法定外労働時間と兼業先の労働時間を，絶対的上限の範囲内でそれぞれ事前に設定する方式）を定めている。

　また，労災保険法の分野では，2020年の法改正で，複数の事業で使用される「複数事業労働者」（労災1）という概念と複数の事業の業務を要因とする災害である「複数業務要因災害」（同7①(2)）という概念が設けられ，新たな保険給付として「複数業務要因災害に関する保険給付」が追加された（同20の2以下）。複数事業労働者の労災の場合には，給付基礎日額が合算され（同8③。ただし，複数事業労働者がある一つの事業場でのみ労災にあった場合も含め，労災と関係のない事業場の保険料のメリット制には反映されない［労保徴12③]），また負荷の判断においては，異なる事業場における労働時間は通算され，労働時間以外の負荷要因については，異なる事業場における負荷を合わせて総合的に評価される。

┌─ **思考**　―なぜ高度プロフェッショナル制度に未来がないのか―

　2018年の法改正により，新たに高度プロフェッショナル（高プロ）制度と呼ばれる適用除外制度が導入された（労基41の2。荒木213頁は，これは適用除外では

なく，「特別規制」とみるべきとする）。導入手続は企画業務型裁量労働制と類似だが，決議すべき事項が拡大されているし，本人の書面同意や三つの措置（健康管理時間の把握，年104日の休日確保，法所定の４つの選択的措置のなかの１つ）を講じることが要件であり，かつ制度適用の撤回も可能とされている。また効果は，裁量労働制のようなみなし時間制ではなく労働時間規制の適用除外であり，かつ管理監督者らと異なり，深夜の割増賃金も適用除外となっている。ただし同制度の適用対象者は年収1075万円以上で（労基則34の２⑥），対象業務は，金融商品開発，金融商品のディーリング，アナリスト業務，コンサルタント業務，研究開発業務に限定されており（同③），また手続要件もきわめて厳しいので，「特別規制」とみたとしても過剰なものである。

　なお，「新たな技術，商品又は役務の研究開発に係る業務」に従事する従業員（高プロ制度の対象者となる場合は別）には時間外労働の上限規制が適用されない（労基36⑪）が，１週40時間を超えた労働時間が１か月に100時間を超えた場合には，企業は医師の面接指導を実施しなければならない（労安衛66の８の２，労安則52の７の２①。従業員の申出は要件から外されている［労安則52の７の２②]）。また高プロ制度の適用を受ける従業員は，新たに把握の対象とされた健康管理時間（事業場内にいた時間と事業場外で労働をした時間の合計［労基41の２①⑶]）が１週40時間を超えた時間が１か月に100時間を超えた場合も同様である（労安衛66の８の４，労安則52の７の４）。ここには労働時間規制の適用除外の代償として，企業の健康管理責任（上記の労安衛法上の義務には罰則がついている［労安衛120⑴]）を強化しようとする発想がある。

　しかし本文で述べたように，労基法上の労働時間規制には健康確保の機能が実際には失われていることからすると，その規制をしない代償として，健康確保についての規制を強化するのは適切ではなく，それどころか新たな適用除外制度を企業と従業員双方にとって活用しづらくするという弊害を生んでいる。今後，テクノロジーを活用した自己管理が可能となることを考えると，自由な働き方を実現させるためには，健康管理も自己保健を原則とすべきである。

自　学

◆ 企業にとって，労働時間の長さにはいくつかのチェックポイントがある。法定労働時間である１日８時間，１週40時間に加え，時間外労働が１か月に45時間，60時間，

80時間，100時間（2か月～6か月での平均80時間。休日労働込み），1年に360時間，720時間（休日労働込み）などがある。それぞれ，なぜチェックポイントとなるか確認せよ（労基32，36④・⑤・⑥，37①，労安衛66の8①，労安則52の2）。

（他の参考文献）
＊荒木尚志『労働時間の法的構造』（有斐閣・1991）：労働時間概念に関する基本的文献。
＊梶川敦子「ホワイトカラー労働と労働時間規制の適用除外—アメリカのホワイトカラー・イグゼンプションの検討を中心に」学会誌106号（2005）126頁：ホワイトカラー・エグゼンプションに関する検討をした重要な文献。大内・労働時間も大いに参考にしている。

2　休　　息

（1）　総説

　1でみた労働時間の規制と表裏の関係にあるのが，休息に関する規制である。休息は労働時間を規制することにより，反射的に認められる面もあるが，労基法は，1日の勤務時間の途中での休憩（労基34），4週4日（原則は週1日）の休日（同35），年次有給休暇（年休。同39）という形での休息の付与を，企業に対して罰則付きで強制している（同119⑴，120⑴）。休息は，従業員の安全・健康と関係する重要な労働条件であり，休息をしっかり付与することは，良き経営のための基本であるし，従業員が持続的に良いパフォーマンスをする前提となり，企業の利益につながるものでもある。

　もっとも労働時間規制でみたような（⇒181頁），納得同意による契約的手法にまかせてよい自己管理型従業員とそうでない旧来型従業員との区別は，休息にも基本的にあてはまる。ただ休息の付与自体は，どのような働き方をする従業員でも重要なことなので，むしろ区別すべきは，休息の時期について従業員の意向を反映させることをどこまで認めるかである。自己管理型従業員は，休息時期の選択も従業員本人に任せるべきだろう。この意味で，休息規制の適用除外は，休息時期の指定権を従業員に与えることを意味すると解すべきである（年休については，もともとそのような規定になっている）。

　立法論としては，自己管理型従業員の休憩時間については，企業の休憩時間の付与義務の内容は，労基法34条所定の時間数の（自主的な）休憩取得を妨げてはならないという不作為義務とし，休日の付与義務の内容は，1年単位の日

数に換算して（勤務期間がそれよりも短い場合には比例付与），従業員が指定した日に付与することを妨げないという不作為義務とすべきであるが，現行法上も，従業員の納得同意により，上記の内容の休息の付与方法を決めることは可能と解すべきである。

（2）　勤務間インターバル制度

欧州では，EU指令により，24時間単位で11時間以上の休息を置くことを義務づける制度がある。日本では，これを「勤務間インターバル」と呼んでいる。これは1日単位の時間外労働の上限規制の機能をはたすものであるが，日本の現行法では，高プロ制度の導入要件の一つの健康確保措置のなかのオプションに挙げられているにすぎない（労働者ごとに始業から24時間を経過するまでに11時間以上の継続した休息時間を確保する措置。労基41の2①(5)イ，労基則34の2⑨）。

また労働時間設定改善法は，「健康及び福祉を確保するために必要な終業から始業までの時間の設定」をする努力義務を定めている（労時改善2①）が，この規制は，労働者の健康に重要な影響を及ぼす睡眠時間の確保と直結するものであるため，すべての労働者に適用すべきである。深夜労働それ自体は規制されていないものの割増賃金の対象とされていることも考慮すると，「午後10時から午前5時」の時間帯に前後2時間を加えたものである「午後8時から午前7時」を標準就業規則上の休息時間のデフォルトとして設定し，これを修正したり，インターバル時間を短くする場合には，「標準就業規則の不利益変更」の手続（過半数の納得同意＋反対従業員への誠実説明）をふむことを必要とすべきである。

（3）　休日と納得規範

旧来型従業員については，休息の重要性にかんがみると，現行の休息規制を強化すべきである。労基法上の休日の規定は週休制を原則とする形ではあるものの（労基35①），4週4日で付与することを法文上は無条件で認めている（同②。4週間の起算日さえ定めればよい［労基則12の2］）ため，実際上は，週休制は保障されていない（休日の特定も義務づけられていない）。また休日でも，時間外労働と同じ手続をふめば，就労させることができる（労基36。なお，割増率は35％以上である［同37①］）が，過半数代表制の機能不全（⇒35頁）を考慮すると問題があ

る。

標準就業規則では，休日は曜日を特定して付与すべきものとし（1988・3・14基発150［休日の特定は法の趣旨に沿うとする］も参照），4週4日の変形休日制を導入する場合には，「標準就業規則の不利益変更」の手続（過半数の納得同意＋反対従業員への誠実説明）をふむ必要があるとすべきである（1947・9・13発基17［変形休日制を就業規則で定めることの指導を要請］も参照）。

また休日労働については，時間外労働以上に，従業員の生活等への影響が大きいことから，標準就業規則ではこれを認める条項を置くべきではない。休日労働条項を置く場合には，やはり「標準就業規則の不利益変更」の手続をふみ，かつ実際に休日労働を命じる場合にも，誠実説明をすべきである。なお，法定で付与すべき日数に追加した法定外休日に労働させる場合（週休2日制を導入している企業において，2日目の休日に就労させる場合等）にも，従業員の生活に影響があることには変わりはないので，同様の手続をふむべきである。

（4）　年次有給休暇

企業は，1年間に所定の日数，従業員に有給の休暇（年休）を付与しなければならない（有給の内容は，労基39⑨）。年休の利用目的は，本来は保養のためのものだが，企業は，実際にどのような目的で従業員が年休を利用するかには介入してはならない（年休自由利用の原則［最判1973・3・2〔林野庁白石営林署108〕]）。年休の付与単位は，連続した日数（継続した取得）でもよいし，1日単位の分割でもよい（同①）。過半数代表との書面協定があれば，5日までの範囲で，時間単位での分割付与もできる（同④）。

年休の付与日数は，基本的には従業員の継続勤務の年数により決まる（最大20日［同②]。所定労働日数の少ない従業員には比例付与となる［同③]）。また過去1年間（雇入れ直後は6か月）において全労働日（労働義務を負っている日）の8割以上の出勤をしていない従業員には付与しなくてよい（同①・②）。

年休の付与日の特定方法は三つある。(a)従業員が時季（具体的な時期または季節）を指定する方法（同⑤），(b)過半数代表と締結した計画年休協定で定める方法（同⑥。ただし5日まで），(c)(a)と(b)による付与日数が5日に満たない場合に補充的に企業が時季を指定する方法（同⑦・⑧）である。

企業は，(a)の場合，従業員が請求した時季に年休を付与することが，「事業

の正常な運営を妨げる場合」（同⑤但。その解釈は必ずしも明確ではなく，多くの裁判例がある）には，他の時季に付与することができる。これを「時季変更権」というが，企業のほうで別の年休日を指定できるわけではなく，従業員が別の日に時季指定するよう求めることができるだけである。また，企業には，時季変更権があるとはいえ，従業員が指定した時季にできるだけ年休を取得できるように「状況に応じた配慮」をすることが求められる（最判1987・7・10〔電電公社弘前電報電話局110〕等）。ただ，従業員が長期連続休暇の時季指定をする場合には，事業の正常な運営に支障を来す蓋然性が高くなるので，企業は状況に応じた配慮が必要とはいえ，従業員のほうも企業と事前調整を図ろうとしなければ，企業の時季変更権は認められやすくなる（最判1992・6・23〔時事通信社112〕）。

　年休の取得方法は(a)が基本であり，従業員が時季指定をしないために年休を完全取得できなくなっても，企業は付与義務違反とならないと解されている（(c)の場合は除く）。しかし，年休は従業員の健康やワーク・ライフ・バランスにとって重要なものであることを考慮すると，従業員は毎年，その保有している年休日数をすべて取得するようにすべきである。

　もちろん従業員が時季指定をしようとしない場合には仕方がないともいえそうだが，ここは発想を切り替えて，企業の年休の付与義務は，従業員の時季指定を条件とする義務ではないと解すべきだろう。すなわち，従業員の時季指定は，取得時期に関して従業員が希望日を提示する行為，企業からの時季変更は，それに対して企業の事業運営上の事情からくる要望を述べる行為をそれぞれ意味し（法が想定する時季指定方法の一つである季節の指定の場合には，こうした調整をしなければ年休日は特定しない），企業は，このような手順をふんで，最終的には従業員に誠実説明をしたうえで年休日を特定することができると解すべきである。年休付与義務のある企業は，従業員が時季指定をしない場合には，同義務の履行をしなくてよいのではなく，企業から時季指定を促し，それに応じない場合には，時季の提案をしたうえで，年休日を特定するようにすべきである（標準就業規則にも，年休日特定のための手続条項を置くべきである）。このように解すと，年休取得の事前調整は，長期連続休暇の時季指定の場合に限られない一般的な要請となる。以上の解釈を前提とすると，各人が保有する年休日数は，１年ごと（起算点は各従業員の雇入れ日によって異なるが，従業員に有利になるかぎりでは起算点を企業や事業場ごとに統一することは許される）に，すべて

が取得されないかぎり，労基法違反となる。したがって，年休の翌年の繰り越しはありえず，時効による消滅も観念し得ない。

　以上の解釈は，労働時間規制や休息規制が適用除外されない旧来型従業員に適用すべきものであり，自己管理型従業員については，従来の年休に関する解釈どおり，年休は希望する時季に時季指定をして取得できると解してよい。年休の繰り越しなどの合意をすることはできるが，それは従業員に有利な合意となるので有効となる（労基13）。

補　注

(1) **休憩自由利用の原則**　休憩自由利用の原則（労基34③）は，休息としての効果を保障することに主眼があると解すべきであり，シエスタ（午睡）をとろうが，運動をしようが自由であるが，ビラ配布のように他人の休息を妨げる行為までが認められるものではない（最判1977・12・13〔電電公社目黒電報電話局26〕を参照）。

(2) **休日の振替**　就業規則に休日の振替条項を置いている場合において，それに基づき事前に労働日と休日を振り替えた場合には，元の休日に労働をさせても，休日労働にはならない（横浜地判1980・3・28〔三菱重工横浜造船所106〕）。ただし，振替の結果，週の法定労働時間を超えることになると時間外労働が発生する可能性はある。また事前に振替手続をしていない場合（事後の振替）は，たとえ事後的に代休を付与することにし，実際に代休を付与したとしても，休日労働をさせたという事実は消えないので，企業には休日労働をさせた責任は残る。しかし，当該従業員の納得同意を得ている場合には，事後的な代休の付与は休息という点では望ましいので，事後的な振替（遡って休日を労働日にすること）も認めるべきである。なお，休日の振替を認める条項は，従業員の生活に影響を及ぼし，休息を阻害する可能性が高いので，標準就業規則には置くべきではない。

(3) **年休権の法的性質**　年休権の法的性質について，判例は，法所定の要件を充足すれば当然に発生する労働者の権利とし（これと時季指定権を区別するため「二分説」と呼ばれる），企業の義務は，労働者が権利として享受する休暇を妨げてはならない不作為義務にすぎないとしている（最判1973・3・2〔林野庁白石営林署108〕）。また，年休は，本文で述べたように，その利用目的に企業は干渉してはならないので（年休自由利用の原則），争議行為に参加する目的での年休取得も，それが労働者の所属する事業場での一斉休暇闘争に参加する場合（年休の名を藉

りたストライキの場合）でないかぎり，認められるとする（同判決）。

(4) **年休の出勤率要件** 年休権の発生に関する「全労働日の8割以上出勤」という要件は，正当な欠勤理由がある日は全労働日から除外すべきだが，例外として，業務上の負傷・疾病の療養のための休業，育児休業，介護休業，産前産後の休業の期間は，出勤したものとみなすと定められている（労基39⑩）。年休を取得した日も同じであり（1994・3・31基発181），無効な解雇により就労できなかった日も同じである（最判2013・6・6〔八千代交通109〕。2013・7・10基発0710第3号も参照）。

(5) **年休の事後申請** 判例によると時季指定について，就業規則で合理的な申告期間の制限を設けることは適法であるし，また，企業は，直前の時季指定によって時季変更を行うかどうかの判断をする時間的余裕がなかった場合には，事後的に時季変更権を行使して，年休としての取扱いを否定することもできる（最判1982・3・18〔電電公社此花電報電話局111〕）。

(6) **計画年休協定の効力** 計画年休協定（労基39⑥）が締結された事業場の従業員は，過半数代表に代理権を付与していなくても，協定で特定された日が年休日となる（福岡高判1994・3・24〔三菱重工長崎造船所113〕参照）。年休はあくまで法定の休暇なので，個人の権利であっても，法律でこのような取得方法を定めている以上，それに拘束されるのである（ただし，この協定は過半数代表者が締結主体の場合には，従業員の直接的な意思表明が認められるべきことについては，⇒30頁［思考］）。その点で，計画年休協定は，法律上認められる時間外労働や休日労働の枠を決める効力しかもたない三六協定（労基36）等とは異なっている。

(7) **時季変更権の基準** 時季変更権の行使基準を明確に示した判例はないが，ある下級審判決は，「一般的には，当該労働者（年休請求者）の所属する事業場を基準として，事業の規模，内容，当該労働者の担当する仕事の内容，性質，繁閑，代替勤務者の配置の難易，時季を同じくして年休を請求した者の人数等諸般の事情を考慮して客観的，合理的に判断されるべきものである」と述べている（名古屋高判1989・5・30〔名古屋鉄道郵便局〕）。

　思考1 ―年休消化は企業主導で―

　本書の立場では，労基法39条の解釈として，年休日は，従業員と企業の間で調整して特定すべきものであり，時季指定は従業員が希望を提示する効果しかないし，もし従業員が時季指定しない場合には，企業が最終的には一方的に指定してよいことになる。もっとも，2018年改正で，時季指定や計画年休により5日

分を取得していない場合に、5日に足りない日数については企業に時季指定して年休付与をする義務が課されている（労基39⑦。その際には、従業員の意見を聴取し、それを尊重すべきとされている［労基則24の6］）ため、本文で示した解釈は、この新しい規定との整合性が問題となる。本来、従業員の意見を尊重したうえでの企業による時季指定は、年休日数すべてにおいて認められるべきであった（荒木237頁も参照）。現行法の解釈としては、企業の年休付与行為が罰則付きで強制されるのは5日の範囲までだが（労基120(1)）、従業員が時季指定しない年休日数が残っている場合には、計画年休協定がないかぎり、企業が誠実説明をしたうえで特定の日を年休として指定して、年休付与義務を履行することが求められていると解すべきである（本文で述べたように、年休は1年ですべて取得させなければならない。この付与義務は同119(1)のより重い罰則が適用される）。

　以上のような、確実に年休を付与するよう義務づける解釈は、日本人のこれまでの年休を完全消化しないという（外国人からみると異常な）働き方を前提とすると違和感があるかもしれない。ただ従業員が誰でも年休を取得したいと考えるようになると、現在のように有効要件のはっきりしない時季変更権を企業がもつという状況は望ましくない。むしろ事前の調整で年休日を特定したほうが、年休の法律関係が明確になり年休を取得させやすくなるし、行為規範性を重視する人事労働法とも整合性があるものとなる。

思考2　―年休と病気休暇―

　病気で欠勤する場合に、年休を充てることは、日本ではごく普通に行われている。年休自由利用の原則からすると問題はないようだが、保養という年休の本来の趣旨からすると望ましいことではない。病気休暇という制度があれば、年休を使わずに済むと考えると、病気の場合の年休利用は、従業員の年休を実質的に減らしているともいえる。これがあまり問題とならないのは、日本の従業員は年休を完全には消化していないので、取得可能年休が減少することにあまりこだわりがなかったからである。しかし、年休を夏のバカンスなどで完全消化している国の労働者であれば、病気のために年休を使うようなことはあり得ないだろう。

　本書で提案したような企業主導で年休を消化させる場合、病気で欠勤しなければならない日は、労働義務が履行不能で消滅している日なので、労働義務を

免除する年休日に充当することはできないとする解釈もありうる。立法論としては，病気休暇制度を法制化して，年休と制度的に分けることが望ましい。この場合の病気休暇を有給とするかどうかは企業の判断に委ねるべきだろう。なお無給であっても，連続4日以上就労ができない場合には，健康保険から傷病手当金（おおむね賃金の3分の2の保障）が支給される（健保99。有給でも傷病手当金を下回る場合には差額の支給がある［同108①］）。

自　学

◆ 企業は，年休を取得した従業員に対して，賃金減額等の不利益取扱いをしないようにしなければならない（労基136。この規定自体の私法上の効力については争いがある［菅野576頁，土田391頁，荒木243頁，水町745頁，川口389頁］）。では，年休を取得した日を，精皆勤手当の算定上の欠勤として扱い，その結果，同手当を支払わないことは，年休を取得した従業員に対する不利益取扱いといえるだろうか（最判1993・6・25〔沼津交通114〕。⇒201頁）。

（他の参考文献）
＊野田進「『休暇』概念の法的意義と休暇政策」日労研625号（2012）21頁：休暇に関して，フランス法と比較しながら日本法の問題点等の検討を行った文献。同著者の『「休暇」労働法の研究』（日本評論社・1999）も参照。

3　勤務場所

（1）　転勤命令とワーク・ライフ・バランス

　企業は，労働契約の締結の際に，従業員の勤務場所（就業の場所）を明示する義務がある（労基15，労基則5①（1の3））。しかし，初任配属地以降の勤務場所の決定については，企業が人事権をもち（⇒126頁），従業員が勤務場所を限定する合意をして採用された（勤務地限定社員，エリア社員等）か，途中でそのような合意をした場合（採用時の勤務場所の限定の合意が認められた裁判例として，大阪地判1997・3・24〔新日本通信〕等）を除き，就業規則に通常置かれている「業務上の必要に応じて，転勤を命じることがある」のような条項に基づき，裁量的に転勤を命じることができるとされ，こうした考え方は，最高裁によっても認

められてきた（最判1986・7・14〔東亜ペイント35〕）。

一方，従業員はどこに居住するかを自由に決定できるべきである（憲22①）が，転勤によって事実上，転居を強制されることは少なくない。こうした転居をともなう転勤は，かつては家族帯同転勤が一般的だった（夫婦の同居義務〔民752〕も参照）が，子供の受験や教育，持ち家の管理，配偶者の仕事の都合などから徐々に単身赴任が増えてきたため，企業は単身赴任手当や帰省旅費を支給するなどして，単身赴任者への配慮をしてきた。ただ，共働き家庭での育児や介護のように，夫婦が別居をしていては対処ができない生活上の問題が出てくると，転勤は夫婦の就業継続にも支障をきたすようになってきた（今野他111頁も参照）。

労契法によりワーク・ライフ・バランス（労契3③）が労働法の理念に組み入れられた現在，転勤を人事権の行使により裁量的に行うことを認める解釈は維持しにくくなりつつある。

（2） 転勤命令の制限

前記の東亜ペイント事件・最高裁判決は，「転勤，特に転居を伴う転勤は，一般に，労働者の生活関係に少なからぬ影響を与えずにはおかない」と述べたが，企業が，(a)業務上の必要性が存しない場合，(b)業務上の必要性が存する場合であっても，不当な動機・目的をもってなされた場合，(c)労働者に対し通常甘受すべき程度を著しく超える不利益を負わせるものである場合等，特段の事情の存する場合でない限りは，権利の濫用になるものではないとした（民1③，労契3⑤）。

そして，(a)の業務上の必要性は，「転勤先への異動が余人をもっては容易に替え難いといった高度の必要性に限定することは相当でなく，労働力の適正配置，業務の能率増進，労働者の能力開発，勤務意欲の高揚，業務運営の円滑化など企業の合理的運営に寄与する点が認められる限りは，業務上の必要性の存在を肯定すべきである」とした。これは業務上の必要性は，実質的には企業の経営判断に任せるということと同義だった。

また，「労働者に対し通常甘受すべき程度を著しく超える不利益」は，裁判例上，家族に病人がいて，その従業員自身が看護しなければならないような状況がないかぎり，容易には認められなかった（このような状況が認められた裁判例

として，大阪高判2009・1・15〔NTT西日本〕等）。むしろ，育児に支障をきたすような転勤も有効とした判例があった（最判2000・1・28〔ケンウッド36〕）。ただし，現在では，企業は，勤務場所の変更により就業しつつ育児や介護を行うことが困難となる従業員がいるときは，その育児や介護の状況に配慮しなければならないとされており（育介26），さらに前記のワーク・ライフ・バランス配慮規定（労契3③）も考慮すると，従業員の育児や介護への配慮をしない転勤は権利濫用とされる可能性が高い（札幌高判2009・3・26〔NTT東日本〕等を参照）。

（3） 転勤と納得規範

転勤は，従業員のワーク・ライフ・バランスに深刻な影響をもたらす以上，企業は，その納得同意を得ておかなければ，その後の良好なパフォーマンスを期待できなくなるだろう。場合によっては，優秀な人材の流出につながるおそれもある。とはいえ，完全に個別対応をすることは，企業組織の運営上難しいこともある。

標準就業規則では，こうした事情をふまえると，前述のような通常の転勤条項であっても，デフォルト条項として認めるべきではなく，具体的には，「業務上必要がある場合には，従業員の従事する勤務場所の変更を命ずることがある。ただし，住居の移転を必要とする場合は，この限りではない」とし，住居の移転をともなう転勤を命じる条項を追加する場合には，「標準就業規則の不利益変更」の手続をふんではじめて，労働契約に組み入れることができると解すべきである。これは通常は転勤と同一に扱われる配転（⇒132頁）と比べると，企業には厳しい内容だが，従業員のワーク・ライフ・バランスの重要性にかんがみれば受け入れざるを得ない。また，実際に転勤を命じるときには，誠実説明を尽くすことが必要であるのは，他の人事措置と同様である。

（4） テレワーク

勤務場所については，今後は，在宅勤務やサテライトオフィスでの勤務が広がることが予想される。こうした勤務形態は，モバイル機器を使った外回りの勤務であるモバイルワークも含めて，一般にテレワーク（あるいはリモートワーク）と呼ばれている。情報通信技術（ICT）の発達は，オンライン会議の活用等により，従業員を事業場に結集させなくても，業務を遂行できる可能性を

広げている。

　とくに在宅勤務は，通勤時間をなくして，従業員の可処分時間を増やすし，その時間を家庭のニーズのために充てやすいという点で，ワーク・ライフ・バランスの理念に整合的である。反面，家庭で仕事をすることは，ワークとライフの場所的な区切りをなくす危険性もあり，その点で過重労働やプライバシーの侵害などの弊害も生じうる。

　企業は，勤務場所を，これまでの事業場から，従業員のプライベートな領域に変更する場合には，従業員の人格的利益と抵触する可能性がある重要な労働条件変更であるので，従業員の納得同意を得る必要がある。オフィスを廃止するなどして，従業員がテレワークとならざるを得ないときでも，少なくとも補完的誠実説明を行うことが望ましい。

補　注

(1)　**転勤と夫婦別居**　同じ企業で共働きしている夫婦の一方に対する転居をともなう転勤命令について，家族帯同のときは家族用住宅を，単身赴任のときは単身赴任用社宅，別居手当，持ち家の管理運用などを申し出ている場合には，企業は生活上の不利益を軽減ないし回避するための努力をしているとして，転勤命令は権利濫用ではないとした裁判例がある（東京高判1996・5・29〔帝国臓器製薬〕）。今日の視点では，ワーク・ライフ・バランスの視点が希薄との批判を免れないだろうが，人事労働法の観点からは納得同意の有無の問題となる。

(2)　**転勤と間接差別**　転居をともなう転勤は，女性に対する間接差別となる可能性がある。募集，採用，昇進，職種変更に関して，転居をともなう配置転換に応じることができることを要件とする措置で，合理性のないものは間接差別となる。昇進に関して，異なる事業場に配置転換された経験があることを要件とするものも同様である（雇均7，雇均則2）。ただし，その転勤が，正当な就業規則に根拠をもつものであり，かつ対象となる女性従業員に誠実説明を尽くしている場合には，合理性があるものとされ，間接差別は成立しないと解すべきである（⇒62頁）。

(3)　**海外転勤と国際労働関係**　海外への転勤については，国内の転居をともなう転勤と異なる面があるので，原則として従業員の納得同意が必要であり，正当な就業規則に根拠がある場合でも，とくに入念な誠実説明を行うことが必要であると解すべきである（土田853頁も参照）。企業は，海外に転勤させた従業員（日本人）

との間でトラブルが起きたときに備えて，当該労働契約関係に適用される法律（「準拠法」という）を事前に合意で決めることができるが（法適用7），最密接関係地の法（最密接関係地と推定されるのは労務提供地だが，その特定ができない場合には労働者を雇い入れた事業所の地となる）以外の法を選択した場合において，従業員が最密接関係地の法のなかの特定の強行規定を適用すべき旨の意思表示をしていれば，その強行規定も適用される（法適用12①・②）。当事者が準拠法を選択しなかったときは，準拠法は労働契約の最密接関係地の法と推定される（同8①・12③）が，黙示の準拠法選択の合意が認められる可能性もある（東京地判1997・10・1〔ルフトハンザ138〕も参照）。裁判をどの国で行うかについて（国際裁判管轄）は，個別労働関係民事紛争に関する労働者から企業への訴えは，労務提供地（その地が定まっていない場合には，労働者を雇い入れた事業所の所在地）が日本国内にあれば日本の裁判所が管轄権をもつ（民訴3の4②）し，一定の要件を充足すれば合意で決めることもできる（国際合意管轄。同3の7⑥参照）。こうした国際労働関係に関わる問題は，日本企業が外国人を日本国内で採用したときにも起こりうるので，準拠法や国際裁判管轄については注意をしておく必要がある。

思考　―転勤と遠距離通勤―

　雇用労働では，就業場所に通勤することが当然の前提となっているので，労働者は住居の選択はできるものの，事実上，通勤圏内の住居を選択する必要があり，完全な選択の自由があるわけではない。しかも，就業場所が都市部であれば職住接近は難しく，多くの労働者は遠距離通勤を余儀なくされた（ただし職場近くに住むよう転居命令を出すことを無効として，遠距離通勤を選択する自由を認めた裁判例もある［東京地判2018・6・8〔ハンターダグラスジャパン〕]）。通勤途上の災害は，通勤災害として保険給付の対象に含められるものの（労災7①(3)），通勤に要する時間は労働時間にはカウントされないし，通勤の疲労そのものが，労働法上の問題として意識されることはなかった。育児への支障も，考慮はされているものの，十分とは言えなかった（前掲・最判2000〔ケンウッド〕）。公共交通手段が発達している都市部では，かなりの遠距離の通勤でも社会通念上，許容範囲とされる傾向にある。しかし，現在では，遠距離通勤は，ワーク・ライフ・バランスを損なう可能性が高いという観点から批判の対象とされるべきであり，その点でも通勤を不要とするテレワークに注目が集まることになる。

　一方，遠距離通勤も難しい遠方への転勤が命じられた場合には，住居の選択

の自由自体が奪われる。判例は「一般に，労働者の生活関係に少なからぬ影響
を与えずにはおかない」と述べてはいる（前掲・最判1986〔東亜ペイント〕）が，こ
のことを十分に考慮した判断をしているようには思えない。こうした遠方への
転勤も，テレワークが普及すれば，必要ではなくなる可能性がある。いずれにせ
よ，居住移転の自由（憲22①）の意味をふまえながら，日本社会において当然と
考えられてきた正社員の転勤のあり方を根本的に見直す時期に来ていると思わ
れる（大内・雇用社会2話も参照）。

自　学

◆ 従業員が，災害時などに通勤に安全や健康面での危険があるため，在宅勤務をし
たいと要望したとき，企業はどのように対応すべきだろうか（⇒112頁［思考］）。

（他の参考文献）
＊米津孝司「国際労働関係法の課題」労働法の再生6巻295頁：国際的な労働関係に関する
主要論点と今後の課題について論じた文献。

4　育児・介護

（1）　総説

育介法は，1991年にまず育児休業法として制定され，1995年の法改正で介護
休業を対象として現在の法律となり，その後も数次にわたる頻繁な法改正がな
されてきている。労働法のなかでは，最も頻繁に改正がある法律の一つである。
育介法は，育児休業や介護休業を保障するだけでなく，育児や介護の負担をか
かえながら仕事を継続している人への助成措置も定めている。

ワーク・ライフ・バランスという理念は，企業に対して，従業員の家庭生活
上のニーズへの配慮を求めるものではあるが，育児や介護のために，仕事から
長期的に離脱することを従業員の権利として認めるのは，かなり重い負担とな
る。また休業の性質上，育児休業，介護休業は，年休のように「事業の正常な
運営を妨げる場合」（労基39⑤但）の企業からの抗弁は認められず，企業の事業
遂行に大きな影響が生じることもある。

しかし今日では，育児や介護の負担をかかえる従業員に優しい企業であるこ

とは，人材のリテンションのためや優秀な人材を集めるための有力な手段となっている。とくに介護については，年齢的に幹部職クラスになっている従業員が家族介護に直面して退職せざるを得ないこと（介護離職）が増えており，その防止は，社会的にも重要な課題だった。このため，企業には，テレワークなどを活用して，育児・介護の負担をかかえながらも，在宅で仕事を継続できるような就労体制を整えることが求められるようになっている。

なお，育児休業については，強制的な産後休業（労基65②）に続いて，そのまま育児休業に入りやすい女性労働者と違い，男性労働者の取得が少ないことが問題とされてきた。男性労働者の育児休業の取得に，法は介入しすぎるべきではないが，育児休業を取得しやすい環境を醸成するための介入であれば，企業を良き経営に導くものとして肯定的に評価することができる。

（2）　育児を行う労働者へのサポート

企業は，従業員が，子が1歳（一定の場合は，最長で2歳）に達するまで（父母ともに育児休業を取得する場合は，子が1歳2か月に達するまでの間の1年間［パパ・ママ育休プラス］），子の養育のための育児休業（育介2⑴）の取得を申し出れば，これを認めなければならない。育児休業は，養育する子の年齢制限の範囲内で，従業員が期間を決めて取得できるが，1回取得すれば，養育する子の年齢制限範囲内でも再度の取得はできない（例外は，男性が配偶者の産後8週間以内の期間に育児休業を取得した場合等）（同5，6）。

育児休業を取得しない従業員に対しても，企業は，次のような対応が義務づけられる。

小学校就学前までの子がいる従業員が，子の看護のための休暇（子の看護休暇）を申し出た場合には，子が1人であれば年5日，2人以上であれば年10日を限度として，拒否することはできない。この休暇は，時間単位の取得も認めなければならない（育介16の2，16の3，育介則34）。また，3歳に達するまでの子を養育する従業員には，所定労働時間の短縮措置（1日原則6時間）の申し出があれば，それを講じなければならない（育介23①，育介則74①）。

3歳に達するまでの子を養育する従業員が請求した場合には，所定労働時間を超えて労働させてはならない（育介16の8）。小学校就学の始期に達するまでの子を養育する従業員が請求した場合には，時間外労働を1か月24時間，1年

150時間までとしなければならず（同17），また深夜労働をさせてはならない（同19）。ただし，事業の正常な運営を妨げるときは，従業員の請求にかかわらず，制限を超えて労働させることができるが，その場合，どのような事業阻害があるかについて補完的誠実説明をすることが望ましい。

　企業が，育介法の定める制度や措置の利用に関連したハラスメントに対して雇用管理上必要な措置を講じなければならないこと（育介25，25の2。⇒66頁）と転勤について配慮しなければならないこと（育介26。⇒195頁）は，すでに述べたとおりである（介護の場合についても同様である）。

　育児休業期間中は，企業は賃金を支払う必要はない。ただし従業員には，雇用保険から育児休業給付金が支給され，休業開始時賃金の67%（休業開始から6か月経過後は50%）が支給される（雇保61の7。これは当面の措置である［附則12］）。育児休業給付金は非課税のため，所得税はかからない。育児休業中の社会保険料は，従業員だけでなく，企業も免除される。賃金を支払っていなければ，労災保険料も雇用保険料も生じない。なお，所得税や保険料の扱いは産前産後休業でも同じだが，産前産後の所得保障は，健康保険から，出産手当金（出産日以前42日から出産日後56日までの間，おおむね賃金の3分の2の保障）が支給されるところに違いがある（健保102）。

（3）　介護を行う労働者へのサポート

　介護休業とは，負傷，疾病または身体上もしくは精神上の障害により，2週間以上の期間にわたり常時介護を必要とする状態（要介護状態）にある対象家族を介護するためにする休業である（育介2(2)・(3)，育介則2）。対象家族の範囲は，配偶者（事実婚関係も含む），父母，子，祖父母，兄弟姉妹，孫，配偶者の父母である（育介2(4)，育介則3）。介護休業期間は最大93日であり，3回まで分割して取得できる（育介11，15）。

　介護休業を取得しない従業員に対しても，企業は，次のような対応が義務づけられる。

　企業は，要介護状態にある対象家族の介護を行うために従業員が休暇（介護休暇）を申し出れば，これを拒否できない（育介16の5，16の6）。半日単位の取得も認めなければならない（育介則40）。

　要介護状態にある対象家族の介護を行う従業員が請求した場合には，所定労

働時間を超えて労働させてはならず（育介16の9），時間外労働を1か月24時間，1年150時間までとしなければならず（同18），また深夜労働をさせてはならない（同20）。ただし，事業の正常な運営を妨げるときは，従業員の請求にかかわらず，制限を超えて労働させることができるが，育児の場合と同様，補完的誠実説明を行うのが望ましい。

また，従業員の申出があれば，連続する3年以上の期間において，選択的義務として，所定労働時間の短縮措置，フレックスタイム制，始業または終業の時刻の繰上げまたは繰下げ，介護サービス費用の助成等のいずれかの措置を講じなければならない（育介23③，育介則74③）。

介護休業を取得中の従業員は，育児休業と同様，雇用保険から介護休業給付金が支給される。支給額は，当面は，休業開始時賃金の67％である（雇保61の4。附則12）。

（4）　不利益取扱いの禁止

企業は，育児休業の申出をしたり，取得したりしたことを理由とする解雇その他の不利益取扱いをしてはならない（育介10。介護休業についても同様［同16］）。その他，子の看護休暇（同16の4），介護休暇（同16の7），所定労働時間外労働の拒否（同16の10），時間外労働の拒否（同18の2），深夜労働の拒否（同20の2），所定労働時間短縮措置等の申出（同23の2）についても同様である。これは一定の法律上の権利の行使に対する差別的取扱いを禁止するものであり，人事労働法では，性差別等と同様，正当な就業規則により当該措置を行うことができる場合には，納得規範により誠実説明を尽くしていれば「不利益取扱い」に該当しないと解すべきである（⇒61頁）。

昇給や賞与において，育児や介護のために休業や欠務をした日時を欠勤扱いとすることが，法の禁止する不利益取扱いに該当するかは難問である。「子の養育又は家族の介護を行い，又は行うこととなる労働者の職業生活と家庭生活との両立が図られるようにするために事業主が講ずべき措置に関する指針」（2009・12・28厚労告509）によると，「賞与等において不利益な算定を行うこと」や「昇進・昇格の人事考課において不利益な評価を行うこと」は，禁止される不利益取扱いの例に挙げられている。

しかし，それが育児休業の取得等を「理由」とする不利益取扱いかは，検討

を要する。ノーワーク・ノーペイの原則からすると、労務提供をしなかった期間に対応する賃金を支払わないことには法的な問題はないし、出勤扱いとするかは企業の判断で決めることができるべきものである（なお、年休の出勤率要件との関係では出勤扱いとすべきだが、これは明文の規定があるからである［労基39⑩］）。判例は、法律上の休業や休暇の権利の行使の結果、それを欠勤扱いとすることが、法律が権利を保障した趣旨を実質的に失わせる場合には公序違反（民90）で無効となるとしている（最判2003・12・4〔東朋学園135〕。そのほか、最判1985・7・16〔エヌ・ビー・シー工業〕、最判1989・12・14〔日本シェーリング〕も参照。また年休については、193頁〔自学〕を参照）。しかし、「実質的に失わせる場合」に該当するかどうかの判断は、必ずしも容易ではない。法律上の権利行使による休業や休暇等を、他の制度において出勤扱いとするかは、標準就業規則では、出勤扱いとするか否かの明示を求めるにとどめるべきである。欠勤扱いと定めた場合には、労働契約の組入れの際には、とくにこの点について誠実説明をする必要があるが、それで十分と解すべきである（昇給における不利益を違法とした裁判例もある［大阪高判2014・7・18〔稲門会137〕］が、誠実説明を尽くしたと認められる事案だった可能性もある）。

補　注

(1)　**育児休業・介護休業の取得資格者**　　育児休業・介護休業は、日々雇用される者は取得できない（育介2(1)）。有期雇用労働者は、育児休業は、(a)同一企業に引き続き雇用された期間が1年以上であり、かつ(b)養育する子が1歳6か月（2歳までの休業の場合は2歳）に達する日までに、労働契約が満了すること（更新後は更新しないこと）が明らかでない者であれば、また介護休業は、(a)に加えて、休業開始予定日から起算して93日を経過する日から6か月を経過する日までの間に、労働契約が満了すること（更新後は更新しないこと）が明らかでない者であれば取得できる（同5①、11①）。また過半数代表との書面協定（本書の立場では、過半数組合がない場合には、従業員に直接意見表明を求めて過半数の同意があればよい）を締結すれば、育児休業の場合は、(c)同一企業に引き続き雇用された期間が1年未満である者、(d)休業申出から1年以内（1歳以降の休業の場合は6か月以内）に雇用関係が終了することが明らかな者、(e)1週間の所定労働日数が2日以下の者を、また介護休業の場合は、(c)と(e)に加え、休業申出から93日以内に雇用関係が

終了することが明らかな者を適用対象外にできる（育介6①但，12②，育介則8，24）。

思考 ―企業は従業員の育児休業をどう受け止めるべきか―

　育児休業や介護休業の付与を法律で義務づけるのは，1990年代以降のことである（雇均法やその前身である勤労婦人福祉法では育児休業等の育児に対する便宜措置は努力義務だった）。それまでは，こうした休業は，他の法定外休暇と同様，企業の福利厚生の一つだった。育児や介護の負担を抱える従業員の退職を防ぐリテンションの必要等から，企業が独自の判断でこうした制度を導入することはあったが，育児休業や介護休業を認めなくても，企業にとって，不当な扱いをしているという社会的非難を受けることはなかった。育児や介護の負担をかかえる従業員への配慮は，労働法が重視してきた安全・健康，雇用平等，精神的自由のような人格的利益（⇒2章）とは異質のものだった。

　育介法の制定の背景にある少子化や高齢化は，本来，政府が対処すべきものといえるので，育介法はその解決の負担を企業に転嫁している面がある。そのため，企業にとってみれば，こうした法的介入に対して，十分に納得ができていない可能性もある。とくに育児休業や介護休業は期間が長いものであり，人事管理への影響が大きい。育介法上の権利を行使した従業員に対する不利益取扱いの事例が少なくないのは，何が不利益取扱いかの基準が明確でないことに加え，企業にとっての納得感の低さも関係しているように思える。企業にたんに負担を求めるだけの法改正は，かえって現場での反発や企業による回避行動（出産可能性のある年齢の女性の採用を控えるなど）を生む可能性もある（大内伸哉『雇用改革の真実』（日本経済新聞出版・2014）の7章「育児休業の充実は女性にとって朗報か」も参照）。

　従業員の権利に実効性を付与するためには，企業がどれだけ納得して義務を履行するかとも関係する。この点で育介法には改善すべき点があるように思える（例えば，育児休業の取得を，従業員の一方的な意思表示でするのではなく，企業との間で事前に育児休業の取得計画を作成する手続を設けるなど）。もちろん，現代の企業は，その社会的責任という面から，育児や介護といった社会性のある問題について，政府に協力すべきであり，それは良き経営にとっても重要である（休業しなくてもすむようにテレワークでの就労環境を整備するなども今後は必要である）。もっとも，これは企業の経営体力ともかかわることからすると，中小企業に大企業と同じような負担を求めることは酷かもしれない。その

意味で，中小企業は任意の制度とするなどの弾力的な規制のあり方も検討されるべきだろう（中小企業に対する労働法制の適用除外については，大内伸哉「中小企業に対する労働法規制の適用除外に関する共同比較法研究」季労227号（2009）95頁を参照）。

```
自　学
```

◆ 成果主義賃金で，育児休業を取得した期間の成果はゼロと評価することは，適法だろうか。そうした評価は，その従業員にとっては厳しいようだが，成果について何らかの優遇措置（みなし評価等）をすると，他の従業員との関係で不公平にならないだろうか（東京高判2011・12・27〔コナミデジタルエンタテインメント〕も参照）。

（他の参考文献）
＊浅倉むつ子「労働法におけるワーク・ライフ・バランスの位置づけ」日労研599号（2010）
　　41頁：ワーク・ライフ・バランスを，労働法の規範的理念にどのように取り入れるかを検
　　討した文献。

第8章 退　　職

1　解　　雇

（1）　総説

　企業は，いったん採用した従業員を，いつまで雇用するかは事前に契約で合意することができる。契約の終了事由となるのは，事前に合意していた期間の到来（有期労働契約），一定の労働契約終了事由（定年，休職期間の満了等）の発生，解雇，辞職，合意解約である。企業の解散（通常は解散決議後に解雇）や従業員の死亡によっても労働契約は終了する。

　このうち解雇は，企業の一方的な意思表示による労働契約の終了（解約）を意味し，法的な規制がある。従業員との合意解約は，解雇とは概念的に区別されるが，実務上は両者は区別しづらいこともある（企業のほうで解約の申込みを否定したり，従業員のほうで解約の承諾を否定したりするケースがある）ので，解雇の意思表示も合意解約の申込みないし承諾の意思表示も書面により行うことを効力要件とすべきである（⇒208頁，229頁）。

　解雇は，民法上は，企業が無期雇用契約の解約として行うか，有期雇用契約の期間途中の解除として行うものであり，前者は2週間の予告期間を置けば可能であり（民627①。期間によって報酬を定めた場合は，同②・③），後者はやむを得ない事由がある場合に即時に行うことができる（民628）。

　労基法は，予告期間を30日に延長したが，平均賃金（労基12）に相当する予告手当を支払えばその日数分は予告期間を短縮できる（同20。予告義務違反には罰則がある［同119(1)］。一定の短期雇用には適用除外あり［同21］）。ただし，適法に予告をしていても権利濫用として無効となることはある（労契16）。

　天災事変その他やむを得ない事由のために事業の継続が不可能となった場合や，労働者の責めに帰すべき事由に基づく解雇には予告は不要である（労基20①但。労働基準監督署長の認定は必要であるが［同20③］，これは公法上の義務であり，認定

のない解雇が直ちに私法上無効となるわけではない〔菅野782頁〕）。この例外に該当しないにもかかわらず，予告をせず，かつ予告手当も支払わない即時解雇は無効だが，判例によると，企業が即時解雇に固執しないかぎり，30日の経過後か，予告手当を支払った時点で解雇の効力が生じる（最判1960・3・11〔細谷服装58〕。「相対的無効説」と呼ばれる。ただし，労契16等により無効となる可能性はある）。

（2）　解雇の必要性と制限根拠

　企業が解雇を行うのは，人員（雇用）調整の必要があるからである。そうした必要が生じるのは，通常，次の三つの場合である（重複することもある）。第1が，企業をとりまく市場環境の変化による労働需要の量的減少，第2が，企業の求める労働需要の質的変化，第3が，従業員の能力不足あるいは加齢や病気による能力低下といった労働供給側の事情である。

　第1の労働需要の量的減少は，従業員に起因しない事情だが，企業にとってもやむを得ないところがある。第2の労働需要の質的変化は，第4次産業革命のような大きな変化に直面した場合には企業にとってやむを得ない面があるが，企業の経営戦略に起因することも多いため，その場合には，企業には解雇をできるだけ回避することが求められる。

　第3の労働供給側の要因は，従業員に起因するといえそうであるが，能力不足については，本人に能力がもとからなかった場合にせよ，人材育成がうまくいかなかったにせよ，前者なら企業の選考ミス，後者なら企業の育成ミスという側面があり，従業員に能力不足の責任を全面的に負わせるのは適切とは言えない（なお試用期間で選考ミスが明らかになった場合の解雇は，適切な手順をふめば可能と解すべきである。⇒100頁）。また，病気による能力低下は，長期雇用を前提とする正社員の場合，想定内と考えるべきなので，回復可能な疾病に起因する能力不足や労務提供不能を理由とする解雇はできるだけ避けるべきである（これを就業規則で制度化しているのが傷病休職制度である。⇒137頁）。なお障害者の解雇の回避は，合理的配慮の一環として法律上義務づけられていると解すべきである（障害雇用36の3参照）。

　以上のように，企業にとって人員調整の必要がある場合でも，事情によっては解雇を避けるべきであるし，人事管理の面でも，解雇は（懲戒解雇に該当するような場合を除き）他の従業員の労働意欲にも影響しうるので，企業が解雇

をできるだけ回避する姿勢を示すことには意味がある。ただ，こうした解雇回避の要請がどれほど強いかは，解雇による従業員の不利益（経済的不利益）がどの程度大きいかによって決まる。従業員の不利益は，次の二つの要因に左右される。第1の要因が，従業員の転職可能性である。例えば，転職が容易な流動的な労働市場であれば，解雇の不利益は比較的小さくなる。一方，勤続年数が長くなり転職力が低下している従業員の場合には，解雇の不利益は大きくなる（⇒157頁［思考］）。第2の要因が，従業員がもつ雇用継続への合理的期待である。例えば，新卒の正社員は，専門的なポストに高給で中途採用された者よりも雇用継続の期待は大きいので，解雇されたときの不利益は比較的大きくなる。

（3） 解雇の規制—客観的合理的理由—

以上から，解雇規制の本質は，企業が，人員調整の必要性があるとしても，その解決のために解雇という手法をとることに対して，従業員が被る解雇による不利益をできるだけ軽減するよう求めることにあると解される。その典型が，解雇それ自体の回避である。ところで，現在の法律上の解雇規制である労契法16条は，「客観的に合理的な理由を欠き，社会通念上相当であると認められない場合は，その権利を濫用したものとして，無効とする」（判例の解雇権濫用法理［最判1975・4・25〔日本食塩製造47〕］が，2003年の労基法改正時に同法18条の2となり，その後，労契法の制定時に現行規定となった）と定めているが，その規範内容は抽象性が高く，解雇が具体的にどのように規制されているかが明確でない。労契法16条を行為規範としても機能させるためには，企業が人員調整の必要性に直面したときに，どのように行動すべきかをできるだけ明確にする必要がある。

まず，企業は，どのような場合に解雇を行うかを事前に正当な就業規則で特定しなければならない。これは労基法上の義務でもある（労基89(3)）。その内容は合理的なものでなければならない（労契7）が，ここでも標準就業規則に合理的な解雇事由をデフォルトとして定めるという手法をとるべきである。企業はそこから解雇事由を追加する場合には，「標準就業規則の不利益変更」の手続（過半数の納得同意＋反対従業員への誠実説明）をふまなければならない。正当な就業規則に記載されている事由以外の事由による解雇は認められず（限定列挙説），「その他上記に準じる事由」といった包括的な条項は解雇事由を特定して

いないので，この条項に基づく解雇は認められないと解すべきである（この点で，最判1977・1・31〔高知放送48〕には疑問がある）。

以上のように特定された解雇事由による解雇であれば，労契法16条の「客観的に合理的な理由」があると解すべきである。なお，法律は，解雇事由（解雇の理由）について，労働者の請求があれば，企業に対して，退職時に証明書（解雇の場合は解雇の理由も含む）を遅滞なく交付し，また退職前でも解雇予告の後は，労働者の請求に応じて遅滞なく証明書を交付することを義務づけている（労基22）が，解雇の重要性にかんがみると，標準就業規則では，解雇の通告は，就業規則に記載されたどの解雇事由に該当しているかを明示して書面で行うことをデフォルトとし，これを有効要件とすべきである。書面要件を外す場合には，「標準就業規則の不利益変更」の手続をふまなければならない。

（4）　解雇の規制―社会的相当性―

企業は，正当な就業規則に記載された（合理的な）解雇事由に基づく場合でも，解雇による不利益をできるだけ軽減する措置をとるべきであり，そうした措置をとらなければ，労契法16条の定める「社会通念上相当である」とは認められない。

人員調整の必要性に対して，解雇以外の措置で対応できるならば，それがまず試みられるべきである。例えば，労働需要の量的変化への調整に対しては，新規採用の停止，時間外労働の削減，配置転換（部署間での人員調整）等があるし，労働需要の質的変化への調整に対しては，教育訓練による従業員の技能の習得・向上等がある。また労働供給側の要因の場合には，降格などによる賃金面の調整等が考えられる。ただ，具体的な解雇回避措置の内容はケースバイケースで決まるので，事前に法令や就業規則で基準化することは困難である。したがって，企業は，状況に応じた適切な解雇回避の措置を講じたことを，従業員に対して納得同意を得るべく，誠実説明を行うべきであり，それを実践しているかぎり，社会的相当性があると解すべきである。理想は，納得同意を得て合意解約に至ることだが，かりに納得同意を得られなかったとしても，誠実説明を尽くしていれば，解雇の社会的相当性は認められるべきである。また，解雇回避のための手順は，事前に就業規則に定めて，誠実説明を尽くしたうえでの労働契約への組入れをすることも可能であり，実際の解雇がその手順にし

たがっていれば，社会的相当性は認められるべきである。

　このような納得規範に則した解雇の実施は，これまでも人事管理上は望ましいとされていたが，その法的な位置づけは明確でなかった。解雇が客観的に合理的な理由により行われ，社会通念上相当であるという実体要件が重要とされてきたからである。しかし，客観的合理的理由や社会的相当性は，その概念の抽象性からすると，解雇が公正に行われるための理念を示すにとどまり，企業が実際に解雇を実施する段階では，手続を重視した具体的な行為規範に落とし込んだほうがよい。この観点からは，例えば就業規則における解雇事由の規定を，裁判所が文言以上に限定的に解釈して，企業が納得規範に基づく手続をふんでいても事後的に解雇を無効とするようなことは望ましくない（限定的な解釈をした例として，東京地決1999・10・15〔セガ・エンタープライゼス49〕）。

　なお，企業が解雇事由とした事実の存否について争いがあることも少なくない。企業は，事実関係に争いが出そうな場合は，できるだけ従業員が納得できるような証拠を準備したうえで，誠実説明を行うべきである。事実関係に深刻な争いがある場合でも，誠実説明を尽くしたうえでの解雇は実行できるが，できるだけ企業は解雇を強行せず，適宜，労働局などの紛争解決手続を用いることを検討することが望ましい（個別労紛4以下）。

（5）　整理解雇

　企業が，市場環境の変化や技術革新による労働需要の量的減少や質的変化に起因して行う解雇は，一般に「整理解雇」と呼ばれ（菅野793頁は，「経営上必要とされる人員削減のために行う解雇」と定義する），裁判実務上，他の解雇と区別して，(a)人員削減の必要性，(b)その手段として解雇を選択する必要性（解雇回避努力），(c)被解雇者の選定基準の相当性，(d)手続の相当性の4要素を考慮して，権利濫用性の判断がなされてきた（東京高判1979・10・29〔東洋酸素52〕等を参照）。4要素は4要件と解する見解もあるが，現在の裁判例の主流は，4要素に基づく総合判断をするものが多い。

　本書では，すでにみたように，(a)は解雇の客観的に合理的な理由に該当し，(b)と(d)は，その他の解雇でも重視されるため，整理解雇に特有の要素は(c)となる。つまり通常の解雇は，従業員に解雇の必要性（理由）があるかが問われるのに対し，整理解雇は，労働需要の変化による人員削減の必要性があるなか，

なぜ当該従業員が解雇の対象者になるかが問われる。被解雇者の選定基準は，法律の禁止する差別に該当しないかぎり，自由に決めることができるが，恣意的な運用がされないように，企業は，就業規則に，当該解雇事由が同時に複数の従業員に該当する場合（例えば工場閉鎖等）の選定基準を定めて，就業規則対象者への誠実説明の手続をふんで，労働契約に組み入れておくべきである。

　なお，現実の解雇事例では，経済的理由と従業員に起因する事由とが併存していることが少なくない。例えば，労働需要の減少があるなかで，被解雇者本人に能力不足などの解雇事由がある場合がこれにあたる。ただ，ある解雇が整理解雇かどうかを客観的に確定することは容易ではないし，本書の立場では，その必要性は大きくない（被解雇者選定基準の相当性で関係するのみ）。企業は，ある解雇が整理解雇であるかどうかにかかわらず，正当な就業規則に記載されている解雇事由によること（および被解雇者選定基準に合致すること）を明示して通告し，就業規則で定める手順をふんで，誠実説明を実施することが求められるということに変わりはないからである。

（6）　許されない解雇

　ここまでみてきた解雇は，企業が解雇事由として掲げているものに合理性があるが，社会的相当性が認められないために不当とされる可能性のあるものである（「許されうる解雇」）。しかし，解雇のなかには，女性を理由とする解雇のように，そもそも法的に理由とすることが許されない理由による解雇もある。こうした「許されない解雇」は，もちろん違法である。実際に問題となるのは，企業が，例えばある女性従業員に対して，正当な就業規則上の解雇事由を通告して解雇手続を進めているが，当該従業員から女性に対する差別的な理由（雇均6⑷）によると主張されるようなケースである。人事労働法では，性中立的な内容の就業規則の条項が設けられており，それが誠実説明をとおして労働契約の内容に組み入れられている場合には，それに基づく措置は原則として有効である（⇒61頁）。解雇についても同様であり，企業は，実際に解雇をする段階で，女性従業員に対して，解雇は女性であることを理由としたものではないという説明も含む誠実説明をして，納得同意を得るよう努め，そこで納得同意を得て合意解約となれば，その解雇（合意解約）は有効と解してよいし，納得同意が得られない場合でも，誠実説明を尽くせば，解雇は有効となる。ただ納得

同意を得られなかった場合には，誠実説明を尽くしたかどうかが事後的に争いとなる可能性があるので，それを避けるためには，企業は納得同意を得るために全力を挙げる必要があろう。

以上のことは，その他の差別的解雇（雇均9②・③）にもあてはまる（組合員差別 [労組7(1)・(4)] は，237頁を参照。労基3，障害雇用35も参照）。また，権利行使等に対する報復的解雇にも，あてはまる。報復的解雇に該当する例としては，一定の休暇・休業を取得したこと（雇均9③。また201頁なども参照），公的機関等へ違法行為の申告をしたこと（公益通報3，労基104②，最賃34②，労安衛97②，賃確14②，労派遣49の3②など），公的機関に紛争解決を求めたことなど（雇均17②，18②，育介52の4②，52の5②，短時有期24②，25②，労派遣47の7②，個別労紛4③，5②など）を理由とするものがある。最近の新たな禁止類型としては，待遇格差の説明を求めたことを理由とする解雇（短時有期14③，労派遣31の2⑤）やハラスメントの相談を行ったことを理由とする解雇（雇均11②，11の3②，育介25②，労働施策30の2②）がある。

（7） 解雇紛争の解決手続

人事労働法では，合意解約を理想と考えるが，企業は納得同意を得るために誠実説明を尽くしていれば解雇ができるとするため，どうしても納得できなかった従業員との間で，法的紛争が発生する可能性は残る。現行法上は提訴期間の制限がないことから，企業としては，常に解雇をした従業員からの提訴を覚悟しておかなければならない（立法論としては，出訴期間の制限を設けるべきである [同旨，菅野803頁]）。その面でも，時間がかかっても従業員の納得同意を得た合意解約が望ましい。

実際に紛争が起きた場合には，従業員はまず労働審判手続（2006年4月から施行）の申立てをすることが多い。この手続は，労働契約の存否その他の労働関係に関する事項について個々の労働者と事業主との間に生じた「個別労働関係民事紛争」の解決を図ることを目的とするもので（労審1），裁判官と労使の専門家各1名で構成される労働審判委員会が担当し（同7以下），3回以内の期日で審理を終結するなどの迅速性（同15）と，権利関係をふまえつつ事案の実情に即した解決ができるという柔軟性（同20②）を特徴とする。柔軟な解決の典型例は，解雇が不当と判断されても，従業員が原職復帰を望まない場合には，

労働契約の解消と引換えに企業に金銭支払を命じるというものである。労働審判手続では，調停の成立見込みがあればまずそれを試み，不調の場合に労働審判が行われる（同1）。当事者が労働審判の内容に異議を申し立てれば，通常の民事訴訟手続に移行する（同21，22）。労働審判の申立てをせず，いきなり通常の民事訴訟を提起することもできる（立法論としては，審判前置主義も考えられる）。

　民事訴訟で解雇が無効と判断された場合には，労働契約は解雇時に遡って存在していたことになる。この期間は労務が提供されていないが，それは企業に帰責事由のある労務提供不能とされ，企業は賃金支払い（バックペイ）を拒否できないと解されている（民536②）。バックペイとして支払われる賃金の範囲は明確ではない。その従業員が就労していたとすれば確実に支払われていたであろう賃金項目（基本給等）は含まれるが，それ以外の賃金項目（賞与等）については，どこまで支払うべきかは難問である。また解雇期間中に他の収入（中間利益ないし中間収入という）を得ていた場合は，その額は賃金額から控除される。ただし判例は，中間収入があっても平均賃金の6割は支払う義務があるとする（最判1962・7・20〔米軍山田部隊〕，最判1987・4・2〔あけぼのタクシー〕，最判2006・3・28〔いずみ福祉会55〕等。しかも控除できる中間収入は，賃金の支給期間と時期的に対応するものに限られる）。休業手当の規定（労基26）をふまえたものだが，従業員に二重取りの可能性がある点で問題もある。

　人事労働法では，民法536条2項を労働契約に適用せず（⇒107頁），解雇が無効な場合も労基法26条を適用して，平均賃金の6割の支給を義務づける解釈をとる。従業員は，これで填補されない損害がある場合には，不法行為として賠償請求することはできる（民709。中間利益は損害額の算定で考慮されうる）。

　企業は，解雇が無効となっても，従業員に復職を認めず，自宅待機を命じることがある。この場合，従業員には就労請求権はないので，これを被保全権利として就労妨害排除の仮処分をすることは認められないと解されている（東京高決1958・8・2〔読売新聞社8〕。⇒113頁〔自学〕，147頁補注(5)）。

（8）　金銭解決

　解雇された従業員は，解雇の有効性を争わず，バックペイに加えて将来分の逸失賃金の損害賠償を請求することがある（民709）。将来分の賃金の損害につ

いての賠償請求が認められるかはケースバイケースの判断となる（肯定例として，東京地判2011・11・25〔三枝商事〕等）。解雇が不当な場合には従業員は賃金請求権があるので損害は発生していない，また，解雇の有効性を争わずに損害賠償だけを請求するのであれば，解雇を受け入れたことになるので，将来分の賃金喪失と解雇とは因果関係がないという理由で不法行為の成立を否定する考え方もある（東京地判1992・9・28〔吉村・吉村商会56〕）。これに対しては，転職に通常要する期間の賃金相当額の損害賠償請求は可能とする見解もある（菅野807頁。荒木345頁は裁判官の相当額の認定を認める［民訴248]）。いずれにせよ，解雇にともなう人格的利益の侵害があると認められる場合には，精神的損害として賠償請求することは可能である（なお，解雇が無効とされた場合は，精神的損害は慰謝されたものと解されることが多い［東京高判1997・11・17〔トーコロ104〕等]）。

　立法論としては，企業が一定の金銭を支払うことを条件に労働契約の解消を認める制度を導入すべきという見解もある。その具体的な制度構想にはいろいろあるが，最も徹底した提言として，解雇規制の本質を企業に対し金銭的な負担（雇用終了コスト）を負わせることにあるとみたうえで，企業は，従業員が解雇により被る損害（統計上算定される将来収入の減少額）を完全に補償しなければ解雇できないとするものがある（完全補償ルール）。解雇規制の本質が，前述のように（⇒206頁以下），解雇により労働者が被る経済的不利益の軽減にあるとするならば，その経済的不利益をすべて賠償した場合にまで解雇を制限する必要はないからである（詳細は，大内伸哉・川口大司編著『解雇規制を問い直す』（有斐閣・2018）を参照）。現行法の解釈としても，企業が従業員の経済的不利益を完全補償すれば解雇は有効となると解すべきであるし，完全ではなくても相当な補償の提示がある場合には，解雇の社会的相当性を強化する事情としてそれを考慮すべきである（東京地決2000・1・21〔ナショナル・ウエストミンスター銀行51〕参照）。人事労働法の立場でも，相当な補償の提示は，従業員が納得した合意解約を成立し易くするものとして強く推奨される。

（9）　変更解約告知

　変更解約告知は，裁判例上は，新契約の締結の申込みをともなった従来の労働契約の解約と定義されている（東京地決1995・4・13〔スカンジナビア航空59〕）が，一般には，労働条件変更の申込みとそれを拒否したことを理由とする解雇とが

一体となった意思表示を指す。職種を限定して採用した従業員に対して，企業が職種の廃止の際に，別の職種への変更を申込み，それに応じない場合には解雇すると通告するパターンや，従業員の能力低下のため，降格による賃金の減額を申し込み，それに応じないなら解雇すると通告するパターンなどがある。

ただ，労働条件の変更の申込みを拒否したという理由だけでは，解雇の客観的合理的理由とはならないのが一般的な解釈なので，これをデフォルトの解雇事由として定めることは適切ではない。したがって，人事労働法では，労働条件の変更の拒否を解雇事由とするためには，「標準就業規則の不利益変更」の手続（過半数の納得同意＋反対従業員への誠実説明）をふむ必要がある。ただし，労働条件の変更を必要とした事情が，正当な就業規則所定の解雇事由に該当する場合には，解雇は可能である。その場合には，労働条件の変更申込みをしたことは解雇回避の措置の一つと解され（社会的相当性の一要素），人事労働法では，それは従業員の納得同意を得るための説明材料と位置づけられる（⇒208頁）。

なお，企業が，納得同意を得るための誠実説明の手続で，解雇の脅威の下に労働条件変更に応じるよう迫る状況があれば，それは誠実説明とは評価できないし，同意があっても納得同意ではなく，むしろ強迫として取り消されうる（民96①）。ドイツ法には，労働者が，裁判所により労働条件の変更内容が相当と認められることを条件とした承諾をし，あとは裁判所の判断に応じて労働条件が変更されるか現状維持かを決めるという制度がある（留保付き承諾制度）。この制度では，裁判所がどのように判断しても解雇とはならないので，裁判所を巻き込んだ労働条件の変更手段といえる。日本でも立法論として，「雇用継続型労働契約変更制度」が提案されており（「今後の労働契約法制の在り方に関する研究会報告書」(2005)），検討に値する（菅野812頁，荒木442頁も参照）。

補 注

(1) **当事者の死亡と労働契約**　個人の使用者が死亡した場合あるいは労働者が死亡した場合は，労働契約の一身専属性（民625も参照）から，相続による包括承継は起こらず（同896但），労働契約は終了すると解される（労働者死亡のケースで，最判1989・9・22〔エッソ石油〕）。

(2) **解雇禁止期間**　産前産後の休業や業務上の災害または疾病により療養のため

に休業をしている期間およびその後30日間の解雇禁止（労基19①但。予告自体は禁止期間内でも可能である［菅野779頁，荒木318頁］）は，天災事変その他やむを得ない事由のために事業の継続が不可能となった場合には適用されない。この事由には，労働基準監督署長の認定が必要である（同②）。

(3) **予告義務違反の解雇の効力**　　法所定の予告をせず，かつ予告手当も支払わない解雇の効力については，本文でみた相対的無効説（判例）以外にも，強行規定（労基20）違反の無効な解雇とする見解（無効説），解雇は有効だが，企業に予告手当支払義務があるとする見解（有効説。未払い分については付加金の制裁［労基114］がある），従業員がどちらかを選択できるとする見解（選択権説）があり，選択権説が学説上は多数説である。私見では，予告行為という手続面の違反は解雇の効力に影響せず，労基法20条の強行規定としての性質は，30日という予告期間にあるとする（同13。水町924頁も同旨）が，正当な就業規則の規定による短縮は可能とする半強行規定と解すべきである（過半数の納得同意がある場合において，その納得同意をした従業員への逸脱は可能であり，予告期間をゼロとして即時解雇を可能とすることもできると解すべきである）。

(4) **解雇事由の就業規則記載の法的意味**　　本文では就業規則記載の解雇事由について限定列挙説を支持するとした（同じ立場として，菅野801頁，土田657頁）が，学説には，無期雇用労働者に対する解雇は，民法627条により保障されており，労基法89条3号による解雇事由の記載は国への義務にすぎず（公法的な規制），解雇の有効性という私法上の効力とは関係がないとする見解もあり（荒木330頁。西谷457頁も同旨），それによると就業規則に記載されていない事由による解雇も認められることになる（「例示列挙説」という。裁判例として，例えば，東京地決2000・1・21〔ナショナル・ウエストミンスター銀行51〕。なお筆者も以前は例示列挙説を支持していた）。

(5) **限定正社員の解雇**　　職種や勤務場所を限定する特約を結んでいる無期雇用の従業員（限定正社員。⇒129頁補注(1)）については，例えばその職種が企業内で廃止されたり，その勤務場所内での事業所が閉鎖されたりした場合には，他の職務や他の勤務場所での雇用継続を図る必要はなく，その分だけ解雇は容易になるとする考え方もありうる。もっとも，職種や勤務場所の限定の趣旨は多様であり，従業員の納得を重視する人事労働法では，上記のような特約を結んでいる従業員との間でも，誠実説明を尽くすことは必要である。

(6) **中間収入控除と失業給付**　　解雇が無効と判断されたときに企業が支払う賃金

から控除される中間収入（中間利益）には，雇用保険の失業給付は含まれない（東京高判2008・6・26〔インフォーマテック〕も同旨）。雇用保険の基本手当等は，失業者の求職時の生活保障のためのもので，賃金の補填を目的とするものではないからである。

(7)　**有期労働契約の中途解除**　　有期雇用労働者に対する期間途中での解雇については，やむを得ない事由が必要である（労契17①，民628）。やむを得ない事由は期間中の雇用継続には高度の合理的期待があることから，それを失わせることを正当化するだけの事由が必要である（宇都宮地栃木支決2009・4・28〔プレミアライン71〕も参照）。具体的には即時解雇事由（労基20①但）が必要であり，標準就業規則は，これを参考にデフォルト条項を設定すべきである。解雇事由をこれより広げる場合には，「標準就業規則の不利益変更」の手続（過半数の納得同意＋反対従業員への誠実説明）が必要である。

(8)　**会社解散にともなう解雇**　　企業（会社）は解散をすると消滅するため，それにともない労働契約も終了する。ただ，会社解散の決議後も清算結了までは会社は存続するため，この間に解雇がなされることはある。この場合，解雇は原則として有効と解すべきであるが，ここでも誠実説明を尽くすことは必要である（大阪高判2003・11・13〔大森陸運ほか2社〕等も参照。裁判例には，こうした場合に，解雇の実体要件も審査するものもある〔仙台地決2005・12・15〔三陸ハーネス〕〕）。労働組合を壊滅させる目的であっても，真実解散であれば，自由主義経済体制の下では，企業廃止の自由はあるので，解散は有効と解されている（菅野763頁，荒木489頁）。なお倒産手続に入った場合，破産のような清算型の場合は会社解散と同様に解されるが，会社更生や民事再生のような再建型の場合は，整理解雇の法理が適用されてきた（東京高判2014・6・3〔日本航空54〕）。ここでも誠実説明を尽くせば解雇は可能であるが，解雇を必要とする状況についての丁寧な説明をすべきである。

> ┌─ **思考　―多様な解雇規制―**
>
> 　無期労働契約は，予告期間さえ守れば，いつでも解雇ができる（民627①）。そこには，労働契約のような継続的な契約は，両当事者の意思が合致するかぎりで存続するものであり，一方の意思に反してまで継続させるべきではないという自由主義的な考え方がベースにある。アメリカ法の基本原則は現在でもこれであり，随意雇用法理（employment-at-will doctrine）と呼ばれる（アメリカの随意雇用法理については，中窪裕也「『解雇の自由』雑感」土田道夫他編集代表『労働

関係法の現代的展開』（信山社・2004）341頁も参照）。

　もちろんアメリカでも，当事者は合意により解雇を制限することはできる。また契約に期間を設ける有期労働契約は，その期間内は原則として解雇（および辞職）をしないとする契約である。ただ欧州や日本では，従業員は契約弱者ととらえるため，こうした合意をすることが困難であるとみて，解雇規制を当事者間の契約だけに任せず，法律が介入しているのである。

　もっともアメリカでも，解雇をした企業は，失業保険の保険料が上がるというメリット制があり，それが解雇に対する一定の抑止力となっている。解雇規制の本質を，企業に雇用終了コストを負担させることにあるとみると（⇒213頁），アメリカでも解雇規制は存在することになる（下記の小西（康）文献も参照）。

　なお，解雇は人格的利益の侵害（職業的なプライドの毀損，自己実現の場の剥奪，社会的評価や地位の喪失等）をともなうので，それ自体を禁止すべきであるという見解もある。解雇にともなう精神的な損害を補償する必要性はあるが，これが解雇の一般的な制限の根拠となると考えるべきではない。さらに技術革新のスピードが高まる今後は，特定企業において長期的に雇用が継続することはレアケースになっていくと予想されるので，解雇されることを，従業員の人格的利益の侵害とみる考え方は徐々に弱まっていくだろう。むしろ解雇にともなう経済的補償こそが重要であり，その点に十分に配慮しようというのが本文で提言した解雇の金銭解決制度（完全補償ルール）である（前掲・大内・川口編著『解雇規制を問い直す』）。そうした補償を義務づけること自体が解雇規制となるのである。金銭解決制度が解雇促進機能をもつとする見解（西谷481頁等）もあるが，そうした批判は，不当な解雇が無効であるという制度を前提にしたドイツ型の金銭解決制度（労働契約解消金等）しか想定しないから生じるものではなかろうか。

自　学

◆ 外資系企業にヘッドハンティングされて年収2000万円のマネージャーポストに就いた労働者の解雇の有効性について，考慮されるポイントはどのようなものとなるか（前掲・東京地決2000〔ナショナル・ウエストミンスター銀行〕，菅野791頁および798頁の転職市場型企業における解雇の分析等も参照）。

（他の参考文献）

＊荒木尚志『雇用システムと労働条件変更法理』（有斐閣・2001）：労働条件変更システムという観点から解雇法制の日米独の比較法的分析をした文献。

＊大内伸哉『解雇改革』（中央経済社・2013）：解雇法制に関する政策提言をした小著。

＊大竹文雄・大内伸哉・山川隆一編『解雇法制を考える［増補版］』（勁草書房・2004）：法学と経済学双方から多角的に解雇をめぐる論点を検討した文献。

＊小西康之「失業給付制度と解雇規制の相関性に関する一考察」荒木尚志他編『労働法学の展望』（有斐閣・2013）49頁：解雇規制は雇用保険の制度設計を通しても可能とすることを示した意欲的文献。

＊菅野和夫「会社解散と雇用関係」菅野和夫他編『友愛と法』（信山社・2008）：会社解散に伴う労働契約の解消に関係する法的問題を包括的に検討した文献。

＊菅野和夫・荒木尚志編『解雇ルールと紛争解決』（労働政策研究・研修機構・2017）：解雇規制に関する国際比較をした文献。

＊村中孝史「個別労働紛争解決制度の展開と課題」労働法の再生1巻181頁：個別労働紛争解決制度についての論点を整理した文献。

＊盛誠吾「違法解雇と中間収入」一橋論叢106巻1号（1991）19頁：本書と異なる観点から判例を理論的に批判した文献

＊山本陽大「解雇規制をめぐる法理論」季労245号（2014）188頁：解雇をめぐる学説史を分析した文献。

2　有期労働契約の雇止め

（1）　雇止めと解雇の違いと類似点

　有期労働契約は所定の期間が満了すれば，解雇のような通告をしなくても自動的に終了する。ただ，従業員が，期間満了後も引き続き労働に従事し，企業がこれを知りながら異議を述べないときは，労働契約は同一の条件で更新したものとみなされる（民629①）。このような黙示の更新を阻止するために，実際上は，企業は雇止め（更新拒絶）の通知をしておく必要がある。

　雇止めの通知は解雇ではないので，解雇に関する規定（労基20，22等）は適用されないが，実際には類似の機能をもつ。そのため「有期労働契約の締結，更新及び雇止めに関する基準」（2003・10・22厚労告357。その後改正あり）では，更新が3回以上か，1年を超えて継続している有期労働契約の雇止めは，30日前に予告すべきものと定めている（同告示1条。ただし労基20とは異なり違反に対する罰則

はない）。また，労働者が雇止めの理由について証明書を請求した場合は，遅滞なくこれを交付しなければならない（同2条）。さらに，契約を1回以上更新し，かつ，1年を超えて継続して雇用している有期契約を更新しようとする場合は，契約の実態およびその労働者の希望に応じて，契約期間をできるかぎり長くする努力義務が課されている（同3条）。

このほか，労基法上，明示義務が課される労働条件のなかには，有期労働契約の更新の基準も含まれている（労基15，労基則5①（1の2））。さらに労契4②の括弧書も参照）。

（2） 雇止めの制限

契約期間満了時の雇止めは，かつての判例法理（最判1974・7・22〔東芝柳町工場66〕，最判1986・12・4〔日立メディコ〕）が，2012年の労契法改正で成文化された（労契19）。それによると，過去の反復更新により雇止めが無期労働契約の解雇と社会通念上同視できる場合（実質無期型）または期間満了時に更新されるものと期待することに合理的な理由がある場合（更新期待保護型）に，企業が，労働者からの更新申込みを拒絶するには，客観的合理的理由と社会的相当性がなければならない。これを欠く場合には，企業は，従前と同一の労働条件での契約更新を承諾したものとみなされる。

労働契約を解雇により終了させるためには客観的合理的理由と社会的相当性が必要であるのに対し，有期労働契約を活用すると，期間の満了という理由だけで労働契約を終了させることができる。有期労働契約の反復更新は，いつでも期間満了による契約の終了というオプションをもちながら，その労働力を活用し続けることになるため，実質的には解雇規制の潜脱といえる。判例の雇止め制限法理や労契法19条の基礎には，こうした潜脱を防止する目的がある。

一方で，日本型雇用システムの下では，非正社員は，臨時的な社員という位置づけなので，通常は有期労働契約しか締結されない。そのため経営状況のよいときは，「継続」的に勤務する「臨時」的な有期雇用労働者というねじれが出現し，そして経営状況が悪化すれば雇止めが起こる。雇止め制限法理は，こうした雇止めについて，実質無期という実態があれば解雇に準じるものとして扱い，そうでない場合でも，有期雇用労働者の雇用継続の期待を保護すべき場合には，解雇と類似の基準を満たさないかぎり，更新を強制したのである（法

定更新)。

　確かに，企業は，「有期労働契約により労働者を使用する目的に照らして，必要以上に短い期間を定めることにより，その有期労働契約を反復して更新することのないよう配慮しなければならない」(労契17②)。一定期間継続する予定の業務について，あえて細切れの契約期間を設定することは，前述の解雇規制の潜脱となるからである。しかし，当初は短期的な雇用を前提にしていたが，結果として長期になったのであれば，解雇規制の潜脱とはいえない。雇止め制限法理 (同19) は，要件があまりにも抽象的であり，許される雇止めと解雇規制の潜脱となる許されない雇止めとの区別を困難としており，結果，企業が有期労働契約を利用することに対する過剰な萎縮効果をもたらしている。

（3）　有期雇用労働者の管理と納得規範

　労働契約の期間の合意は，言うまでもなく，期間満了により労働契約が終了する旨の合意が含まれている。ただ，企業が，継続性がある業務に契約期間を設定した場合には，採用された有期雇用労働者のほうに雇用継続の期待が生じる可能性がある。こうした状況はトラブルの元となるので，企業は，労働契約の期間は，企業がその時点での業務との関係で必要と考える期間を提示するよう努めるべきだし，いずれにせよ雇用継続の期待が生じないようにするためには，期間設定の法的意味（期間満了による労働契約の終了）を十分に説明したうえで，有期雇用労働者の納得同意を得ておくことが望ましい。法的には，こうした納得同意を得た期間設定であるかぎり，雇用継続の合理的期待は生じず，実質無期型の関係にもならないと解すべきである。更新も，こうした納得同意を得て行えば，同じことがあてはまる。例えば，有期労働契約の反復更新がなされてきたが，次回は更新しないことについて納得同意が得られていれば，その合意（不更新特約）に基づく雇止めは有効と解すべきである (東京高判2012・9・20〔本田技研工業70〕を参照)。

　更新回数や有期労働契約の期間の上限を定める合意は，その上限を超える更新がないことの合意（上限特約）と解すことができ，それが納得同意によるものであれば，その上限の到達による有期労働契約の終了は認められるべきである。ただ，上限特約は，上限に達するまでは雇用の継続の期待を生じさせることから，上限に達する途中での雇止めは，それがありうることについて事前に

納得同意を得ておき，かつ実際に雇止めをする時点でも，誠実説明を尽くすことが必要と解すべきである。

　なお，現在では有期労働契約を更新させて5年を超えた場合の無期転換規定（労契18）があるため，有期労働契約の実質的な上限は5年となっている。ただし，納得同意があれば，無期転換権を放棄させたうえで有期労働契約の更新をすることが認められるべきである（⇒83頁）。

補　注

(1)　**派遣労働者の雇止め**　　派遣元企業と有期労働契約を締結している派遣労働者の場合，労働者派遣法は長期的な派遣を想定していないので，派遣労働者の雇用継続の期待は保護に値しない，と述べた裁判例がある（高松高判2006・5・18〔伊予銀行・いよぎんスタッフサービス68〕）。しかし，長期的な派遣を制限する趣旨は，派遣先企業での常用代替の防止にあり，それは派遣労働者と派遣元企業との労働契約関係の存続とは関係がないので，判旨には疑問がある。

> **思考　―無期転換制度の問題点―**
>
> 　有期労働契約の規制には，その締結事由を限定する規制（入口規制）とその終了を制限する規制（出口規制）とがあり，欧州をみると，入口規制に反する場合には，無期労働契約とみなしたり，また出口規制に違反した場合には無期労働契約への転換を認めたりする法制度の国が多い（下記の大内編文献を参照）。こうした扱いをする背景には，欧州では，契約期間は労働条件の一つにすぎず，期間の定めの有無にかかわらず，賃金体系が職務給であり，時間単位の基本給に格差がなく，日本のように有期か無期かで労働条件の違いが生じることがないという事情がある。日本の労契法の2012年改正では，雇止め制限法理（これも一種の出口規制である）を成文化しただけでなく，出口規制として無期転換制度を導入した（労契19, 18）。これは欧州流の規制だが，契約の期間のもつ意味に違いがあるため，日本で無期転換制度を機能させることは容易ではない。
>
> 　欧州の出口規制は，無期労働契約を原則とし，期間の設定は例外とする考え方に基づき，有期労働契約が長期化したときは期間設定の濫用として原則的形態である無期労働契約に戻すというものである。日本の無期転換制度は，期間以外の労働条件は，現に締結している有期労働契約と原則同じとしたため，契

約期間は無期で正社員的だが，労働条件は転換前のままで非正社員的という中間的な雇用形態が出現することになった。確かに正社員と非正社員の二分法では，企業にとって多様化する労働者のニーズに対応できないことがある。納得同意を重視する良き経営をするためにも，雇用区分の弾力化は必要であるが，それは労使で話し合って決めていくもので，法が強制するものではない（⇒83頁）。

　無期転換制度は，有期雇用労働者の無期転換を促進するのではなく，有期労働契約の更新の5年到達前の雇止めを促進する可能性がある（ただし荒木527頁は，もともと雇止め制限法理を回避するために3年を上限とする実務的な取扱いがあったことをふまえ，労契18条は安定雇用への道をつくる意義があると指摘する）。もちろん，企業のなかには，人材確保のために，有期雇用労働者のなかの優秀層を積極的に無期転換するところもあるが，それは労契法18条の効果によるものではなく，市場の要請によるものである（以上，大内・非正社員改革148頁も参照）。なお，無期転換を阻止する目的での雇止めが，労契法18条の潜脱となるわけではない（宇都宮地判2020・6・10〔グリーントラストうつのみや〕等参照）。

自　学

◆ A社には，無期の正社員と有期の非正社員のそれぞれの就業規則以外に，有期から無期転換した従業員に適用される無期転換社員就業規則があった。無期転換社員就業規則では，賞与や諸手当は非正社員就業規則と同じ内容だった。裁判によって，非正社員就業規則と正社員就業規則との間で，賞与や諸手当の間に不合理な格差（短時間有期8）があるとされた場合，無期転換社員の賞与や諸手当はどうなるだろうか（高松高判2019・7・8〔井関松山製造所〕を参照）。

（他の参考文献）
＊荒木尚志編『有期雇用法制ベーシックス』（有斐閣・2014）：有期労働契約法制に関する概説書。
＊大内伸哉編『有期労働契約の法理と政策』（弘文堂・2014）：有期労働契約に関する比較法的知見や経済学と協働して政策的検討をした文献。

3　定　年

（1）　定年制とその変容

　日本型雇用システムの特徴とされる正社員の「終身雇用」は，実際は定年までの雇用だった。定年後に再雇用されることはあったが，それは有期雇用の非正社員（嘱託等）としてだった。定年は，それが労働契約の終了事由とされている場合には，その到達によって自動的に労働契約は終了する（終了時は，定年到達月の末日であったり，定年到達後の最初の3月末日であったりする）。また解雇事由とされていることもあり，その場合には，労基法や労契法の解雇規制が適用されるが，労契法16条との関係では権利濫用とならないと解されてきた。

　アメリカ法では定年を年齢差別としている（年齢差別禁止法）が，日本法は，募集・採用時の年齢差別しか禁止されておらず（労働施策9），むしろ定年が適法であることを前提に，その下限を60歳と設定している（高年8）。アメリカでは，誰でもその属性にかかわらず雇用にアクセスできるべきであると考えられているので，年齢だけを理由として雇用機会を奪う定年は違法とされるのである（ただし，40歳以上の労働者に限定）。その前提には，能力不足であれば容易に解雇できるということがある（随意雇用法理。⇒216頁［思考］）が，日本のように雇用保障を重視して能力不足による解雇を制限している国では，能力以外の理由によって雇用を終了させる定年をどこかに設ける必要があった。

　もっとも定年という強制的な雇用終了が社会的に許容されるためには，定年後は公的年金により生活できることが必要である。定年と公的年金の受給開始が接続していなければならないとする法的ルールは存在しないが，政策的には，高齢化の進行による公的年金の財政懸念から，受給開始年齢を引き上げられると，高齢者の生活保障のために何らかの措置を講じなければ，国民の大きな反発を受ける可能性がある。そのため政府は，60歳から支給していた特別支給の老齢厚生年金の支給開始年齢を65歳へと段階的に引き上げたとき（定額部分は2001年から，報酬比例部分は2013年から），企業に対して，65歳までの雇用保障として，定年を撤廃するか，定年年齢を65歳まで引き上げるか，あるいは定年後の継続雇用制度を導入するかのいずれかの措置（「高年齢者雇用確保措置」）を講じることを義務づけた（高年9）。

　さらに，今後70歳までの公的年金支給開始年齢の引上げも視野に入れて，

2020年の法改正（2021年4月施行）で，65歳から70歳までの「高年齢者就業確保措置」の努力義務も定めた。企業に求められるのは，①70歳までの定年延長，②定年制の廃止，③70歳までの継続雇用制度の導入に加えて，雇用以外の措置として，過半数代表の同意を得たうえで，④70歳まで継続的に業務委託契約を締結する制度の導入，⑤70歳まで継続的に，企業が自ら実施する社会貢献事業か企業が委託，出資等する団体が行う社会貢献事業に従事できる制度の導入のいずれかの措置である（高年10の2）。

（2）　再雇用契約

　60歳から65歳までの高年従業員について，企業が高年齢者雇用確保措置義務を履行しないとき，行政指導はあるものの（高年10），従業員から企業に対して継続雇用を求める権利はないとされている（大阪高判2009・11・27〔NTT西日本〕，東京高判2010・12・22〔NTT東日本〕等。学説上は，65歳までの継続雇用を肯定する見解もある〔西谷442頁〕）。しかし，現在の高齢社会のなかで事業を行う企業は，高年齢者雇用確保措置義務の履行は社会的責任と考えるべきである。標準就業規則には，定年を60歳としたうえで，従業員の希望があれば，再雇用する旨の条項を入れるべきである（もちろん，定年を撤廃したり，定年年齢を引き上げたりする変更は，従業員に不利益ではないので，「標準就業規則の不利益変更」の手続をふまなくても，企業だけの判断で実施可能である）。この場合，原則は65歳までの期間の有期労働契約とすべきである（満60歳以上の高齢者との間では，3年の上限規制の特例として5年の有期労働契約の締結が可能である〔労基14①(2)〕）。実務的には1年の有期労働契約の反復更新をする例が多いが，こうした細切れ有期労働契約は推奨できない（労契17②。ただし，従業員の納得同意がある場合はこの限りでない）。65歳を超えた就業確保は，企業の努力義務にすぎないので，1年ごとの有期労働契約でもよい。なお，60歳以上の定年後継続雇用労働者は，有期労働契約の反復更新で5年を超えた場合でも，一定の手続をふめば労契法18条の無期転換制度の適用を排除できる（有特8②）。

　企業は，再雇用時に，著しく低い労働条件を提示した場合，実質的には高年齢者雇用確保措置義務を履行したことにならないと判断される可能性がある。裁判例には，定年前後の労働条件は継続性・連続性が一定程度確保される必要があるとして，賃金が4分の1となるような提示をしたために再雇用契約が成

立しなかったケースで，企業に慰謝料の支払いを命じたものがある（福岡高判2017・9・7〔九州惣菜65〕）。また定年前に事務職であった労働者に定年後に清掃業務を提示したために再雇用契約が成立しなかったケースでは，その職での1年分の賃金に相当する慰謝料の支払いを命じたものもある（名古屋高判2016・9・28〔トヨタ自動車〕）。

裁判例のいう「労働条件の継続性・連続性」は理想的だが，雇用の確保が優先事項であるので，労働条件の内容はある程度弾力的に決定していかざるを得ない。再雇用の場合，労働関係は実質的には継続しているものの，あくまで労働契約の締結のし直しであるので，通常の非正社員の新規採用の場合と同様の手続をふんで就業規則の内容について誠実説明を尽くしているかぎり（詳細は，⇒84頁），高年従業員が労働条件について合意できずに労働契約が不成立となっても，企業には責任はないと解すべきである。就業規則に規定がない場合にも，納得同意を得るために誠実説明を尽くす必要はあるが，それでも合意不成立の場合には同じように解すべきである。ただし，提示された労働条件の内容いかんでは，従業員に精神的損害についての慰謝料請求が認められる場合はあろう（札幌地判2010・3・30〔日本ニューホランド〕等を参照）。

（3） 定年後の処遇

再雇用時における労働条件の設定については，有期労働契約である以上，無期雇用労働者との間の不合理な格差を禁止する規定（短時間有期8）の適用が問題となる。判例は，この規定を強行規定と解して，格差が不合理であれば無効とする（最判2018・6・1〔長澤運輸64〕。ただし不法行為による損害賠償が認められるだけである）が，（2）でも述べたとおり，納得規範に基づく労働条件の決定であるかぎり，合理的な労働条件を定めたものであり（労契7），かつ，不合理な格差でもないとして有効と解すべきである。また，前述のように，この規定は，本来は理念規定と解すべきものである（⇒83頁）が，かりに強行規定と解しても，定年前後における雇用管理の違いを考慮すると両者には比較可能性はなく，通常は，格差の不合理性を論じる前提がないとみるべきだろう。

では，再雇用ではなく，定年延長がなされた場合はどうか。例えば定年を60歳から65歳に移行させるとともに，就業規則を変更して60歳時の賃金よりも引き下げる場合，もともと60歳以上の労働契約の関係はなかったので，不利益変

更とはならず合理性（労契10）も問題とならないと考えることもできそうである。判例には，55歳定年で58歳までの再雇用措置があった状況から60歳定年に移行した際に，55歳以降の年間賃金が54歳時のそれの63％～67％となる就業規則変更がなされたケースで，これを不利益変更と認めたうえで，変更の高度の必要性があることなどから合理性を肯定したものがある（最判1997・2・28〔第四銀行80〕。現在なら労契10条の適用）。下級審では，定年を55歳から延長した際に55歳時の賃金の65％とした内容の就業規則の規定について，不利益変更に準じたものとして，合理性を問題としたうえで，これを肯定したものもある（名古屋地判1999・12・27〔日本貨物鉄道〕）。さらに不利益変更に該当しないと明言したものもある（東京高判2007・10・30〔協和出版販売〕）。

　定年延長の場合，同一企業において労働契約は継続するものの，就業規則の不利益変更というよりも新規採用に近い状況にあると考えるべきなので（労契法でいうと10条の合理性ではなく7条の合理性の問題となるということ），本書の立場では，企業は，就業規則対象者に対して誠実説明を尽くせば，その過半数の納得同意がない場合でも，内容形成の段階の問題はなく，あとは採用時に当該高年従業員に誠実説明をしたうえで，その労働条件を労働契約の内容に組み入れれば有効となる（⇒83頁）。

補　注

(1)　**有期労働契約の定年**　判例には，有期雇用労働者の更新の上限年齢を65歳にし，それに到達したことを理由とする雇止めについて，65歳を超えて雇用が継続することを期待することに合理的な理由がなかったとして有効としたものがある（最判2018・9・14〔日本郵便67〕）。

(2)　**定年後の雇止め**　判例には，定年後の1年間の嘱託契約の終了時に再雇用規程の定める基準に到達していないことを理由とする雇止めについて，客観的には基準に達しており，当該労働者には雇用継続の合理的な期待があるとして，雇止め制限法理（現在の労契19）を適用して，雇用継続を認めたものがある（最判2012・11・29〔津田電気計器63〕）。再雇用の場合には，形式的には雇用関係の入口の問題だが，実質的には退職という雇用関係の出口の問題になることを重視した判断とみることができるが，その妥当性には疑問がある。

(3)　**継続雇用制度**　2012年の高年法改正の前は，企業は継続雇用制度の対象者を

誰にするかについて，過半数代表と労使協定を締結して基準を設けることが認められており，これにより不適格な高年者を対象から排除することができた。同年の改正で，この方法は廃止された（2025年までは，経過措置あり）が，「特殊関係事業主」（子会社，親会社，関連会社など）での継続雇用でもよいことになった（高年9②，高年則4の3）。さらに2020年改正による70歳までの高年齢者就業確保措置の努力義務においては，特殊関係事業主以外の企業での継続雇用でもよいことになった。

なお，従業員に，51歳の時点で，関連企業に転籍して60歳まで勤続し，その後65歳まで再雇用されるというコースか，60歳で労働契約が終了するコースを選択させる制度は継続雇用制度に該当し，従業員が後者を選択したために60歳で雇用が終了しても，企業は高年齢者雇用確保措置義務違反とならないとした裁判例がある（前掲・大阪高判2009〔NTT西日本〕，前掲・東京高判2010〔NTT東日本〕）。

(4) **高年従業員の賃金設定**　　企業は，再雇用する高年従業員の賃金を設定する場合，同従業員が，企業年金，高年齢者雇用継続給付金などを受給していることを考慮することは可能である。労契法20条（現在の短時間有期8）の不合理性の判断でも，こうした受給をしていることは考慮される（東京地判2018・11・21〔日本ビューホテル〕，富山地判2018・12・19〔北日本放送〕）。

> **思考　―高年従業員の人材活用―**
>
> 　2020年の高年法の改正により，企業は，高年従業員を，65歳まで非正社員という形態も含めて雇用し続けることに加え，70歳まで自営的な形態も含めて就業機会を確保するよう努めなければならなくなった。65歳以上は努力義務であるとはいえ，現代の企業は，良き経営をするためには，高年齢者の雇用に正面から取り組んでいく必要がある。
>
> 　もっとも高年従業員を，定年までの従業員と同じように処遇することは困難であるし，従業員のほうもそれを望んでいないことが多いだろう。企業の資源を高年者に向けすぎるのは，企業の持続的経営を考えると望ましくない面もある。将来を考えて若手・中堅層に資金を厚く投入するのは経営戦略としてごく当然のことである。ただ労働力人口の大幅な減少が予測されるなか，経験豊富な高年従業員を戦力として活用することもまた重要な人事戦略であり，そのためには，高年者の労働意欲を下げないようにするための処遇を定めることが必要である。これからの企業は，高年従業員を企業内の戦力としてどのように位置

づけるかを明確にしたうえで，それを具体的な処遇として，正当な就業規則に落とし込み，さらに個々の高年従業員にその納得を得るために誠実説明を尽くしながら人事管理を進めていくことが必要となる（大内・雇用社会17話も参照）。

自 学

◆ 就業規則で定年を55歳と定めていれば，高年法8条に反することになるが，この場合，定年はどうなるか（菅野109頁，西谷442頁，水町978頁，労基13，福岡高宮崎支判2005・11・30〔牛根漁業協同組合〕を参照）。

（他の参考文献）
＊櫻庭涼子『年齢差別禁止の法理』（信山社・2008）：年齢差別に関する比較法に基づく理論分析を行った文献。
＊高木朋代『高年齢者雇用のマネジメント』（日本経済新聞出版・2008）：人事管理論の立場から高年齢者雇用について検討した文献。

4　辞職・合意解約

（1）　辞職

　従業員から労働契約を一方的に解消する行為を辞職という。民法上は，辞職は解雇と同じ扱いであり，一定の予告期間を置けば自由に行うことができる（民627，628）。労働法は，解雇の自由は大幅に修正している（⇒205頁以下）が，辞職の自由は修正していない。予告期間を14日と定める民法の規定（627①）は，標準就業規則でもこれをデフォルトとすべきである。民法上は，これは任意規定だが，就業規則でより長い予告期間を定める場合には，「標準就業規則の不利益変更」の手続（過半数の納得同意＋反対従業員への誠実説明）が必要と解すべきである。

　辞職は，一般に退職届のような書面でなされる。辞職の意思表示は，事後に，動機の錯誤による取消しがなされたり（民95②），心裡留保（同93①但）を理由に無効と主張されたりすることもあり，その効力が不安定となることがあることから，標準就業規則では書面によるものと定めるべきだろう。

　辞職は，従業員の単独行為なので，その意思表示が企業に到達すると，その

後は撤回できない。ただし，辞職をめぐる紛争を回避するために，辞職の意思表示は，従業員が用いる文言に関係なく，辞職である旨の意思が明確である場合を除き，合意解約の申込みとして扱うべきである（荒木347頁等。下記（2）参照）。

　なお有期労働契約では，従業員はやむを得ない事由がなければ期間途中では辞職できない（民628）。またやむを得ない事由が当事者の一方の過失によって生じたものであるときは，相手方に対して損害賠償の責任を負う（同。この損害賠償責任は企業が有期労働契約の途中でやむを得ない事由により解雇する場合にも適用される）。

（2）　合意解約

　合意解約は，企業と従業員との間で労働契約を解消する旨の合意をすることである。解雇については，従業員の納得同意を得て合意解約とすることが理想である（⇒208頁）。また前述のように，従業員からの辞職の意思表示も，できるだけ合意解約の申込みとみて，企業は従業員の意思を最終的に確認したうえで，承諾すべきである。

　判例は，「労働者からの雇用契約の合意解約申込に対する使用者の承諾の意思表示は，就業規則等に特段の定めがない限り，辞令書の交付等一定の方式によらなければならないというものではない」とする（最判1987・9・18〔大隈鐵工所60〕）が，退職という効果の重要性にかんがみ，標準就業規則には，合意解約は書面によるという条項を置くべきである。

　また判例は，退職承認の決定権がある管理職（人事部長）が退職願を受理した場合には，合意解約の申込みに対する即時承諾の意思表示がされ，合意解約が成立したものとし，翌日の従業員からの撤回を認めていない（同判決）が，前述のように，最終意思の確認をしたうえでの書面によるものでなければ，合意解約は成立していないと解すべきである。そして，企業からの正式な承諾の意思表示が到達するまでは，従業員は申込みの撤回ができると解すべきである（下井隆史『労働基準法（第5版）』（有斐閣・2019）223頁も同旨）。標準就業規則にも，このような内容の条項を設けるべきである。

　企業から合意解約の申込みをすることもありうるが，解雇と紛らわしいので，できるだけ解雇と同様に，（合意解約の申込みであることを明示した）書面により行うべきこととし（⇒205頁），かつ，従業員の納得同意を得られてはじめて合意

解約が成立すると解すべきである。

（3）　退職勧奨

　従業員からの合意解約の申込みや辞職は，現実には企業により強要されたり，企業からのいやがらせなどが原因で行われたりすることがあり，そうなるとこれは実質的に解雇と評価すべきことになる。例えば，企業が，懲戒解雇事由があると通告して，退職届を提出させたような場合には，納得同意がないため，退職の効力は否定される（実際に懲戒解雇事由があれば，懲戒解雇となるが，必ずしもそのような場合ばかりではない）。従業員は強迫を理由に，退職の意思表示を取り消すこともできる（民96①）。

　また企業は，退職強要行為をすると，不法行為として損害賠償責任を負うことがある（民709）。ある裁判例は，退職勧奨が，従業員の退職についての自由な意思決定を困難にする態様でなされた場合には，企業は損害賠償責任を負うとしている（東京高判2012・10・31〔日本アイ・ビー・エム61〕）。従業員に退職を促す行為は，退職するかどうかの自由な判断の余地を与えているかぎり法的に問題はないが，こうした退職勧奨が度を越し，従業員の退職の自由が制約されるようになると，退職強要として違法となりうるのである。判例には，繰り返し執拗に退職勧奨が行われて，名誉感情や家庭生活の支障など相当な精神的苦痛を与えたケースで，損害賠償責任が認められた例がある（最判1980・7・10〔下関商業高校事件〕）。また，書面で明確に自主退職しない意思を示しているにもかかわらず，懲戒解雇の可能性を示唆するなどして退職を求め，長時間におよぶ面談をした場合（東京高判2012・11・29〔日本航空〕）など，パワハラとみられるような事例でも損害賠償請求が認められた例は少なくない。

　なお，明示的に退職を勧奨しなくても，転勤や出向等の人事異動が従業員を退職に追い込むために命じられているとみられる場合もある。判例も，転勤命令において，不当な動機・目的による場合は権利濫用としているが，それはこのような場合を念頭に置いている（最判1986・7・14〔東亜ペイント35〕。⇒194頁）。もっとも，不当な動機・目的の存否の判断は難しい。人事労働法では，これらの人事措置は，正当な就業規則に基づくものであることが重要で，さらに納得同意を得るために誠実説明をしていれば有効と解する。ただ，有効な人事措置でも，上司の不当な発言があったり，従業員の人格的利益を侵害したりするこ

とがあれば，精神的損害の賠償責任を負わなければならないことはある（民709）。

補　注

(1) **瑕疵ある退職の意思表示**　従業員が，懲戒解雇事由がないにもかかわらず，退職の意思表示をしなければ懲戒解雇となると誤信して退職届を提出した場合には，そのような事情が退職の意思表示の基礎として表示されていれば動機による錯誤として取消可能である（民95①(2)，②）。また，従業員が反省の意を強調する目的で退職届を提出したケースで，企業はその真意を知っていたとして，これを無効とした裁判例がある（民93①但。東京地決1992・2・6〔昭和女子大学〕）。

(2) **早期退職優遇制度と上乗せ退職金**　企業の退職勧奨には，早期退職優遇制度の適用希望者を募集するというパターンもある。通常は，従業員がこの募集に応募しただけでは，企業に，優遇措置としての上乗せ退職金の支払義務は生じない。企業には早期退職優遇制度の適用対象とするかどうかの最終的な決定権があると解されるからである（最判2007・1・18〔神奈川信用農業協同組合62〕を参照）。この場合，退職そのものは従業員の自由だが，上乗せ退職金が支払われる退職と認めるかどうかの決定権は企業にあるということである。

(3) **金品の返還**　企業は，労働者が死亡または退職したときには，権利者（労働者または遺産相続人）に対して，その請求にもとづき，7日以内に賃金（その他，労働者の権利に属する金品）を支払わなければならない（労基23①）。ただし，退職手当は，労働協約や就業規則で規定された期日に支払えばよい（1988・3・14基発150等）。

> #### 思考　―企業のイニシアティブによる退職―
>
> 　学説のなかには，企業の一方的なイニシアティブによる合意解約は解雇とみなすべきとする見解（擬制解雇法理）もある（下記の小西(國)文献）。企業には，できるだけ従業員の形式的な同意を得て法律上の規制のない合意解約をして，解雇規制を潜脱しようとする傾向があることを考慮すると，この見解にも一理ある。ただ従業員の同意を納得同意という形で厳格に審査する場合には，解雇規制の潜脱は回避でき，むしろ擬制解雇法理は，どのような場合に解雇と擬制される合意解約であるかが明確でなく，行為規範としての明確性に問題があるため，

望ましい合意解約の実現への阻害要因となる。人事労働法の発想は，伝統的労働法のような，望ましくない合意解約に規制の網を広くかぶせようとする動きとは対照的に，納得同意を得るよう努めた企業に対して，強行規定による規制をかけないようにするという形でインセンティブを与えることによって，企業と従業員双方にとって望ましい合意解約の実現に結びつけようとするものなのである。

(他の参考文献)

＊小西國友『解雇と労働契約の終了』（有斐閣・1995）：解雇を中心に退職に関する重要論点
　を検討した論文集。
＊小宮文人『雇用終了の法理』（信山社・2010）：退職に関する法的論点を網羅的に検討した
　文献。

第9章　労使関係

1　団結権の法的保障と不当労働行為

（1）　労働法の理念と労働組合

　労働組合は，企業経営の阻害要因となると考える経営者は少なくない。しかし企業は，労働組合から逃げることはできない。憲法は，勤労者の団結権，団体交渉権，団体行動権を保障しており（憲28），労組法は，労働組合の結成や活動を保障している。企業は，団体交渉（団交）を申し込まれたら，正当な理由がないかぎり，これに応じなければならない（労組7⑵）。

　たしかに，企業が，労働組合に嫌悪感を示すことに理由がないわけではない。労働者が，労働条件の交渉について，集団の力を使って自己に有利に進めようとする行為は不公正な取引方法にみえるだろうし，また要求を実現する手段としてストライキに訴える行為は，労働契約上の労務提供義務を果たさない債務不履行であるし（民415等），事業の正常な運営を阻害して損害を引き起こす不法行為にも該当しうる（民709）。団交やストライキは，刑法上の犯罪にも該当しうる（脅迫罪［刑222］，強要罪［刑223］，威力業務妨害罪［刑234］等）。さらに歴史的にも，争議行為は，治安に悪影響を及ぼすし，また背後に危険思想があるとみられて，政府の抑圧の対象となってきた（戦前の治安警察法等）。

　しかし労働法は，労働組合による団交要求や争議行為の実施等は，契約弱者である労働者が，労働条件の維持改善を図ったり，人格的利益を守ったりするために必要不可欠なものであるとみて法的に承認してきた。日本は，戦後，GHQ（連合国軍最高司令官総司令部）から「労働組合の結成奨励」を進めることを命じられ（日本を民主化・自由化するために発せられた五大改革指令の一つ），労働組合の結成，団交，団体行動が権利として認められることになる（1945年の旧労組法の制定［1946年施行］，1946年の憲法28条の制定［1947年施行］，1949年の現行労組法の制定・施行）。

ただ今日，労働組合の存在感は，かつてほど大きくないことも事実である。労働組合の組織率は低下傾向にあり，中小企業の多くでは労働組合は組織されていないし，産業別でも，徐々に割合が増えている非製造業での組織率は低い。また組織されている労働組合の多くは企業別組合であり，実際上は企業内の一機関としての性格が強く，企業が敵視する存在ではなくなってきている。ただ近年は，企業横断的に組織される地域合同労組（コミュニティユニオン）などが活発であり，労働組合が組織されていない中小企業の従業員や，企業別組合への加入資格がない非正社員らの受け皿となっている。企業は，コミュニティユニオンによる突然の団交の申込みであっても，労働組合からの団交の申込みである以上，法的に正しく対応しなければならない。労働組合と適切に向き合うことは，労働法の理念に則した良き経営の根幹にあるものである。

（2） 不当労働行為の禁止

企業が労働組合に対して行ってはならない不当労働行為には，大きく分けて不利益取扱い，団交拒否，支配介入の三つの類型がある（不当労働行為の救済手続全般は，菅野1102頁参照）。

第1の類型の不利益取扱いは，労働組合の組合員であること，労働組合に加入したり，これを結成しようとしたりすること，または労働組合の正当な行為をしたことの故をもって解雇その他の不利益取扱いをすることである（労組7⑴前段）。「故をもって」は，企業が「不当労働行為意思」をもつという意味である。

不当労働行為意思とは，反組合的意図と言い換えることもできる。企業の行為について，反組合的意図と他の正当な動機が競合する場合には，どれが決定的な動機かによって不当労働行為意思の有無が判断されると解されているが，決定的かどうかの判断は必ずしも明確ではない。組合員でなければ，あるいは労働組合の正当な行為をしていなければ，不利益な取扱いを受けていなかったであろうといえる場合には，不当労働行為意思が認められると解すべきである（この判断は，同種行為の先例との比較，組合員になった時期や組合活動を行った時期との時間的関係等から行われる）。企業に協調的な指導部に反対する組合内少数派に対する反組合的意図による不利益取扱いも禁止対象に含まれる（東京地判1981・10・22〔北辰電機製作所182〕等）。また，労働委員会に不当労働行為の救済

申立てをしたり，労働委員会の手続で証拠の提示や発言をしたりしたことを理由とする解雇その他の不利益取扱いも不当労働行為となる（労組7(4)）。

　不利益取扱いの不当労働行為の成立には，経済的な不利益があることは必ずしも必要ではない。出世コースから外れる配転のように，組合に加入したり，組合で活発に活動したりすることに萎縮効果が生じるような不利益であれば広く含まれる（東京高判1999・12・22〔西神テトラパック184〕参照）。また組合活動を困難にする僻地への配転は，それが昇格をともなうものであっても不利益取扱いとなりうる。採用拒否は，判例は原則として不利益取扱いではないとする（最判2003・12・22〔JR北海道等180〕。例外は，従前の雇用契約関係における不利益な取扱いにあたる場合）が疑問である。例えば，地域合同労組の役員を，その活発な組合活動を嫌悪して不採用にしたことが，不当労働行為に該当しないという解釈は到底受け入れることはできない（菅野1024頁等。ただし，労働委員会の救済命令の内容として，採用命令までは出すべきではなかろう）。事業譲渡にともない譲渡先が，譲渡元の従業員の転籍を拒否した場合は，採用拒否と類似の状況だが，解雇に準じるものとして扱う裁判例もある（東京高判2002・2・27〔青山会183〕参照）。有期労働契約の雇止めや定年後再雇用拒否のような，純然たる採用拒否と違うケースでは，判例を前提としても，「従前の雇用契約関係における不利益な取扱いにあたる場合」として不当労働行為となると解すことができよう。

　組合員に対する人事上の不利益な措置は，正当な就業規則に基づくものであれば民事上は有効となるが，反組合的意図が認められ，反組合的意図がなければそのような措置がされていなかったであろう場合には，不当労働行為と認めるべきである。不当労働行為の該当性と，民事上の有効性は切り離して考えるべきである（⇒237頁）。

　第2の類型の団交拒否については後述する（⇒243頁以下）。

　第3の類型の支配介入は，労働組合の結成や運営に介入して，労働組合の弱体化を図る行為である（労組7(3)）。不当労働行為の成立には弱体化の意図（不当労働行為意思）が必要かをめぐっては議論があるが，必要と解すべきである（判例として，最判1985・4・23〔日産自動車191〕，最判1987・5・8〔日産自動車192〕，東京高判2005・2・24〔日本アイ・ビー・エム187〕等）。支配介入の成否でしばしば問題となるのは，企業の言論活動である。経営者がその信条として労働組合に対して否定的な見解を述べることについて，裁判例は，組合員に威嚇的効果を与え，

労働組合の組織や運営に具体的な影響を及ぼす場合は，支配介入に該当するとする（東京地判1976・5・21〔プリマハム188〕）。また，労働組合からの脱退の勧奨のように言論の内容それ自体が反組合的なものは不当労働行為に該当するが，それが経営者（役員以上）ではなく管理職による発言の場合はケースバイケースの判断となる。判例は，企業の利益代表者に近い職制が企業の意を体して行った場合には，それが個人的な発言であったり，対立する労働組合の組合員としての発言であったりする場合を除き，企業に帰責される不当労働行為であるとする（最判2006・12・8〔JR東海185〕）。

（3）　不当労働行為の行政救済

　不当労働行為をめぐる紛争については，各都道府県に設置されている労働委員会という公労使三者構成の行政委員会における専門の解決手続が設けられている（労組7，19以下）。労働委員会での不当労働行為の審査手続は，労働組合または個々の組合員からの救済申立てにより始まり（申立ての制限期間は行為の日から1年以内［同27②］），裁判所の司法手続と類似の，申立人と被申立人（企業）を両当事者とする対審手続がとられ，証拠に照らして事実の認定がなされ，不当労働行為が成立すると判断された場合には，これを是正するための命令（救済命令）が発せられる（同27の12）。

　企業は，都道府県労働委員会（都道府県労委）の初審命令に不服があれば，中央労働委員会（中労委）に再審査を求めるか（労組27の15以下。申立て期間は命令交付から15日以内），裁判所に取消訴訟を提起することができる（再審査命令についても取消訴訟を提起できる。同27の19以下［提訴期間は30日以内］）。この場合でも，初審の命令自体は交付のときから効力をもっている（労組27の12④）。企業が取消訴訟を提起しても，即時救済の必要性がある場合には，労働委員会の申立てに基づき，救済命令を履行するよう命令（緊急命令）が発せられることがある（同27の20。東京高決1979・8・9〔吉野石膏199〕も参照）。労働委員会が，救済を棄却したり却下したりした命令には，労働組合側からも再審査の申立てや取消訴訟の提起ができ（取消訴訟の提訴期間は6か月以内［行訴14①］），この場合，取消訴訟の被告は労働委員会の所属する国（中労委）または都道府県（都道府県労委）であるが，企業も補助参加ができる（行訴7，民訴42［企業が原告の場合は，労働組合または労働者も補助参加できる］）。

企業は，緊急命令や確定した救済命令に違反した場合には過料が科されるし（労組32），確定した取消訴訟で支持された救済命令に違反した行為者（自然人）は刑罰（1年以下の禁錮または100万円以下の罰金）が科される（同28）。

　救済手続は，都道府県労委での初審，中労委での再審査，取消訴訟での3審を合わせた5審制であり，さらに労働委員会の救済命令を取り消す判断が確定した場合には，審査が再開されて手続は継続する。労働委員会の審理には迅速性が求められている（労組27の6④参照）が，手続構造上，長期間の争いの発生を回避することは困難である。このため，実務上は，和解による終局的な解決が重視されている（同27の14を参照）。経営者のなかには，和解のような妥協的な解決に抵抗感をおぼえる人もいるが，紛争を長引かせることは労力や費用もかかり，人事管理に支障を来たす可能性が高いことを考慮すると，（事案の性格にもよるが）和解による早期解決をめざしたほうがよいことが多いだろう。

　なお，労働委員会は，労働争議の予防や解決のための争議調整（斡旋，調停，仲裁）も行う（労調）。労働組合によって不当労働行為の救済申立てがなされる前に，企業から労働委員会での斡旋等を申し立てて，紛争解決を探ることが紛争の早期解決に効果的であることが多い。

（4）　不当労働行為の司法救済

　不当労働行為に該当する行為は，労働委員会による行政救済手続とは別に，裁判所において権利義務の問題として処理されることもある（司法救済手続）。例えば，労働組合は，団交拒否事件において，団交を求める法的地位の確認を求めたり（東京高判1987・1・27〔国鉄153〕），支配介入事件において，損害賠償（民709）を請求したりすることができる（労組法の適用されない国家公務員の事案だが，最判2001・10・25〔横浜税関〕も参照）。労働組合が賠償請求する損害には，社会的評価の低下という無形損害も含まれる。

　また，判例および通説は，不利益取扱いとなる行為は，民事上も無効となると解している（最判1968・4・9〔医療法人親光会〕，菅野1052頁，西谷624頁）。これは，不当労働行為かどうかの判断を，裁判所も行うことを意味する。しかし，これは労働審判や裁判所での民事手続と労働委員会の行政手続が目的を異にしたものであることを考慮すると適切ではない。民事手続では，組合員に対する解雇その他の人事措置が，納得規範に基づく措置であるかぎり，組合員差別かどう

かは問題とならない（このことは，労組法7条1号は，判例や上記学説とは異なり，民事上の効力とは無関係な規定であることを意味する）。しかし，労組法は，納得規範を満たしているときでも，なおそれが組合員差別による不当労働行為であると主張して組合固有の利益を守ることができるようにするために，労働委員会における行政救済制度を設けたと解すべきである（組合員個人に対して，正当な就業規則上の根拠があり，誠実説明を尽くして行った措置でも，組合に対しては不当労働行為と判断されうる，ということである）。

補　注

(1)　**黄犬契約**　労働組合からの脱退または労働組合への不加入を雇用条件とする契約（これを「黄犬契約」という）は，明文で禁止されている（労組7(1)後段）。判例（前掲・最判2003〔JR北海道等〕）は，採用時点では，黄犬契約のみが不当労働行為となるとして，企業の採用の自由を重視する立場（最大判1973・12・12〔三菱樹脂18〕）と一貫させようとしているが，本文で述べたような疑問がある。

(2)　**救済命令に関する労働委員会の裁量**　最高裁は，労働委員会がどのような救済命令を発するかについては，その専門的な裁量を尊重するとしている（最大判1977・2・23〔第二鳩タクシー178〕）。したがって，企業は，労働委員会の救済命令の内容の違法性を理由に，その取消しを求めることは原則としてできない。例えば，賞与に関する査定差別の場合に，企業に再査定を命じるのではなく，労働委員会が直接的に賞与額を示して是正命令を出すのは，人事上の裁量にかなり踏み込んだものだが，判例は適法としている（最判1986・1・24〔紅屋商事195〕）。ただし，解雇が不利益取扱いと認められたケースで，当該組合員が得ていた中間収入を控除しないバックペイ命令を違法としたり（前掲・最大判1977〔第二鳩タクシー〕），私法的法律関係から著しく乖離する事実上の状態を作出する救済命令を違法としたりした判例もある（チェック・オフの有効要件を充足していないなかで，チェック・オフをせよと命じる救済内容を違法とした〔最判1995・2・23〔ネスレ日本（東京・島田）194〕〕）。

(3)　**支配介入の申立て適格**　判例は，支配介入の不当労働行為は，労働組合が不当労働行為として争わないと決めていても，組合員個人の判断で救済申立てをすることができるとする（最判2004・7・12〔京都市交通局196〕）。しかし不当労働行為救済手続は基本的には労働組合の利益を守るものなので，この判断には疑問がある（下記の大内論文を参照）。

(4)　**不利益取扱い事件における労働組合の救済利益**　　不利益取扱いの事案で労働組合が救済申立てをした後に，組合員が退職により組合員資格を喪失した場合でも，労働組合には固有の救済利益が認められる。しかしこの場合，労働委員会は，元組合員の意思に反して，その個人の雇用関係上の権利利益の回復を内容とする救済命令（バックペイ等）を発することはできない（最判1986・6・10〔旭ダイヤモンド工業198〕）。

(5)　**救済命令の拘束力の消滅**　　労働委員会から不当労働行為の救済命令が出されたのち，労働組合が消滅した場合，企業に対する救済命令の拘束力は失われる。その場合，企業は救済命令の違法性を争う取消訴訟を提起することはできなくなる（最判1995・2・23〔ネスレ日本・日高乳業200〕参照）。

(6)　**継続する行為**　　不当労働行為の救済申立ての1年の期間の制限（時効とは異なり，途中で進行が停止することがない除斥期間と解されている）は，「継続する行為」については，その行為の終了した日から起算される（労組27②）。その起算点は，組合員に対する査定差別による月例賃金の格差を不当労働行為として救済申立てした事件では，当該差別的査定に基づく賃金の最後の支払時となる（最判1991・6・4〔紅屋商事197〕参照）。

┌───
│　　**思考　―憲法で労働基本権が保障される法的意義―**

憲法28条が，勤労者の団結権，団体交渉権，団体行動権（これらは「労働基本権」あるいは「労働三権」と呼ばれる）を保障していることの法的意味は，次の二つである。第1が，法律が労働基本権を制限することを憲法違反とすること（自衛隊等は例外である），第2が，労使の非対等性に配慮し，労働組合の結成や活動を助成する法律に憲法上の根拠を付与することである。前者は法律による介入を禁止することを意味し，後者は法律による介入を要請することを意味する。

憲法の規範は，通常は，公権力を名宛人とするものだが，労働基本権については，企業をも名宛人として，この規範を遵守するよう求めている。これは理念的な意味をもつだけでなく，例えば企業が労働組合との間で団結権を侵害するような合意をした場合に，その合意が公序良俗（民90）に反するかの判断の際に考慮されるという形で，具体的な法的意味をもっている（最判1989・12・14〔三井倉庫港運145〕参照。人権規範の私人間の契約への適用の仕方一般については，前掲・最大判1973〔三菱樹脂〕参照）。これは憲法28条の「公序設定の効果」と呼ばれる

こともある（菅野34頁。これに対し，第1の効果は「自由権的効果」，第2の効果は「政策義務としての効果」と呼ばれている［菅野33頁以下］）。

　企業は，勤労者（労働者）の団結権を尊重し，団体交渉や団体行動に対して適正に対応することは，憲法上の要請であることを常に念頭に置いておかなければならない。

自　学

◆ 労働組合に対する法政策は，歴史的にみて，どのように展開してきたかを確認せよ（菅野815頁以下）。

（他の参考文献）

＊石川吉右衛門『労働組合法』（有斐閣・1978）275頁，412頁：労組法7条は労働委員会が適用すべき規範であり，裁判所が適用すべきではないとする見解を述べた文献。

＊大内伸哉『経営者のための労働組合法教室（第2版）』（経団連出版・2020）：労組法全般についての概説書。

＊大内伸哉「不当労働行為救済制度における集団的利益の優越について」伊藤眞他編『経済社会と法の役割』（商事法務・2013）949頁：労働委員会の救済手続が，労働組合の利益を守るための手続であることを純化する理論的試みを行った小稿。

＊藤村博之「日本の労働組合」日労研606号（2011）79頁：労使関係論の立場から日本の労働組合を論じた文献。

2　労働組合

（1）　労働組合の種類

　労働組合の種類には，同一職業の労働者を組織する職業別組合，同一産業の労働者を組織する産業別組合，同一企業の労働者を組織する企業別組合，職業や産業を限定せず，企業横断的に労働者を組織する一般労働組合，特定の地域の労働者を組織する地域合同労組等がある。日本で圧倒的に多いのは企業別組合だが，その多くは製造業の大企業で組織されており，また正社員を組合員に限定するところも多いため，近年では，非正社員や中小企業の労働者を組織する地域合同労組の活動が目立っている（⇒234頁。ただ全般的には労働組合の組織率は低下傾向にある（⇒29頁［思考］））。

（2）　労組法上の労働組合

　労組法でいう労働組合は,「労働者が主体となって自主的に労働条件の維持
改善その他経済的地位の向上を図ることを主たる目的として組織する団体又は
その連合団体」とされ,労働組合の種類に関係ない広い定義が採用されている
（労組2柱書）。そのうえで,企業の「利益代表者」の参加を許す団体や,団体
の運営について企業から経費援助を受ける団体を,定義から除外している（同
2(1)(2)）。企業による経費援助は不当労働行為にも該当する（同7(3)）。法は,組
織面や財政面で自主性を欠く団体を労働組合の定義から除外することにより,
望ましい労働組合のあり方を示そうとしているのである（東京高判2000・2・29
〔セメダイン労組141〕も参照）。

　労働組合が労組法の定める手続に参与したり（法人登記〔労組11〕をする場合
等）,不当労働行為の救済を受けたりするためには,労働組合は,上記の法の
定義に合致していることに加えて,組合規約に必要記載事項（同5②）を含ん
でいることを,労働委員会に対して立証しなければならない（同①）。この手続
を資格審査といい,これによって資格を認められた労働組合を「法適合組合」
という。例えば,利益代表者が参加している労働組合は,たとえ企業から不当
労働行為を受けても,労働委員会での救済を受けることはできない。一方,労
組法上の労働組合の定義の自主性以外の要件（労働者性,目的,団体性）を充足
していれば,労働組合としての基本的な要素は備えているので,こうした労働
組合（「自主性不備組合」と呼ばれる）は,労働委員会での手続とは関係のない
範囲では,保護を受けることができる（例えば,規範的効力のある労働協約の締
結〔同14以下〕や争議行為に対する民事免責〔同8〕）。

（3）　労働者とは誰か

　企業は,労組法上の労働者以外が主体となった団体は,労働組合と称してい
ても,その法律上の定義（労組2）に該当しないので,団交の申込みを拒否でき
る。ただ,その構成員が労働契約を締結していないという理由だけで,労働者
性が否定されるわけではない。労組法上の労働者とは,「職業の種類を問わず,
賃金,給料その他これに準ずる収入によって生活する者」であり（同3）,労基
法や労契法の労働者のような「使用され」という文言が入っていないことから

（労基9，労契2①），業務委託契約のような雇用契約でない契約を締結して就労する者も含みうると解されている。

　この点について，判例は，①事業遂行に必要な労働力として，基本的にその恒常的な確保のために企業の組織に組み入れられているか，②契約内容が一方的に決定されているか，③報酬が労務提供の対価としての性質を有するか，④当事者の認識や契約の実際の運用において，業務の依頼に対する諾否の自由があるか，⑤企業の指揮監督の下に労務の提供を行い，場所的，時間的な拘束を受けているか，を判断したうえで，なお⑥独立の事業者としての実態を備えていると認めるべき特段の事情がないかを判断するというアプローチをとっている（最判2012・2・21〔ビクターサービスエンジニアリング〕。最判2011・4・12〔INAXメンテナンス140〕・〔新国立劇場運営財団〕等も参照）。もっとも，このような総合的な判断では，事前に労働者性の判断をすることは困難なので，企業としては，対応に困ることもある。立法論としては，労働委員会は，労働組合の定義該当性（その前提としての労働者性の判断や利益代表者性の判断も含まれる）が当事者間に争いがある場合には，それを事前に認証する手続を，資格審査手続とは別に導入すべきである（地公労5②も参照）。それによれば，企業は認証のない労働組合との団交拒否は「正当な理由による」ものとなる（労組7⑵）。

補　注

(1) **管理職組合**　「利益代表者」である管理職だけが集まった管理職組合は，自主性の欠如という問題はないので，その他の要件を具備すれば法適合組合と解すべきである。管理職組合であっても，利益代表者である管理職とそうでない管理職が混在している場合は，法適合組合ではない（大内・労働者代表6章参照）。

(2) **組合員の範囲**　労働組合は，組合員の範囲を自由に決定することができる（横浜地判1989・9・26〔全ダイエー労組143〕）。ただし，一定の差別的な組合員資格の設定は許されない（労組5②⑷）。また，企業は，一定以上の職制の労働者を非組合員とすることを労働組合と合意して労働協約で定めることもできる（事例として，東京高判2005・2・24〔日本アイ・ビー・エム187〕）。

┌─ **思考　―資格審査手続は必要か―**

　労働委員会が，労働組合の資格審査を行い，法適合組合でない労働組合に不

当労働行為の救済を認めないことは，労働組合の自治への介入であるという見解もある（西谷603頁も参照）。たとえば自主性不備組合は，労働組合の定義を充足しなくても，それはなお憲法28条の勤労者の団結権として保障されるものであり（それゆえ「憲法組合」と呼ばれることもある），そうした団体に不当労働行為の救済を認めないことは憲法違反と考えられなくもない。このような懸念もあることから，労働組合の資格審査は，不当労働行為の救済との関係では，救済申立時ではなく，救済命令を発するまでに終了すればよいという併行審査主義により，自主性を実質的に審査しようとしたり，組合規約に対する審査は，規約どおりの運用がなされているかはチェックしない形式審査主義がとられ，不備があれば補正を認めるなど，資格審査だけで救済を拒絶しないような運用が実務上行われている（会計報告に関する規定のように無用に厳格な規制もある［労組5②(7)]）。しかし，これにより，資格審査は形骸化しているともいえる。なお，企業は，資格審査に瑕疵があったとしても，それを理由に救済命令の取消しを主張することはできない（最判1957・12・24〔日通会津若松支店〕参照）。詳細は，大内伸哉「労働組合の資格審査は必要か」季労265号（2019）219頁を参照。

自　学

◆ 企業が，組合員の地位と利益代表者のポストとは相容れないことを理由に，組合員の昇進を拒否した場合，それは不利益取扱いの不当労働行為となるだろうか（菅野1023頁。東京地判1994・10・27〔放送映画製作所〕も参照）。

(他の参考文献)
＊竹内(奥野)寿「労働組合法上の労働者」季労235号（2011）230頁：労組法上の労働者性に関する学説を整理し，分析を行った文献。

3　団体交渉

（1）　団交応諾義務と誠実交渉義務

　企業は，その従業員（雇用する労働者）を組織する労働組合からの団体交渉（団交）の申込みを，正当な理由なく拒否すれば不当労働行為となる（労組7(2)）。法律上は，企業の団交義務は，労働組合の申込みがあったときに，それに「応

諾」する義務であり，企業のほうから申し込む義務ではない。

労働組合側の交渉権限をもつ者は，労働組合の代表者または労働組合の委任を受けた者である（労組6）。企業は，労働組合との合意（労働協約）により，上部団体の介入を排除するなどの目的で，従業員である組合員以外への委任を禁じる条項（第三者委任禁止条項）を置くことは可能である（菅野899頁，西谷680頁。反対は水町1070頁）。

企業は，団交の申込みに対して，ただ応じればよいわけではなく，誠実に交渉しなければならない（誠実交渉義務）。明文の規定はないが，単に交渉の席につくだけでは交渉の意味がないので，この義務が認められることについては，異論はみられない。誠実に交渉するとは，合意の達成に向けて真摯な態度で交渉に臨むことを意味し，その態度が実際の交渉過程で具体的に示されていなければならない（東京地判1989・9・22〔カール・ツァイス151〕等）。とくに重要なのは，企業は，労働組合の要求を拒否することはできるが，その場合でも，拒否の理由について十分に説明しなければならないことである。こうした誠実交渉義務を尽くしても，交渉が平行線をたどって合意の達成の見込みがなくなった場合には，企業側から交渉を打ち切っても，正当な理由による拒否と解される（最判1992・2・14〔池田電器〕参照）。ただ，労使間で合意が形成されない懸案事項が残ることは，円滑な人事管理の支障となり，人事労働法の点からも望ましいことではない。企業は，良き経営を行うためには，譲歩の義務がないとしても，誠実交渉義務の目的とする合意の実現に尽力することを心がけるべきである。

（2）　義務的団交事項

企業は，労働組合からのいかなる要求の交渉にも応じなければならないわけではない。企業が交渉に応じるべき義務的団交事項は，法律には規定がないが，裁判例は，「組合員の労働条件その他の待遇および当該労働組合と企業との間の集団的労使関係に関する事項」（義務的団交事項）であって，企業に処分可能なものと定義している（東京高判2007・7・31〔根岸病院152〕等参照）。非組合員の労働条件であっても，組合員の労働条件に影響が及ぶ範囲では，義務的団交事項となる。義務的団交事項以外の要求は，交渉拒否の正当な理由となる。

企業には経営上の専権事項（経営事項）があり，それについては団体交渉に応じなくてもよいとする考え方もある。公務部門では，管理運営事項は交渉対

象とできない（国公108の5③，地公55③，地公労7）が，民間部門ではこうした規制はない。たとえ経営判断に深く関わる事項であっても，それが組合員の労働条件や雇用に関係する場合は，企業はその範囲では団交に応じなければならない（例えば，工場閉鎖の見直しは義務的団交事項ではないが，工場閉鎖にともなう解雇回避の要求は義務的団交事項である）。義務的団交事項の範囲は，労働協約で定めることも認められるべきであり，その場合は，企業は労働協約で定められている以外の事項の団交を拒否することは，正当な理由によると解される。

組合員個人の労働条件（個人的事項）が義務の団交事項かは議論がある。例えば，ある企業から解雇された労働者がその後に加入した地域合同労組が，解雇撤回を要求事項とした団交を申し込んだとき，企業は応諾義務があるか，という形で問題となる（駆込み訴え）。通説は，これを認める（菅野904頁，西谷681頁）が，この場合に労働組合が行おうとしているのは，団交ではなく，個人の代理人としての交渉にすぎないので，企業には応じる義務はないと解すべきである。ただし，労働組合が，解雇に関する基準の設定や運用に関する事項について団交を申し込んでいる場合には，これは個別の事件処理のための交渉ではなく，集団的な意味をもつ「基準」をめぐる団交と評価できるので，企業は応じる義務がある。つまり個別事項であっても，集団的な基準の設定，解釈，適用等に関係していれば義務的団交事項となるのである。

（3）　複数組合との団交

企業が雇用する従業員の全員が一つの労働組合に加入しているわけではない。とくに日本では，アメリカのような特定の交渉単位における労働者の過半数を代表する労働組合が団体交渉権を独占するという排他的交渉制は導入されておらず，従業員のごく少数しか組織していない労働組合からの団交の申込みであっても，企業は応じなければならない。

複数の労働組合からの共同交渉の申込みについては，二重交渉となる危険があるため，統一的な意思形成ができ，交渉権限や妥結権限が一本化されていなければ，団交拒否の正当な理由となる（東京高判1982・10・13〔旭ダイヤモンド工業150〕）。上部団体が，規約上団交権をもつ事項であっても，傘下の企業別組合と共同交渉を申し込む場合には，同じことがあてはまる。

複数の労働組合が，同一事項について，独自に団体交渉を申し込んでいる場

合，企業は中立的な態度を保持する義務（中立保持義務）があり，これに反すれ
ば支配介入の不当労働行為（労組7(3)）となる（最判1985・4・23〔日産自動車191〕）。
それぞれの団交の結果として労働条件に格差が生じても，中立保持義務に反す
るものではないが，例えば組合嫌悪に基づいてなされていた格差がすでに存在
し，その格差を維持するために形式的な団交が行われたにすぎない場合には，
既存の不当な格差が団交による正当な格差に転化したとはいえず，支配介入が
成立する（同判例）。また，賞与の交渉で複数組合に対して同一の前提条件をつ
けて臨んだ結果，その条件を受諾しなかった少数組合が賞与で不利益を被った
場合，企業が少数組合が受諾できないことを予想してその前提条件に固執した
と認められれば支配介入が成立する（最判1984・5・29〔日本メールオーダー〕）。組
合事務所の貸与といった便宜供与の場面でも中立保持義務は適用され，例えば，
多数組合に貸与して，少数組合に貸与しない場合，それが合理的な理由による
ものでなければ，支配介入が成立する（最判1987・5・8〔日産自動車192〕）。

（4）　労使協議

　企業と労働組合との間では，労組法で定められている団交以外に，労使協議
という手続が設けられることがある。団交は，元来，企業利益を組合員にどの
程度分配するかというパイの取合いを目的とするものであり，合意に至らない
場合には争議行為に入る可能性をもつ手続である。一方，労使協議は労使が協
調して企業利益を高め，分配のパイを広げることを目的とする手続である。企
業にとって，労使協議手続は，従業員とのコミュニケーションを促進する意味
ももち，円滑な人事を進めるための鍵となる。良き経営を進めるためには，労
使協議を使って労働組合とうまく付き合うことが，重要な経営戦略となる。

　このため労使協議には，企業は多くの事項を付議し，労働組合に対して，案
件の重要性に応じてさまざまな関与権（同意，協議，説明等）を認めている。
この場合，人事労働法において企業が従業員への人事を行う際に必要としてき
た誠実説明の手続は，労働組合に対するものに代替されることになる（なお，
裁判例には，労働組合との信頼関係が失われている事案では，事前協議約款違反の解雇を有
効としたものがある〔東京高判1986・5・29〔洋書センター161〕〕が，こうした場合も，個
別的適用段階では，組合員個人への誠実説明が必要と解すべきである）。

　企業は，複数組合が併存するなか，多数組合との労使協議において行った資

料提示や説明は，同一の交渉事項においては，少数組合に対しても，その求めに応じて行うことが，中立保持義務の観点から求められ，これに違反すれば誠実交渉義務違反（労組7⑵）となる（東京高判2010・9・28〔NTT西日本193〕）。

補　注

(1)　**派遣先企業の労組法上の使用者性**　　労働者派遣法は，派遣先企業が派遣労働者と雇用関係がなく，ただ指揮命令をするだけの立場であることを明記している（労派遣2⑴）。また派遣先企業には苦情処理の義務が明記されていることから（同40①），派遣先企業との間では，団交による紛争解決が予定されていないという見方もある。ただし，裁判例には，派遣先企業は原則として労組法7条の使用者ではないものの，労働者派遣が，労働者派遣法の原則的な枠組みによらない場合，または，同法で労基法上の責任を負う使用者とみなされている場合には，判例（⇒下記の〔思考〕）の枠組みを使って使用者性の判断をすべきとする（東京地判2013・12・5〔阪急交通社〕参照）。

(2)　**未組織企業の労使関係**　　労働組合が組織されていない企業（未組織企業）でも，従業員団体との間でコミュニケーションは行われている（今野他15章を参照）。

> **思考　―雇用関係のない労働者を組織する労働組合との団体交渉―**
>
> 　企業が，労働組合からの団交申込みに応じなければならないのは，その「雇用する労働者」が組合員である場合だけである（労組7⑵）。企業は「雇用する」労働者以外の者を組織している労働組合からの団交申込みは拒否できる。こうしたケースには，自営的就労者の組織ゆえ「雇用する」に該当しないと主張するパターンもあるが，これは労働者概念の問題である（労組3）。一方，他企業で雇用されているから自ら「雇用する」労働者でないと主張するパターンもあり，これは労組法7条の「使用者」性の問題とされている（菅野1004頁参照）。この問題について，判例は，「雇用主以外の事業主であっても，雇用主から労働者の派遣を受けて自己の業務に従事させ，その労働者の基本的な労働条件等について，雇用主と部分的とはいえ同視できる程度に現実的かつ具体的に支配，決定することができる地位にある場合には，その限りにおいて，右事業主は同条の『使用者』に当たるものと解するのが相当である」と述べている（最判1995・2・28〔朝日放送179〕）。この判例は，別企業の従業員を受け入れていた事案に関する

ものだが，親会社と子会社の従業員を組織する労働組合との関係でも適用すべきものと解されている（菅野1010頁）。判例のいう現実的かつ具体的な支配決定性は，「基本的な労働条件等」に関して求められているので，労働組合が要求している団交事項について現実的かつ具体的な支配決定性をもっていて，その労働条件が義務的団交事項であればいつでも，団体交渉に応じるべき「使用者」となるわけではない（これと異なる見解として，水町1148頁）。このように「使用者」性の範囲は厳格に解すべきである（不当労働行為の各号ごとに使用者性を判断すべきとする見解もある［川口1013頁］）が，企業が，関連する企業の従業員の労働条件に配慮することは，企業の社会的責任として重要と考えられることから，かりに労組法7条の「使用者」に該当しないとしても，団交以外の形であれ，柔軟に協議に臨む姿勢をとることは，良き経営を行うために必要と考えられる。

このほか，現時点では労働契約関係になくても，近い将来において労働契約関係が成立する現実的かつ具体的な可能性がある労働者との関係では，労組法7条の使用者となる（東京地判2011・3・17〔クボタ181〕）。例えば，派遣労働者の直用が決まっているときに，その派遣労働者を組織する労働組合が，直用後の労働条件の基準について団交を申し込めば，派遣先企業はそれに応じなければならない。

解雇などによりすでに退職した組合員との関係では，労働契約の終了に争いがある場合には，まだ雇用関係は残っていると解される。ただし義務の団交事項となるのは，労働契約の終了に関係して争点となっている解雇や退職金の基準の解釈・適用に関するものに限られる。

労働者が解雇や雇止めの時点では加入していなかった労働組合に，事後的に加入して，解雇や雇止めの撤回をめぐる団交が申し込まれることもある。こうした「駆込み訴え」は，労働契約の終了に争いがある以上，使用者性は消滅していないと解すべきであるが，本文で述べたように（⇒245頁），個人的事項として，義務的団交事項性が否定されるべき場合が多いだろう。

自 学

◆ 本文でもふれたように，通説は，義務的団交事項には，組合員の個人的労働条件が含まれるとする。その理由として，民間企業では，苦情処理手続が発達していないことが挙げられる（菅野904頁）が，個別労働紛争の解決手続（労働審判等）が発

達してきている現在，こうした見解を維持することは適切か。

◆ 労働組合の機能には，労働者間の競争を制限して，労働条件の向上を図るカルテル機能と，経営に対する発言をとおして生産性の向上に貢献する発言機能がある。日本の企業別組合は後者を重視してきたが，これはどう評価できるか（今野他347頁参照）。

(他の参考文献)

＊竹内(奥野)寿「労働組合法7条の使用者」季労236号（2012）211頁：労組法7条の使用者性に関する学説を整理し，分析を行った文献。

4　労働協約

（1）　労働協約の要式性と有効期間

　企業が，労働組合との間で団体交渉や労使協議により合意した内容は，書面に作成し，両当事者の署名ないし記名押印があると，労働協約としての効力をもつことになる（労組14）。そこでいう効力とは，労働協約が組合員に対してもつ規範的効力（同16）と一定の要件の下に組合員以外の者にも労働協約が適用される一般的拘束力（同17，18）を指す。口頭の合意だけなら，これらの効力は発生しない（最判2001・3・13〔都南自動車教習所154〕）。また，労働協約は，その締結当事者である企業と労働組合との間では契約としての効力をもつ（「債務的効力」と呼ばれる）が，それについては，書面性は要件とならない。ただ企業は，行為規範としては，合意をした以上は，書面化に応じるべきであり，これを拒否することは支配介入にもなりうる（労組7(3)）。

　労働協約の有効期間の上限は3年である（労組15①・②）。有効期間の定めのない労働協約は，当事者の一方が，90日以上前に署名または記名押印した文書による予告をして解約できる（同③前段・④）。有効期間の定めのある労働協約の期間経過後に期間を定めずに延長されている場合も，同様の手順で解約できる（同③後段）。ただし，労働協約の解約は労使関係に望ましくない影響をもたらしうるので，行為規範としては，解約事由は労働協約で事前に定めたものに限定すべきであるし，企業からの正当な理由の説明がつかない解約は，組合弱体化の意図があるとして支配介入とされる可能性もある（同7(3)）。

　労働協約の一部解約は，原則として許されない（労働協約の「良いとこ取り」

になるからである）が，それが他の部分と分別可能で，分別的な取扱いを当事者が合理的に予想し得た場合には可能とされる（東京高決1994・10・24〔ソニー158〕）。

（2） 労働条件の不利益変更

企業は，集団的な労働条件の不利益変更をする場合，就業規則を変更することになるが，労働協約が適用されている労働者（組合員）には，その所属する労働組合の同意を得て労働協約を改訂することも必要である。組合員の労働条件は，就業規則よりも労働協約のほうが優先するからである（労契13）。労働組合が過半数代表（過半数組合）である場合には，就業規則の変更手続にも関与することになるので（労基90），実際上は，労働協約の改訂と就業規則の変更の手続は一体となる（⇒252頁）。

企業は，労働組合と合意した労働協約の改訂により，組合員の労働条件を不利益に変更できるだろうか。労働条件を不利益に変更する労働協約の効力（規範的効力）については，かつては労働組合の主たる目的が，組合員の経済的地位の向上を図ることにあるのを理由に否定し，組合員個人の授権を必要とすると述べた裁判例もあった（大阪地決1978・3・1〔大阪白急タクシー〕等）が，現在の判例は，原則として規範的効力を肯定し，ただ特定または一部の組合員をことさら不利益に取り扱うことを目的として締結されたなど，労働組合の目的を逸脱して締結された場合には否定されるとする（最判1997・3・27〔朝日火災海上保険155〕）。裁判例には，高年組合員の賃金のみが不利益に変更される労働協約について，労働組合が協約締結に必要な組合規約上の手続をふんでいなかったことなどを理由に規範的効力を否定したものがある（東京高判2000・7・26〔中根製作所156〕）。不利益変更の影響が組合員間で一律ではなく一部に偏っている場合には，労働組合の同意を得ていたとしても，反対している少数派組合員への規範的効力が否定されることがあるのである。こうした判例の傾向には，団体交渉の意義を損なうことになるという観点から疑問がある。

また労働組合側の交渉担当者が，組合員の労働条件を不利益変更する労働協約の締結権限をもっていない場合には，規範的効力が生じないとする見解もある（最判2016・2・19〔山梨県民信用組合82〕も参照）。しかし労働組合の交渉担当者の締結権限の有無は純然たる組合内部の問題であり，これが規範的効力の発生

を左右するという解釈は適切ではない。したがって，企業が，組合の交渉担当者に締結権限がないこと（あるいは，締結権の範囲を超えていること）を知っていたか，知らなかったことに帰責性がある場合を除き，規範的効力の発生を認めるべきである（民109，110の類推適用）。また，企業は，交渉担当者に締結権限がないことを知っていた場合やそれが疑わしい場合は，その労働組合と労働条件の不利益変更の交渉をしても効力が認められないので，組合員と直接協議して，その納得同意を得たうえで不利益変更をすることができる（不当労働行為にもならない）と解すべきである。

　企業は，同種の労働者の4分の3以上を組織する労働組合と労働協約を締結すれば，組合員でない他の同種の労働者にも，自動的にその労働協約の定める労働条件を適用することができる（一般的拘束力[労組17]。労働協約の「拡張適用」ともいう）。「同種の労働者」とは，労働組合が加入資格を認めている労働者であり，通常の企業別組合であれば，原則として，正社員はすべて同種の労働者と解される（菅野941頁も参照）。労働条件を不利益に変更する労働協約については，不利益の程度・内容，協約締結経緯等を考慮して著しく不合理である場合を除き，一般的拘束力は肯定される（最判1996・3・26〔朝日火災海上保険157〕参照）。ただし，この場合は，拡張適用される側の労働者への誠実説明を行うことは要件とすべきである。なお，学説の多数は，同種の労働者が労働協約締結組合以外の労働組合に加入している場合には，少なくとも不利益な労働協約の一般的拘束力は認められないとする（裁判例としては，東京地判1995・10・4〔大輝交通〕等。有利な労働協約の場合は争いがある。私見はいずれの場合にも一般的拘束力を肯定する立場である[大内伸哉『労働条件変更法理の再構成』（有斐閣・1999）318頁]）。

　企業は，組合員にすでに発生した具体的な権利に処分や変更をもたらす労働協約を締結しても無効である（最判1989・9・7〔香港上海銀行159〕。就業規則についても同様[前掲・最判1996〔朝日火災海上保険〕等]）。既往の賃金の支払猶予をする労働協約も無効である（最判2019・4・25〔平尾〕）。

（3）　労働協約と労働契約

　企業は，労働組合の組合員との間で，労働協約の定める基準よりも低い労働条件を定めても無効である（労組16）。労働組合は，個々の組合員の契約弱者性を補うために，団結して団交し，労働協約を締結して，組合員の労働条件の基

準を設定している以上，それを下回る労働契約を許容することは背理だからである。組合員の納得同意があっても，これは許されるべきではない（労働協約に違反しないことは，労働組合への加入にともない生じる組合員の義務である）。

　では，組合員が企業との間で労働協約よりも有利な労働契約を締結することは可能だろうか（これは「有利原則」の問題と呼ばれている）。企業は，組合員一般の基準よりも高い労働条件を提示してもよいと思う組合員に対して，労働組合からの脱退を呼びかければ脱退勧奨の支配介入（労組7⑶）となろうが，単に有利な労働契約を締結するだけであれば不当労働行為にはならない。ただ，そうした労働契約の有効性については，労働協約の基準に「違反」する労働契約を無効とする労組法16条が障害となる可能性がある。労働協約より有利な労働契約は「違反」でないとする見解（有利原則肯定論）もあるが，企業別組合の締結する労働協約は組合員の現実の労働条件を定めているので，その上乗せは想定していないとする見解（有利原則否定論）もある。組合員の独自の労働契約の締結は統制違反の行為ではあるが，労働組合が上乗せを許容していれば問題はないはずである。つまり，労働協約に個別の労働契約による上乗せを許容する趣旨の明文の条項があればそれに従うが，原則としては，有利原則を否定すべきである（菅野929頁，荒木674頁，土田181頁，水町142頁。逆に趣旨不明の場合は有利原則を肯定すべきとする見解として，西谷695頁）。

　労働協約の期間満了後または解約による失効後の労働契約の内容については，就業規則の効力が復活するので，それによって規律される（労契13参照）。就業規則がない事業場では，別段の合意がなければ，失効した労働協約の内容が継続して適用されると解すべきである。これは労働協約の効力の持続（いわゆる余後効）を認めるものではなく，あくまで労働契約の効力なので，個別の合意で引き下げることはできる（労組16の「違反」には該当しない）。

（4）　労働協約と就業規則

　労働組合が過半数組合である場合には，就業規則は，その労働組合の意見を聴取して作成・変更がなされ（労基90），通常は，企業はその意見を尊重するので，労働協約と就業規則は一致する（⇒250頁）。労働組合が少数組合である場合には，就業規則と労働協約とは一致しないことが起こりうるが，この場合，組合員の労働条件は，就業規則ではなく，労働協約により決定される（労基92，

労契13)。また，就業規則が労働協約よりも有利な内容の場合には，有利原則の問題となり，労働契約との関係と同様，上乗せを認める明文の条項がないかぎり，労働協約が適用されると解すべきである。

　企業は，労働組合の組合員に対しては，就業規則を用いる場合と異なり，組合員の代表としての労働組合が集団的労働条件の形成段階で関与（同意ないし意見表明）している以上，その内容は正当なものと考えられるので，労働契約への組入れの段階においても，個別的適用段階においても，組合員に直接に誠実説明を行う必要はないが，法的効力と関係なく，補完的誠実説明は行うことが望ましい。なお，後述のユニオン・ショップを締結している労働組合の組合員については，強制的に労働組合に加入させられている面があり，労働組合の関与した労働条件は，組合員に対して当然には正当といえないため，企業は就業規則による労働条件を決定する場合と同様に，納得規範に則して集団的労働条件を決定・適用していく必要があると解すべきである（⇒40頁補注(2)）。

（5）　ユニオン・ショップ

　企業は，労働組合の組織強化の戦略に同意して，従業員が組合に加入しなかったり，組合を脱退したり，除名されたりした場合に，その従業員を解雇しなければならないとする内容の労働協約を締結することがある。こうした労働協約をユニオン・ショップ協定（ユシ協定）という。企業としても，従業員が特定の労働組合に結集するほうが，交渉ルートを一本化できるし，労使協議でもコミュニケーションをとりやすいというメリットがある。判例は，ユニオン・ショップ協定に基づく解雇（ユシ解雇）は権利濫用とならないとしている（最判1975・4・25〔日本食塩製造47〕。現在は労契16）が，脱退したり除名されたりした従業員が，ユシ協定締結組合とは別の労働組合に加入したり，新たな労働組合を結成したりした場合には解雇義務は及ばないとしている（最判1989・12・14〔三井倉庫港運145〕，最判1989・12・21〔日本鋼管鶴見製作所〕）。つまりユシ協定は，どこの労働組合にも加入しないという選択をする従業員の解雇を有効とする効力はもっているが，特定の労働組合への加入を強制するものではないのである。

　ユシ解雇の原因となる労働組合からの除名は，労働組合の統制権に基づく処分のなかで最も重いものである。統制権は，労働組合の団結権を確保するために必要かつ合理的な範囲内で行使されるべきものとされている（最大判1968・12・

4〔三井美唄労組146〕）。除名処分の有効性は，とくにユシ協定がある場合には解雇と結びつくので，厳格に判断される必要がある。なお，除名処分が事後的に無効と判断されれば，ユシ解雇も無効となる（前掲・最判1975〔日本食塩製造〕）。企業には，統制処分が組合の内部問題であることを考慮すると厳しい判断だが，ユシ協定を締結したときに，こうしたリスクを引き受けていたと解すべきである。

ユシ協定は，労働組合の組織強化に，企業が解雇権を使って手を貸すもので，個々の従業員の納得を重視する人事労働法の観点からは，望ましい制度ではない。企業が，労働組合を尊重するのは，それが自らの意思に基づいて加入した労働者の代表であり，労働条件の不利益変更等も労働組合を通じて行うことによって，労働者の納得が高まるからである。ユシ協定という手段で加入強制した労働者を組織する労働組合は，本来は，企業が人事管理を行うときの協働者として適任ではない。解釈論としても，ユシ協定は，労働組合に加入するかどうかの労働者の自己決定を制限するもので無効と解すべきであり（民90），ユシ解雇は，客観的に合理的理由がないものとして無効と解すべきである（労契16）。

なお，判例には，企業と従業員との間で，その従業員が特定の労働組合から脱退することを制限する合意を無効としたものがある（最判2007・2・2〔東芝労働組合小向支部144〕）。労働組合からの脱退の自由は強行的な規範であり，納得同意があってもこの自由を制限する合意（企業と従業員あるいは労働組合と従業員との間のものがありうる）は無効と解すべきである。

（6） チェック・オフ

企業は，労働組合との間で，組合員の組合費を賃金から控除して，労働組合に引き渡すチェック・オフ（組合費の天引き）の合意をすることがある。こうした労働協約をチェック・オフ協定という。チェック・オフは，形式上は賃金の全額払い原則と抵触するので，企業は，過半数代表と労使協定を締結しておかなければならない（労基24①但。最判1989・12・11〔済生会中央病院173〕）。チェック・オフ協定は，それを締結した労働組合が過半数組合であれば，実質的には労使協定としての効力ももつことになる。

チェック・オフ協定は，賃金の支払い方法にかかわるものだが，組合費という労働組合の経済的基礎をなすものに関しての企業の便宜供与であり，労働条件その他の待遇の基準を定めたものではないので，規範的効力（労組16）は生

じない（荒木646頁は反対）。つまり，企業はチェック・オフをするためには，労働協約を締結するだけでは，組合員の賃金から控除を行う権限を得ることにはならず，組合員個人から組合費の支払委任を受けなければならない。支払委任は，通常は，黙示的になされているが，労働組合からの脱退等により従業員から支払中止の申し出があれば，支払委任は解除されたことになるので（民651①），企業はその従業員には組合費を控除せずに賃金を支払わなければならない（最判1993・3・25〔エッソ石油148〕）。その場合，企業は，その従業員の組合費を労働組合に引き渡さなくても，労働組合に対するチェック・オフ義務（組合費引渡し債務）の債務不履行にはならない。

（7）　物的施設の利用

　企業が所有し管理する物的施設は，企業別組合にとって利用の必要性が大きいことから，企業にはその利用を認める受忍義務があるとする考え方もあるが，判例はこれを否定し，あくまで企業と合意したうえで利用すべきとする（最判1979・10・30〔国鉄札幌運転区172〕）。ただし，企業の不許諾が権利濫用となる特段の事情がある場合は，例外である。複数組合併存下では，中立保持義務にかんがみ，許諾をしないことが権利濫用とされることがあろう（最判1987・5・8〔日産自動車192〕も参照）。

　企業は，掲示板や事務所の貸与等について，労働組合に対して継続的な利用契約を設定することもある。その際には，企業は，利用条件等を労働組合と合意して労働協約で定めることができる。掲示物が労働協約で定められた撤去要件に合致する場合には，企業は掲示物を撤去しても支配介入の不当労働行為に該当しない（東京高判2007・8・28〔JR東海186〕。ただし，同判決は，撤去要件該当性は，形式的に判断すべきではなく，企業運営の支障等の実質的な観点から判断すべきとする）。

　事務所については，労働協約で利用条件等が定められていない場合には，民法上の使用貸借契約となる。したがって組合事務所として使用されている限り，企業は返還請求をすることが難しくなる（民597②，598①・②を参照）が，裁判例には，事務所貸与の恩恵的な便宜供与の性格を重視して，正当事由がある場合には返還請求できるとし，その正当事由の判断は，適切な代替施設の提供の有無，組合の運営や活動に対する妨害意図の疑念等を考慮すべきとしたものがある（東京高判2019・7・3〔ヤマト交通〕）。

労働協約では，以上の物的施設の利用以外にも，組合休暇，在籍専従（従業員としての身分を保持したまま労働組合の業務にのみ従事すること）などの便宜供与が定められることがある。便宜供与の運用は，利用打切りの際のトラブルなどを回避するためにも，労働協約で明確にルール化しておくことが望ましい。なお，事実上黙認してきた便宜供与も，それが継続してなされていると労使慣行となり，その打切りは正当な理由がなければ支配介入の不当労働行為（労組7⑶）となりうる。しかし，それが法に抵触する慣行であれば，それを打ち切ることは不当労働行為意思によるものではないので，原則として支配介入は成立しない（最判1989・12・11〔済生会中央病院173〕）。

補　注

⑴　**労働組合の分裂**　労働組合が法人格を取得していない「権利能力なき社団」の場合，その財産は「総有」となり，組合員には持分や分割請求が認められない。しかし，判例は理論的な可能性として「労働組合の分裂」という概念を認め，それに該当する場合（組合内部の対立により，その統一的な存続・活動がきわめて高度かつ永続的に困難となり，集団的脱退と新組合の結成という事態が生じた場合）には，組合財産を分割できるとしている（最判1974・9・30〔名古屋ダイハツ労組149〕）。

⑵　**組合員の協力義務**　組合費は，定期的に支払うものだけでなく，臨時的に徴収されるものもある。組合費の納入義務（判例は組合員の「協力義務」という）は，労働組合の目的（労組2）の達成のために必要な団体活動の範囲に限られるので，政党への寄付金等，個人が自主的に決定すべき事項には及ばない（最判1975・11・28〔国労広島地本147〕）。

> ┌─ **思考　―権利論よりも交渉的解決へ―**
>
> 　企業がその施設を管理する権限（「施設管理権」という）を理由に，労働組合に対して企業施設を利用した組合活動を行うことを拒否したり，他方，労働組合が団結権などを根拠として企業の受忍義務を主張して自力救済的に企業施設を利用したりすることは，どちらも極端である。労働組合に団交権が認められていて，企業に誠実交渉義務が定められていることは，法が，こうした問題は，団交による解決を想定していることを示している。
>
> 　集団的労使紛争を解決する機関として労働委員会が存在する意義は，裁判所

のような権利義務の存否の確認を目的とする機関よりも，企業の誠実交渉義務を通したルール形成を促進するのに適していることにある。この点で，労働委員会が斡旋の場となり（労調10以下），同時に，不当労働行為救済申立後も和解が重視されること（労組27の14）には大きな意味がある。

自　学

◆ ユニオン・ショップ有効論が唱えられてきた背景は何か。無効論の根拠はどこにあると考えるか（西谷606頁，大内・労働者代表108頁，水町1040頁参照）。

（他の参考文献）

＊中窪裕也「労働協約の規範的効力」季労172号（1994）94頁：労働協約の規範的効力に関する学説を整理し，分析した文献。

＊野川忍『労働協約法』（弘文堂・2015）：労働協約に関する法的問題を包括的に論じた文献。

5　争議行為と組合活動

（1）　労働争議回避の要請

　企業は，団交で解決がつかない場合，労働組合が争議行為に訴えることを覚悟しなければならない。争議行為は，団交という交渉的解決から，実力行使による解決に（「平和状態」から「戦争状態」に）移行することなので，労働組合も，それは「最後の手段」としなければならない。実際，労働組合としては，争議行為は，賃金が支払われず（⇒260頁），組合員にも打撃がある（このため，闘争資金を積み立てている労働組合もある）ので，できれば避けたいだろう。企業としても，労働組合をこのような状況に追い込まないように，できるだけ交渉による解決を図るよう努めるべきである。労調法は，労働協約中に，「常に労働関係の調整を図るための正規の機関の設置及びその運営に関する事項を定める」こと，「労働争議が発生したときは，誠意をもって自主的にこれを解決する」ように，「特に努力しなければならない」と定め（労調2。労働争議の定義は，同6），さらに自主的な争議調整の努力をする責務を定めている（同3）。これらの規定にかんがみると，労働協約では，争議行為を行う前に，一定の争議回避手段をとるための手続を定めること（平和条項）が望ましい。

労働協約で合意されている事項については，労働協約の有効期間中，争議行為をしない義務（「相対的平和義務」と呼ばれる）があると解されている。団交・争議行為を経た後の労働協約は「休戦協定」のようなものだからである。相対的平和義務を排除する特約は，この義務が労働協約の本質的な要素であることからこれを否定する見解もある（菅野938頁）が，労使の合意による排除を否定する必要はなかろう（同旨，西谷702頁）。一方，労働協約の有効期間中，一切の争議行為をしない絶対的平和義務の特約も，これを無効とする必要はない。労働組合にとっては，争議行為は憲法上の権利ではあるが，放棄ができないものではない（西谷702頁も結論同旨，水町150頁は反対）。平和義務に違反する争議行為は正当性が否定される（⇒259頁）。

（2）　争議行為とその法的保障

争議行為には，ストライキ（同盟罷業）のように労務提供義務の不履行にとどまるものもあれば，ストライキに随伴して，積極的な態様をとるピケッティング（スト破りの妨害等，ストライキの実効性確保のための行為），ボイコット（商品不買運動）等もある（なお労調法には，争議調整の対象を特定する観点からの「争議行為」の定義がある［労調7]）。労働組合の行う団体行動には，このようなストライキないしこれに随伴する行為以外のものもある。こうした行為は，通常，争議行為と区別して，組合活動と呼ばれる。リボン闘争，ビラ貼付，ビラ配布，組合集会等がこれに該当する。

争議行為に突入した場合でも，そのすべてが適法とされるわけではない。争議行為を中心とする労働組合の団体行動は，それが「正当」なものであってはじめて刑事責任が問われないという刑事免責（労組1②），企業からの損害賠償の請求が認められないという民事免責（同8）が保障される。また，企業は正当な団体行動に関与した幹部や組合員に懲戒処分等を行うと不当労働行為となる（同7(1)）。問題は，争議行為の正当性をどのように判断するかである。

争議行為は，労働組合が事前に争議意思を形成し，実行者に下された争議指令に基づき行われるものである。こうした内部的に意思決定された争議行為が，企業との関係で正当と認められるためには，事前に企業に通告することが要件となると解すべきである。さもなければ，単なる業務懈怠と区別ができないからである。争議行為を通告できる労働組合は，労組法上の定義を充足している

必要はないが，自主性以外の要件（労働者性，目的，団体性）は充足している必要があるだろう。労働組合の統制に反して組合員の一部が行う争議行為（「山猫スト」など）は，適正な争議意思の形成がなされていないので，正当性がないと解すべきである（結論同旨として菅野962頁，荒木698頁。反対は西谷723頁）。

（3）　争議行為の正当性

　争議行為の正当性は，目的，手続，態様の面から判断することができる。

　争議行為の目的は，労働組合の目的とされる「労働条件の維持改善その他経済的地位の向上を図ること」でなければならない（労組2）。ただし，こうした目的に関係していても，企業によって解決できないものは正当性を否定すべきである。その意味で，政治的な要求を掲げる政治スト（最判1992・9・25〔三菱重工長崎造船所164〕参照）や他企業での争議行為に連帯感を示すために行われる同情ストは正当性が認められない。

　争議行為の手続は，前述のように，予告が要件となる（公益事業〔労調8〕では労働委員会および都道府県知事等への10日前までの予告が必要であり〔同37①〕，その違反には罰則がある〔同39〕）。労働協約で予告を定める規定がない場合でも，予告がない場合には，そもそも争議行為は成立しないことになる。事前通告した時刻よりも前倒しで始まった争議行為は，手続の適正さの観点から正当性を欠くと解すべきである（東京高判2001・9・11〔国鉄千葉動労165〕も参照）。

　平和条項違反の争議行為は正当性を欠くと解すべきである。平和義務違反も同様である（前述）。判例は，組合員への懲戒処分は，平和義務違反が労働組合の契約違反にすぎず企業秩序の侵犯にあたるものではない（たんに労務提供義務を履行していないという意味での債務不履行にすぎない）ことを理由に，認められないとする（最判1968・12・24〔弘南バス160〕）。このほか，団交を経ないで争議行為を行うことは，ただちに正当性を欠くわけではないが，労働協約において団交前置を定めていれば，それに違反した場合には正当性を欠く。

　争議行為の態様としては，まず労組法で「いかなる場合においても，暴力の行使は，労働組合の正当な行為と解釈されてはならない」と明記されている（労組1②但）。また判例は，「ストライキは必然的に企業の業務の正常な運営を阻害するものではあるが，その本質は労働者が労働契約上負担する労務供給義務の不履行にあり，その手段方法は労働者が団結してその持つ労働力を使用者

に利用させないことにあるのであって，不法に使用者側の自由意思を抑圧しあるいはその財産に対する支配を阻止するような行為をすることは許されず，これをもって正当な争議行為と解することはできない」と述べて（最判1992・10・2〔御國ハイヤー163〕），ストライキ以外の積極的な態様の争議行為の正当性について厳しい姿勢を示している。例えば，ピケッティングは平和的な説得活動までは許されるが，それを超える自由意思の抑圧（有形力の行使等）や企業の財産支配の阻止（営業用資産を労働組合の排他的占有下に置くことなど）に至れば正当性は否定される。

特定の組合員にのみストライキをさせる指名ストは，例えば組合員の配転が団交議題となっているなかで，当該組合員が，配転を拒否して労務を提供しないという消極的態様で行われる場合には正当性が肯定される（東京地判1987・5・26〔新興サービス166〕）が，配転を拒否するだけでなく，従来の勤務地での就労を強行するという積極的態様でも行われる場合には，正当性が否定される（青森地判1970・4・9〔青森銀行〕）。

怠業は，企業の指揮命令に服しながらも，不完全にしか労務を提供しないという争議行為である（一般用語の「怠業」とはやや違う）。こうした争議行為は，企業にとって対処に困ることが多いが，争議行為の一類型として労調法にも明記されている（労調7）。争議行為の通告は，怠業の場合にとくに重要となる。

（4） 争議行為と労働契約

組合員の労務提供義務は，適法な争議行為の通告により停止されることになる。これにより，組合員は労務提供義務違反の契約上の責任は問われなくなるが，企業の賃金の支払義務も停止する（ノーワーク・ノーペイの原則〔⇒106頁〕）。どの範囲の賃金支払義務が停止するかについては，労働協約，就業規則，労働契約で決めることができる（最判1981・9・18〔三菱重工長崎造船所168〕等）。家族手当など労務提供と関係のない部分は支払義務があるとする見解（賃金二分説）もあるが，そのような強行的な規範は存在しない。標準就業規則では，原則として，すべての賃金を不支給とすべきである（西谷287頁は原則は賃金二分説によるとする）が，別段の労働協約の定めがあればそれによる（労契13）。

争議行為中に労務を提供しても，それが労働契約の趣旨に従ったもの（債務の本旨に従った履行）でなければ，企業に賃金支払義務はない。判例は，外

勤・出張命令を拒否する争議行為を行っている組合員が，企業の命令に反して内勤業務に従事しても，企業には賃金支払義務はないとする（最判1985・3・7〔水道機工167〕）。

怠業の場合，労務不提供部分を特定できれば，その部分に応じた賃金カットは可能と解されている（「応量カット」と呼ばれる）が，実際にはそうした特定ができない場合が多いだろう。

争議行為の影響で，争議行為に参加していない従業員の労務ができなくなった場合（物理的な不能だけでなく，社会観念上無価値ないし不能となった場合も含む），企業が賃金支払義務を負うかは危険負担の問題とされている（民536②）。すなわち企業の帰責事由が問題となり，判例は「不当労働行為の意思その他不当な目的をもってことさらストライキを行わしめたなどの特別の事情」がないかぎり，企業は賃金支払義務は負わないとする（最判1987・7・17〔ノース・ウエスト航空（賃金）169〕）。

この場合，休業手当（労基26）の支給も問題となる。そこで要件となる企業の帰責事由は，民法536条2項のそれよりも広く，企業側に起因する「経営，管理上の障害」を含むが，労働組合が自らの主体的判断とその責任に基づいて争議行為を行ったとみるべきときは，これに該当しない（最判1987・7・17〔ノース・ウエスト航空（休業手当）169〕）。労務を提供できなくなった従業員が，争議行為を行っている労働組合に加入していない場合は難問だが，天災地変とは違って，企業に近い領域で起きた事象に起因する労務の不能であることを考慮すると，少なくとも休業手当の支払義務は認めるべきだろう（菅野994頁，荒木711頁，水町1132頁，川口941頁。なお，人事労働法では，民法536条2項の労働契約への適用を否定することについては，⇒107頁）。

（5） 争議行為に対する企業の対抗行為

企業は，労働組合の争議行為によって，事業の正常な運営が阻害されることは受忍しなければならないが，その間も操業は継続できるし，そのための対抗措置をとることもできる（最決1978・11・15〔山陽電気軌道176〕）。したがって，管理職を使ったり，新たに人を採用したりすることにより，結果として争議行為の効果を減殺させることになっても，法的な問題はない。なお，公共職業安定所は，労働争議に対する中立の立場を維持するため，ストライキや作業所閉鎖

の行われている事業所に，求職者を紹介してはならない（職安20①）。

　企業は，労働組合の争議行為に対して，ロックアウトにより対抗することもできる。労調法上は作業所閉鎖と呼ばれ，争議行為の一つに挙げられている（労調7）。もっともロックアウトは，労働者が行うものではないので，憲法28条で保障されている団体行動には含まれない。ロックアウトは，あくまで衡平の原則に基づき認められるものである（最判1975・4・25〔丸島水門製作所177〕）。

　ロックアウトは，理論的には，争議行為の効果を減殺するものなので，それ自体が不当労働行為（支配介入）となるとする考え方もあり得るが，判例は，労働争議において，労使間の勢力の均衡が破れ，企業が著しく不利な圧力を受けることになるような場合に，このような圧力を阻止し，労使間の勢力の均衡を回復するための対抗防衛手段として相当性が認められる範囲では，正当性が認められるとし，正当なロックアウトにより労務の受領を拒否した場合には，企業は，賃金の支払義務はなくなるとする（同判決）。

　一方，こうした防御型ロックアウト以外の，例えば企業から先制的に行うロックアウトや企業が要求貫徹のために行うロックアウトには正当性は認められない。いずれにせよ，労働組合の争議行為が「最後の手段」であるのと同様，企業にとっても，ロックアウトという実力行使は「最後の手段」と位置づけ，その実行はよほどの事情がないかぎり理論的可能性にとどめるべきだろう。

（6）　組合活動の正当性

　争議行為として通告していない労働組合の団体行動である「組合活動」の実行中は，労働契約上の労務提供義務は停止していないところ，判例は，「一般に，労働者は，労働契約の本旨に従って，その労務を提供するためにその労働時間を用い，その労務にのみ従事しなければならない」ので（職務専念義務），「労働組合又はその組合員が労働時間中にした組合活動は，原則として，正当なものということはできない」と述べている（最判1989・12・11〔済生会中央病院173〕）。

　ただし，労務を提供しながら，労働組合の要求事項を記載したリボンや労働組合のバッジを着用するような勤務が，職務専念義務違反といえるためには，業務への具体的な支障がある場合に限られると解すべきである（⇒123頁補注(3)。菅野976頁も参照）。

　企業の物的施設を利用したビラの貼付や配布については，前述のように

（⇒255頁），労働組合は，企業と労働協約を締結したうえで行う必要がある。企業との合意のないものは原則として許されないが，許諾をしないことが権利の濫用となる特段の事情がある場合は例外である。業務への具体的な支障がないにもかかわらず許諾しない場合（最判1994・12・20〔倉田学園174〕も参照）や複数組合間の中立保持義務違反がある場合がこれに該当しよう。このような組合活動は，許諾がないという意味では違法性があっても，正当性があるものと解される。

　ビラの配布等については労働組合の言論の自由として保障されるべきものであるが，企業やその役員の名誉毀損や信用失墜をもたらす内容を含むものは正当性を欠く。ただし，摘示された事実が真実であるか，そうでなくても真実と信じるにつき相当な理由があれば，その内容の重要性も考慮して，正当性が認められることがある（刑230の2も参照）。今日ではインターネットをとおした言論も増えており，軽率な言論による被害は甚大なものとなるため，真実でない事実を摘示した場合の正当性の判断は厳格になされるべきである（正当性を肯定した裁判例として，東京高判2018・10・4〔連合ユニオン東京V社ユニオン〕）。

　近年，労働組合の街頭宣伝活動に対して，企業が損害賠償請求や差止請求をするケースが増えている。組合活動としての正当性が認められる場合には，こうした請求は認められないが，企業には平穏に営業を営む権利があるとして，企業の事業所近辺の活動であっても，正当性を否定する傾向にある。ましてや，役員の私宅等の近辺で行う活動については，住居の平穏や私生活の自由という観点から正当性の判断は厳しくなされる。取引先の会社の近辺で行われるものも同様である（裁判例として，東京地判2013・2・6〔教育社175〕，東京高判2016・7・4〔富士美術印刷〕等）。

　正当性のある組合活動は，争議行為と同様，刑事免責（労組1②）や民事免責（同8）が認められる（通説）。正当な組合活動に対する抑止行動（警告書の交付等）や，正当な組合活動に参加した組合員に対する懲戒処分等の不利益取扱いは不当労働行為となりうる（同7(1)・(3)）。

補　注

(1)　**怠業と賃金に関する異説**　　学説には，怠業は労務の不完全履行を争議行為と

して行っているので，労務提供義務を履行したと評価できないとし，事実上行った労務提供に対して企業に利得がある場合に，不当利得返還義務（民703）があるにとどまるとする見解もある（下記の山口文献250頁）。確かに，争議行為をしながら賃金の支払いを受けることへの違和感（荒木702頁も参照）を突き詰めれば，こうした見解に行き着くことになろう。

(2) **違法争議行為と損害賠償**　争議行為に正当性が認められない場合，企業は損害賠償責任を追及でき，この場合，労働組合と組合員は共同不法行為者として不真正連帯債務を負う（民719。東京地判1992・5・6〔書泉170〕）。しかし，正当性の判断は微妙なものが多く，たんに争議行為に参加したにすぎない一般の組合員個人に損害賠償責任を負わせるのは酷である。そのため学説には，組合員個人に対する責任追及はできないとする見解（西谷728頁）もあるが，組合員個人にも責任追及はできるが，第一次的な責任は労働組合が負うとする学説もある（菅野987頁）。

(3) **ロックアウトの正当性**　ロックアウトの正当性は，ロックアウトの開始時だけに求められるものではない。労働組合が争議行為の態勢を解くなど，当初の防御型としての相当性を根拠づける事情が消失すれば，それ以降はロックアウトの正当性は否定され，企業は賃金支払義務を負わなければならない（最判1977・2・28〔第一小型ハイヤー〕参照）。

(4) **組合活動の民事免責**　労組法8条の定める民事免責は，法律の文言どおり，争議行為にしか認められないとして，企業は組合活動については，不法行為や債務不履行となるかぎり，損害賠償を請求できるとする見解もある（下記の山口文献290頁等を参照）。憲法の団体行動権には民事免責の保障も含まれているとすると，労組法は団体行動のうち争議行為の民事免責だけを例示的に規定したにすぎないとする解釈となる（通説）。しかし，組合活動は，争議行為のように，その行為の性質上，民事責任を必然的に発生させるものではなく，むしろ企業の市民法上の権利や自由と抵触する場合には，団体交渉によりルールを形成して行うべきものであることからすると，労組法8条の文言にあえて反してまで民事免責を認める必要はないとする見解も説得力がある。判例が組合活動の正当性について厳しい判断をしてきているのには，このような考え方へのシンパシーがあるのかもしれない。

> **思考　―団体行動権と財産権―**
>
> 　戦後，憲法が団結権や団体行動権を認めたとき，資本主義秩序を支える財産権や経済的自由権との関係がどうなるかは理論的にも大きな関心事となった。

具体的に論点となったのが，生産管理という争議行為の正当性である。生産管理は，労働組合が生産設備や資材等を占拠し，自ら経営を行うことを指し，戦後さかんに行われたが，最高裁は，「わが国現行の法律秩序は私有財産制度を基幹として成り立っており，企業の利益と損失とは資本家に帰する。従って企業の経営，生産行程の指揮命令は，資本家又はその代理人たる経営担当者の権限に属する。……従って労働者側が企業者側の私有財産の基幹を搖がすような争議手段は許されない」と述べ，また「固より使用者側の自由権や財産権と雖も絶対無制限ではなく，労働者の団体行動権等のためある程度の制限を受けるのは当然であるが，……使用者側の自由意思を抑圧し，財産に対する支配を阻止することは許さるべきでないと認められる」として，こうした争議行為の正当性を否定した（最大判1950・11・15〔山田鋼業〕）。この最高裁大法廷判決を受け，その後の判例も，「使用者側の自由意思を抑圧し，財産に対する支配を阻止すること」は，争議行為の正当性を否定するという判断を踏襲してきた。

　労働法は，憲法レベルでの財産権の範囲や団体行動権の保障の範囲がどうであれ，資本主義における法秩序を前提としたものであることに変わりはなく，労働組合の争議行為といえども，その根幹を覆すことまでは正当化されるものではないのである。

自　学

◆ 最高裁は，憲法28条の「勤労者」には公務員も含まれるとしているが，公務員の地位の特殊性や職務の公共性に言及して，公務員の争議行為を禁止する法律の規定（国公98②，地公37，行執労17，地公労11等）を合憲としている（最大判1973・4・25〔全農林警職法162〕等）。この判例は説得的だろうか。そもそも公務員の勤務関係には，どのような特殊性があるのだろうか（西谷588頁，菅野39頁。大内・雇用社会6話を参照）。

(他の参考文献)

＊山口浩一郎『労働組合法（第2版）』（有斐閣・1996）：労組法に関する理論的分析の最高峰といえる文献。団体行動の分野でも示唆に富む解釈論が展開されている。本書の争議行為の議論も同書の影響を受けている。なお同書の「はしがき」は本書の序文でも言及。

第10章：終・序論　デジタル変革後の労働法

1　人事労働法の変容

（1）　日本型雇用システムの終焉

　デジタル変革（デジタルトランスフォーメーション）は，産業を変え，企業を変え，働き方も変える。この動きは労働法にも影響を及ぼさざるを得ない。デジタル変革では，デジタル化された情報が産業の中心となり，既存産業がデジタル技術と融合し，ビジネスモデルが変わっていく。それを支える基礎技術が，AI（人工知能），IoT（モノのインターネット），ビッグデータ，ロボットであり，現在，これらを利活用した第4次産業革命が進行中である。

　こうした変化により，企業内の生産体制は一新され，デジタル技術に対応したものとなり，その過程で省力化・省人化が飛躍的に進む。この結果，従業員の配置転換は不可避となる。しかし，急速な技術革新が進むなか，企業内での時間をかけた教育訓練は難しくなる。デジタル技術にうまく適合できなければ，ベテラン従業員でさえ雇用を維持するのは難しい。人材育成は日本型雇用システムの特徴であったが，それが機能しなくなるのである。完全補償ルールに基づく解雇の金銭解決（⇒212頁）が注目されるべきなのは，こうした事態に対応して，企業が迅速な人材の再編成と転職する従業員への十分な損失補償を両立させることができる手段だからである（大内・デジタル184頁）。

　また企業は，今後，先端技術を取り入れたビジネスをプロジェクト化して遂行するようになり，その業務に適した専門的な能力をもつプロ人材を，企業内だけでなく，企業外部からも調達するようになる。採用は，新規学卒者の定期一括採用から，その時々のプロジェクトに適合した即戦力を求めるスタイルに変わる。そうなると，職種は限定され，報酬も職務給に変わっていく。契約期間はプロジェクトの実施予定期間となり，それは5年から10年といった比較的長期の有期労働契約となる可能性もある。5年を超える期間の定めは労基法14

条に反するが，納得同意があればこうした合意も有効と解すべきであるし（⇒44頁），立法論としては，1年経過後の労働者の辞職の自由を保障する現行の暫定規定（労基137）を恒久化させたうえで，14条は廃止すべきである。

日本型雇用システムの枠外にいた非正社員の業務は，定型的業務が多いことから，機械化・省人化の進行により不要となり，正社員と非正社員との間の格差という問題は消失する。さらに正社員の業務も減っていくなかで，真の格差問題は，デジタル技術を活用する能力に起因する格差（デジタル・デバイド）に変わっていく（大内・デジタル323頁）。前述のように企業内訓練が機能しなくなるなか，自営的就労者としての働き方も念頭においた，政府による職業教育政策の重要性が飛躍的に高まる（同328頁）。

以上のような日本型雇用システムの変容は，人事労働法の基盤を揺るがすことになろう。人事労働法で重視していた企業による誠実説明による従業員の納得という要素が機能する範囲が徐々に縮減していくからである。それでも企業が人材を利用する以上，従業員の人格的利益に配慮して良き経営を目指すべきなのは当然である。しかし，そのための手法は，経営をとりまく技術環境の変化に応じて，変わって行かざるを得なくなる。

（2） 労働法の新たな課題

（1）で述べた技術環境の変化のなかで，とくに労働法に大きな影響を及ぼすのは，次のものである。

第1は，ICT（情報通信技術）の発達である。職場がリアル空間からサイバー空間へと移行しテレワークが常態となると，工場労働を前提とした規制は不適合となる。情報はデジタル化されて，処理が自動化していく。それは企業内の業務だけでなく（例えばRPAの活用），行政手続（各種手続のオンライン化）にまで及ぶ。

第2がAIの活用である。デジタル化された情報はAIにより分析され，さまざまな意思決定の場で，AIがデータから学習して構築したモデルに基づく判断（予測）が活用されていく。人事管理においても，配置や評価などでAIが活用されていく（HRテクノロジー）。もっともAIの判断過程はブラックボックスであるため，従業員がそれに納得できるかという問題がある。また，AIの活用のためには膨大なデータが必要であるため，その収集過程で個人情報保護やプラ

イバシーをめぐる問題が起こりうるし，AIのアルゴリズムに含まれる偏見が差別を再生産する危険性があるなど，新たな法的課題が現れる。

第3が，規制にデジタル的な手法が導入されることである。上述のAIの法的課題は，デジタル技術により解決可能でもある。労働がサイバー空間で完結するようになると，デジタル技術によって個人の行動を規律しやすくなる。人事労働法は，とくに企業にとっての行為規範を重視してきたが，今後はデジタル技術的設計によって，従業員も含め人々を望ましい行動に誘導するような規制手法が構築されていくことになるだろう。

第4は，自営的な就労の増加である。企業内の業務は，AIやロボットが中心に担うようになり，人間に残されるのは，機械では対応できない業務に限定されていく。なかでも重要なのが創造性を要する業務である。ただ，こうした業務は，これまでのように，一つの事業場に人材を集め，上長の指揮命令下で組織的に行う働き方には適合しない。創造的な活動は，時間的・場所的な拘束性になじまず，また上からの指揮命令によっては，価値ある成果は生み出されない。つまり，こうした業務の重要性が高まると，「雇用」的な働き方ではなく，「請負」的な働き方をする自営人材が必要となるのである。

以上のような新たな変化は，企業内の人事に着目した人事労働法が大きく変容せざるを得ないこと示している。その先にあるのは，デジタル技術を活用した労働に対応した「デジタル労働法」である。本章は，人事労働法のみならず労働法全体へのレクイエムという意味で「終論」であり，同時に「デジタル労働法」へのプロローグという意味では序論なのである。

補 注

(1) **働き方の未来2035**　厚生労働省の懇談会が，2016年8月に発表した報告書「働き方の未来2035：一人ひとりが輝くために」は，AI時代を見据えた未来志向の政策提言を行っている。そのなかで「2035年の企業は，極端にいえば，ミッションや目的が明確なプロジェクトの塊となり，多くの人は，プロジェクト期間内はその企業に所属するが，プロジェクトが終了するとともに，別の企業に所属するという形で，人が事業内容の変化に合わせて，柔軟に企業の内外を移動する形になっていく。その結果，企業組織の内と外との垣根は曖昧になり，企業組織が人を抱え込む『正社員』のようなスタイルは変化を迫られる」と記載されている（同9頁）。

本文で示したプロジェクト重視の働き方という展望も，こうした認識に基づいている。

（他の参考文献）

＊大内伸哉『AI時代の働き方と法』（弘文堂・2017）：技術革新による日本型雇用システムの変容を分析し，労働法の未来を展望した小著。

2　ICTの活用

（1）　テレワークと指揮命令の希薄化

ICTの発達により，企業から従業員への労務指揮は，リアル空間での直接的なものから，隔地者間でインターネットを介して行われるものへと変わっていく。監督の仕方も，労務遂行の過程をみるよりも，その成果を重視するものへと変わっていく（監視の問題は⇒276頁）。これを指揮命令の強化と評価すべきかは議論の余地があるが，少なくとも指揮命令の有無を重要な判断要素としてきた労働者性の判断（労基9）は，いっそう難しくなることは確実である（⇒80頁）。このことは，労働者と労働者でないものとの境界線を曖昧にし，これまで労働者でないとして労働法の外に置いていた自営的就労者に対する法政策を検討する必要性を高めることになる（⇒282頁）。

判例が「指揮命令下に置かれている時間」と定義する労働時間（労基32）も，テレワークが広がるとその該当性の判断が難しくなる（⇒180頁）。テレワークは，現行法の下では，事業場外労働として，例外的なみなし労働時間制度（⇒177頁）の適用対象となりうる（同38の2。「テレワークにおける適切な労務管理のためのガイドライン」も参照）。しかし完全テレワーク（リアル空間での事業場がなくなり，業務はウェブ上でほぼ完結するもの）となると，物理的な意味での事業場概念を維持することができなくなるので，事業場外での労働を例外とする労働時間規制は根本的な見直しが必要となる（ただし，労働時間規制自体，健康確保という点ではその存在意義が失われつつあることについては⇒279頁）。

なお，完全テレワークとなると，通勤はなくなるので，通勤災害（労災7②）もなくなる（ただし住居とサテライトオフィス間の往復という通勤は残ろうか）。日本の正社員のワーク・ライフ・バランスを損なってきた転勤（⇒195頁）もな

くなる。

（2）　就業規則のデジタル化

　就業規則は電子ファイルとして作成されていくことになる。企業は「標準就業規則」を政府のサイトからダウンロードし，必要な追加や修正をして各企業の就業規則を作成することになる。過半数代表者からの意見聴取は，「事業場」という概念の変容にともない，その就業規則の適用対象となる従業員カテゴリーを単位とするよう改める必要がある。過半数代表者の意見聴取の手続は，企業から直接，従業員に対して電子メールなどを使って，内容を通知し，原案に対して意見をもらうという手順で履践することになる。労使協定の締結も同様の手順で行い，従業員の過半数の同意を得た場合に，過半数代表者との合意があったとみなすことになる（⇒29頁［思考］）。こうした手順を経て作成（または変更）された就業規則や労使協定は，そのままクラウド上で管理され従業員がアクセスできるようにすることで「周知」をしたことになる。労働基準監督署長への届出は，オンラインでの送信で完結できるようにすべきである（押印については廃止される見込みである）。

（3）　AIによる審査

　本書では，人事労働法の中心となる納得規範の適用の場面では，企業が，従業員に対して行った情報や説明の内容（従業員からどのような質問を受けて，それにどのような説明をしたかも含む）や従業員からの意見や要望についての協議内容を記載し，従業員が内容確認をした文書（説明文書）があれば，誠実説明手続をふんだものと推定してよいとしていた（⇒21頁）。しかし，デジタル技術を使うと誠実説明手続の内容を直接審査できるようになる可能性がある。例えば誠実説明手続は，オンライン上の協議の録画（リアル空間での手続でも動画撮影をすれば同じ）や会話内容の自動作成議事録等により，行政機関がチェックするといったことが可能となる。

　さらに誠実説明手続を適正にふんでいるケースのデータを学習させてモデルをつくることができれば，あとは実際の誠実説明手続の自動作成議事録からリアルタイムでAIが手続の適正さを判断することができる。これがさらに進めば，企業に対して，ある事項について従業員に誠実説明をする際に，AIがそれ

が適正に実施されているかを，事前または実施中に判断して指示できるようになる。これは納得規範の行為規範面での明確化の究極的な形であり，デジタル技術によって企業の行動を規律するものとして，後述のアーキテクチャによる規制手法の一例ともいえる（⇒278頁）。

また本書では，労働契約性・労働者性の判断基準の問題点を指摘して，立法論として，行政による事前認証手続を設けることを提唱している（⇒81頁，242頁）。これらも過去の労働契約性・労働者性のデータを蓄積してAIに学習させることにより，AI審査を導入することが可能である。同様のことは，適法な請負かどうかの事前認証手続にも適用できる（⇒88頁）。

（4） 労働組合の活動のオンライン化

労働組合は，前述したような日本型雇用システムの終焉にともない（⇒266頁），企業の正社員という地位を組織原理にする企業別組合であることをやめ，職種別の労働組合に変わっていくだろう。労組法は，労働組合の組織形態に対して中立的だが，実際の法理論は企業別組合を想定して展開されてきたため，その見直しが求められることになろう。職業別組合のような企業横断的な労働組合が出てくると，団交も企業の枠を超えて行われるようになり，労働協約は現実の労働条件を定めるというより，各企業の組合員の労働条件の最低基準を設定する機能に変わる（各企業の状況によって上乗せを許容することになり，有利原則が肯定される）。

また労働組合の活動の拠点は企業内ではなくなり，むしろ多くの労働者をつなぐことができるオンライン上の活動が中心となる。団交も，オンラインで行われるようになる可能性がある。企業は，オンラインでの団交に応じないと，正当な理由のない団交拒否と評価されるし（労組7⑵），逆に企業がオンラインでの団交を希望したが，労働組合がこれに応じない場合は，労働組合がオンラインではできない合理的な理由を説明できないかぎり，団交拒否は正当な理由があると認められることになろう。

ビラ配布や街宣活動のような組合活動も，リアル空間では行われなくなっていくだろう。人々の日常生活の多くがウェブ上で展開するなか，企業への要求や批判などはウェブ上の言論活動が中心となるだろう。労働組合が組合活動として行う言論については，一般の国民の言論活動と比べて保護の程度がどのよ

うに違うのか（あるいは，違わないのか）は，これまでもあった論点だが，イン
ターネット上での言論という特徴もふまえて，検討が深められていく必要があ
る。

（３）の誠実説明手続に関して述べたことは，労働組合の団体交渉の誠実交渉
義務にもあてはまる。団交の録画や自動作成議事録から誠実交渉義務違反の判
断をすることができるし，また誠実交渉義務をめぐる労働委員会の膨大な命令
例をAIに学習させて誠実交渉のモデルをつくることによって，AIを活用して
誠実交渉義務違反の判定をすることも考えられる。これまでは誠実交渉義務違
反の判断は，個別事案による違いが大きく抽象的な定式化しかできていなかっ
たが，AIを使って分析することにより具体的な基準にブレイクダウンできるよ
うになるだろう。そうなると，AIは，企業に対して，団交の際にどのように対
応すれば誠実交渉義務をはたしたことになるか指示できるようになり，事後的
に誠実交渉義務違反の不当労働行為を審査する必要がなくなっていく。

なお，団交が妥結して労働協約が締結された場合，現行法では，書面性が要
件となっている（労組14）が，これに電子文書を含めたうえで，署名・記名押印
の要件は電子署名でよいと解すべきである（電子署名認証３参照）。

補　注

(1)　**事業区分の見直し**　労基法の別表１（かつては労基８条にあったもの）では，事
業の区分があり，労働時間等に関して特別な規制をする場合に利用されている（労
基33③，40，41(1)，56②，61④）。ただ今後は，あらゆる事業が情報産業化していくの
で，事業の区分の意味がなくなっていく。例えば，労働時間に関する規定は，農
業では天候や季節等の自然条件に強く左右されることから適用されない（同41(1)）
が，農業が情報産業化すると（「スマート農業」），これを自然条件に左右される事
業とみることは困難となる（さらに実験施設で食料生産が行われる場合は，農業
は製造業に近いものとなる）。

(2)　**テレワークと準拠法**　テレワークとなると国境の垣根がなくなるので，国際
的な労働関係がいっそう展開する可能性がある。国際的な紛争における準拠法の
決定では，最密接関係地の法が重要となり，労務提供地がその地と推定され，また
その特定ができない場合には労働者を雇い入れた事業所の地となる（法適用12）が，
完全テレワークの場合には最密接関係地の法が特定できない可能性もある（⇒197

頁補注(3))。今後はサイバー空間で労働関係が展開する場合に適した準拠法ルールが必要と考えられる。国際裁判管轄についても同様の問題がある（民訴3の4②，3の7⑥）。

(3) **民事訴訟手続のオンライン化**　民事訴訟手続のオンライン化は，すでに始まっており，将来的には完全オンライン化をめざすものとされている。また，非公開手続である労働審判ではオンライン審理が始まっている。今後の課題は，公開が義務づけられている手続が完全オンライン化され，リアルタイムでウェブ配信するといったことが認められるかである（例えば，憲法82①でいう裁判の「公開」が，インターネットをとおした公開を含むのか，といった論点もある）。人々の生活がリアル空間とサイバー空間が融合した形で展開していくなかで，裁判等の司法手続も，原則はウェブ上でリアルタイムで進めていくという流れは止まらないだろう（ただし，非公開とすべき例外的な場合を拡大させる必要はあるかもしれない）。

(4) **AI裁判官の可能性**　本文であげた事前認証手続などは，広い意味でのオンライン紛争解決手続（ODR）の一つだが，AIを活用しながら判定するという点では，「AI裁判官」につながっていくものでもある。企業内でAIを活用した意思決定は，本書では従業員の納得性の問題として扱う（⇒274頁）が，刑事裁判等でのAIの活用は，国民の納得性の問題となる。これは，究極的には，AIによる死刑判決を受け入れられるかという話につながっていく（下記の柳瀬文献，笹倉文献も参照）。

(他の参考文献)

＊柳瀬昇「AIと裁判」山本龍彦編著『AIと憲法』（日本経済新聞出版・2018）355頁：刑事裁判を念頭にAIを活用した裁判についての憲法的論点を検討した文献。このほか，笹倉宏紀「AIと刑事司法」弥永真生・宍戸常寿編『ロボット・AIと法』（有斐閣・2018）233頁も参照。

3　HRテクノロジー

（1）　AIを活用した人事管理

　企業内の人事データをAIに分析させることによって，これまで個人の経験と勘に頼ることが多かった人事管理を科学的に行おうとするのがHRテクノロジー（HRテック）である。HRテクノロジーには，RPAを導入して，定型的な業務の機械化といった効率性向上目的で利用される分野もあるが，より重要なのは，人事に関する判断や決定でAIを活用する分野である。AIを活用した判定

とは，例えば，募集・採用段階で，これまでの採用実績のデータを集めて，企業内で一定のポストまで昇進した人材を「正解」と定義してAIに学習させてモデルをつくり，これを新たな応募者のデータに照らして，その人材が「正解」かどうかを判定するのが一例である。判定の精度はAIに学習させるデータ量（質も関係する）に比例するが，企業内でのデータが少ない場合には，同業他社の企業も含めた平均的なデータを加えて学習データとする方法もある。

こうしたHRテクノロジーがうまく機能するためには，それが従業員の納得度を高めるものでなければならない。例えば配属の決定にAIが活用されることに納得しない従業員に，AIの判断結果を強要すると，労働意欲を減退させる危険がある。従業員のなかには，上司による主観的な評価より，AIの判断のほうが公平と考える者もいるだろうが，AIには説明可能性がないなどの理由で信用できないとする従業員もまだ少なくないだろう。日本の個人情報保護法には，人事において，人間の判断をまったく介在させない自動的な決定を禁止する規定はない（EUについては，⇒275頁）が，少なくとも企業は人事上の評価や判断をAIだけで行った場合には，その事実を従業員に伝えるのが望ましい。その結果，AIの判断に懐疑的な従業員に対しては，誠実説明のハードルが上がり，人事上の措置が難航することになるかもしれないが，これはやむを得ない負担である。その意味でも，企業は，従業員のAIに対する受容度を事前に把握して対応することが円滑な人事管理のために必要となろう。いずれにせよ現時点では，AIを活用するとしても，最終的な判断には人間が関与し，その結果にも人間が責任を負うスタイル（人間・AIの協働により意思決定する「ケンタウロス」型）をとるのが望ましいだろう。

（2）　HRテクノロジーの課題

企業がHRテクノロジーを導入する際には，その他にも，次のような論点がある。

第1に，HRテクノロジーでは，従業員の人事データの収集が必要であるが，その際には，個人情報保護法（⇒74頁）やその他の労働法固有の規制に抵触しないようにしなければならない。とくに個人情報保護法上の利用目的の特定，通知等の義務（個人情報15，16，18）との関係では，人事管理のために利用するというような最終的な目的を特定して通知していればよいのか，それともAIでの

分析に利用するという「中間的な」利用目的まで通知しなければならないのかという論点がある。AIによる分析は，本人が想定している以上の情報を引き出す可能性があることから，企業は，AIでの分析も利用目的として通知すべきである。またAIの分析から引き出された個人の内面に関する情報の推知については，プロファイリングとして特別な規律を適用すべきである（⇒下記（3））。

　第2は，AIに学習させる際の「正解」データに，差別的なバイアスが混入する危険性である。例えば，男女差別的な人事慣行があった企業に，過去の昇進データから学習データをつくると，AIが男女差別的なモデルをつくる危険性がある。企業は，学習データの作成を，AIの技術者に任せてしまわずに，それが労働者の人格的利益を侵害するものとならないようチェックをする必要がある。このようなチェックを経ていないアルゴリズムにより差別的な人事がなされたときは，企業はAIの判断であり，自らに過失はないなどの理由で損害賠償責任を免れることはできないと解すべきである。

　そもそも，デジタル変革時代に適した人材が必要となる今後は，過去の人材データからでは「正解」が見いだせなくなるだろう。そうなるとAIに学習させる「正解」は，他社（先進的な企業経営や人事管理をしている企業等）の従業員のデータとなる可能性もある。他社の従業員のデータの利用についても，個人情報保護法の制限（第三者提供の制限など）があることには注意を要する。

（3）　プロファイリング問題

　個人情報の取扱いとプライバシーや差別とが交錯する領域が，従業員の個人情報をAIに分析させることによって，個人の性格や行動を予測するプロファイリングである。日本法では，プロファイリングを規制する規定は存在しないため，例えば事前の同意による取得が必要とされている「要配慮個人情報」（個人情報2③）が，適法に取得した他の個人情報からプロファイリングにより推知されるというプライバシー侵害が起こる可能性がある。本人が知らないところで，プロファイリングにより不利な人物像が構築され，それにより差別的な取扱いや不利益を受ける危険性もある（大内・デジタル315頁）。

　EUにおける個人情報保護規制であるGDPR（一般データ保護規則）では，プロファイリングを規制しており，それによれば，データ主体にはプロファイリングに基づくデータの取扱いについて異議申立てをする権利や，重大な影響をも

たらす自動的な意思決定をされない権利がある。後者の権利は，契約の締結や履行に必要な場合や明示的な同意がある場合は例外となるが，その場合でも，人間を関与させる権利，データ主体の見解を表明する権利，決定を争う権利は保障されなければならない。また，プロファイリングによる自動的な決定がなされているなどの情報の提供を受ける権利も保障されている。

　当面は，企業は，これらの規定を参考にした行動をとることが，社会的責任（CSR）の観点から望ましい。すなわち，従業員の人格的利益を侵害せず良き経営を行うためには，AIを活用して推知された情報の存在を従業員に通知し，その内容の確認ができるようにし，誤った情報の場合には，訂正させる機会を与えるなどの措置をとることが望ましい。企業は，従業員の個人情報をうまく活用するためには，人間が最終的な責任を負ったうえで，AIを活用して公正な人事を進めているということ（前述の「ケンタウロス」型を参照）を，従業員が認識できるような個人情報取扱い体制を整備することが必要である。

（4）　デジタル監視とプライバシー

　IoTは，カメラその他のセンサーが至る所に設置され，いわば目や耳となってリアルデータを収集し，それをAIが分析する仕組みを可能とする。これにより，企業内でも，上司がいなくても，常時デジタル監視ができる。従業員の集中度も，例えばパソコンのキーボードをとおして収集したデータをAIに分析させることによりチェックすることができる。こうした監視は，従業員自身の休息確保に活用することも可能だが（⇒279頁），逆に従業員の労働強化につながる面もある。ドライバーのように労務への集中が不可欠な業務もあるが，通常の業務では，従業員には職務専念義務があるものの，そこで求められる集中度はそれほど厳格なものと解すべきではない（⇒73頁）。人間の上司が対面型の労務従事の際に行っている監視を，機械で代替するだけともいえそうだが，集中度のような従業員の内心にかかわる状況まで企業がチェックできるようになるところに違いがあり，この点でAIによる監視には，従業員の人格的自由を侵害する危険性がある。そうした状況に従業員を置くことは，そのストレスを高めることになり，仕事の効率を下げる危険性があり，企業にとっても望ましいことではない。このように考えると，IoTを活用した従業員の管理は，標準就業規則には，デフォルトとしては組み入れるべきではなく，これを導入する場

合には、「標準就業規則の不利益変更」の手続をふんで、就業規則対象者の過半数の納得同意を得る必要があるし、それが得られた場合でも、人格的自由の重要性にかんがみ、反対する従業員には適用できないと解すべきである。

　このほか、在宅就労型のテレワークでは、職場と私的空間の区別をし難いため、IoTによる監視は、プライバシー侵害の危険がある。この場合も、IoTによるリアルデータの収集と活用は、原則として、本人の納得同意がなければ認められるべきではない。なかでも企業は従業員との間で、一定の時間は、情報通信機器を接続しなくてよい「つながらない権利」を認めるべきであり、この権利は、標準就業規則では、テレワークをさせる場合のデフォルト条項として組み入れるべきである。

補　注

(1) **HRテックビジネス**　　企業が求人の際にHRテクノロジーを利用した他社の事業サービスを利用することもある。こうした場合、そのサービスを提供するHRテック企業は、そのサービスが職業紹介（その定義は職安4①）に該当するならば、事業許可が必要となる。募集情報等提供（同⑥）にとどまる場合には、こうした許可は不要だが、一定の義務は課される（⇒87頁）。

　　また企業は、HRテック企業に、自社の従業員の個人情報を提供すれば第三者提供となるので、原則として、本人の同意が必要となる（個人情報23①）が、オプトアウトの要件を満たしている場合は本人の同意は不要となる（同②）。また個人情報の利用目的の達成に必要な範囲内での委託にともなう場合や共同利用の場合などは第三者提供に該当しない（同⑤）。ただし、委託の場合は委託先企業に対する必要かつ適切な監督が必要である（同22）（⇒75頁）。

(2) **公開情報の利用**　　企業が、従業員の情報をインターネットなどから取得する場合も個人情報保護法の適用を受けるので、適正取得義務が課されるし、要配慮個人情報であれば本人の同意が必要である（個人情報17）。これはSNSなどで自ら公表しているものも同様である。なお、自ら公表しているからといって、その情報の取扱いについて黙示的に同意を与えていると解すべきではないので、要配慮個人情報であれば取得にせよ、第三者提供にせよ、本人の同意が必要となる（同17②、23①・②）。

(3) **GDPR**　　欧州のGDPRは2018年5月25日に施行されたもので、日本企業も欧州

で活動する場合（インターネットを通して欧州と取引する場合も含む）には，この規則の適用下に入ることになる。GDPRは，日本の個人情報保護法と比べて，データポータビリティ（データ移転可能性）の権利と忘れられる権利（自身の個人情報の完全消去を求める権利）が保障されている点にとくに大きな違いがある。個人情報保護法は2020年に改正されたが，これらの権利の導入は見送られた。

(4) **遺伝子情報差別**　　遺伝子情報は，個人情報のなかでもとりわけセンシティブなものである。現在では，個人の遺伝子情報から，本人のルーツから疾病に罹患する確率等に至るまで多くのことが明らかになる。こうしたこともあり，アメリカでは，遺伝子情報によって，民間の健康保険会社が不利益な取扱いをしたり，企業等が雇用における差別的取扱いをしたりすることを禁止する遺伝子情報差別禁止法（GINA）が制定されている。

(他の参考文献)

＊松尾剛行『AI・HRテック対応　人事労務情報管理の法律実務』（弘文堂・2018）：個人情報保護・プライバシーと人事管理にかかわる法的論点を網羅的に精緻に検討しているもので，この分野に関する必読文献である。

4　規制手法のデジタル化

（1）　選択アーキテクチャの手法

　人事労働法では，企業が労働法の理念に則した良き経営をするよう誘導するために行為規範を重視してきた。こうした誘導を考える際，最近では，それが必ずしも法規範である必要はないという考え方が出てきている。私たちがコンピュータをつかう際，法によって制限されていなくても，そのソフトウエアの設計によって一定の操作ができないことがある。リアル空間でも，例えば建物の構造などによって行動が制約されることがある。このように私たちの行動に影響を及ぼす技術的ないし物理的構造を「アーキテクチャ」といい，そのうち人間が望ましい選択をするように誘導するものを「選択アーキテクチャ」という。

　「選択アーキテクチャ」は，行動経済学でいう，人間の意思決定を誘導する「ナッジ（肘で軽くつつく，という意味)」の活用例の一つである。デジタル環境の下では，「選択アーキテクチャ」は標準的な規制手法となっていくべきであ

る。本書では，標準就業規則をデフォルトとして設定するという形で，望まし
い労働条件についての情報を提供し，そこから逸脱する場合には，納得規範を
適用して，企業に負担をかけるというペナルティ・デフォルト型の規制を提唱
している（⇒34頁）が，標準就業規則がオンライン上のフォームとして提供さ
れ（⇒270頁），それに基づき企業が労働法の理念に則した良き経営をするよう誘
導される仕組みが構築されることになれば，それはデジタル「選択アーキテク
チャ」といえるだろう。

（2）　健康テック

　デジタル技術の活用は，健康管理の場面でも大いに期待できる。これはすで
にみたHRテックの一つでもある（⇒273頁）。

　伝統的労働法では，労働者の過重労働による健康障害を予防するため，長時
間労働を規制したうえで（労基32，36），企業に対して，一定時間以上の長時間
労働によって疲労を感じる従業員に対して本人の希望による医師の面接指導を
行い，医師の意見も勘案して，必要であれば健康保持措置を講じることや定期
健康診断やストレスチェックを実施し（後者は従業員の任意），健康障害を発見
した場合には，必要であれば健康保持措置を講じることを義務づけている。さ
らに従業員が労災に該当するような職業病に罹患した場合には，労災保険によ
りカバーされない部分は安全配慮義務違反を理由に損害賠償責任を負わなけれ
ばならない（⇒52頁）。このように伝統的労働法のシステムは，従業員が指揮命
令下で働くなか，予防と補償のいずれの面でも，企業に健康管理責任を負わせ
ている。

　しかし今日，従業員はテクノロジーを使うことによって，自らの健康状態を
把握できる。IoTにより，自身の生体データがデジタル情報として可視化され，
それをAIにより分析させることができる。このデータを企業に集約させて，
従業員の健康管理に活用することもできるが，生体データは基本的には個人の
センシティブデータ（要配慮個人情報）であることを考慮すると，むしろ従業
員自身に管理させ，本人の希望に応じて産業医に相談できる仕組みにしたほう
がよい（産業医との相談もオンラインとなるだろう。現行法の医師の面接指導［労
安衛66の8］も2020年に「原則対面」というルールが削除され，オンラインが可能と
なっている［2020・11・19基発1119第2号］）。

すなわち，労務による疲労に関する企業の安全（健康）配慮義務の中心は，従業員が勤務中に健康データをチェックできるようにすること，また従業員が健康状況の不調を確認して，休息を求めたときには付与すること（労務提供義務の免除。その間は原則として無給）とし，一方で，企業は労務による疲労の蓄積に関しては，それ以上の安全（健康）配慮義務は負わないとすべきである。

　このように従業員の健康管理を，デジタル技術を用いた本人の自己管理と企業の休息付与義務に再構成することにより，例えば，労働時間規制の弾力化の条件とされている健康確保措置（高プロ制度におけるもの［労基41の2］など）は不要になるなど，指揮命令が希薄な働き方をする従業員への労働時間規制の緩和を進めやすくなる。また，こうした健康テックの活用は，後述の自営的就労者が，過重労働を自らチェックし，休息をとるためのツールにも活用できる（⇒285頁）。

　さらに，テレワークでパソコン作業をしている従業員に対して，キーボードからセンシングしたデータをAIにより分析して，本人の疲労度の上昇が把握できた場合には，パソコン上にその旨のメッセージが流れるようにすることにより，本人に自身の健康情報を提供して，対応を促すというような行動経済学的な手法もある。実際に休息をとるかどうかは，あくまで本人の自主的な判断に委ねられるが，デジタル技術をつかって本人に情報を提供して健康面でのアラートを出すという形で，本人の意思決定に影響を与えることができる。これこそテクノロジーを使った健康配慮であり，企業の安全（健康）配慮義務の内容は，こうした技術を利用できる環境を提供するものへと再構成すべきである。

　なお，こうした手法は，国民一般の健康増進にもつながるので，公的保険制度でも導入が検討されるべきである。例えばパソコンメッセージにあわせて休息をとった者に「マイナポイント」を付与するなどのインセンティブと組み合わせるのも一考に値する（以上は，大内・デジタル270頁も参照）。

（3）　プライバシー・バイ・デザイン

　前述のように（⇒275頁），AIの活用の際に，AIの学習データに差別的なバイアスが入り込むと差別が再生産される危険性がある。このようなことは，デジタル社会ではいたるところで起こりうる。ただ，これを既存の規制手法で対処することは容易ではない。そこで出てくるのが，プライバシー・バイ・デザイ

ンという考え方である。これはAIのプログラムの設計段階で，プライバシーの発想を組み入れるものであり，具体的には，「①事後的ではなく事前的に，救済策的ではなく，予防策的に，②初期設定としてのプライバシー，③デザインへのプライバシーの組込み，④ゼロサム（トレードオフ）ではなく，ポジティブサム（ウィン・ウィン）に，⑤最初から最後までのセキュリティ，⑥可視化と透明性，⑦常にユーザー中心主義」という原則に基づくものとされる。このようにプログラムの設計に，倫理的な指針を盛り込むことは，デジタル技術が国民の生活に深く浸透する社会では不可欠な要請である。

　企業内でも，人事管理にAIを活用する場合，そのAIのアルゴリズム自体が，従業員の人格的利益を侵害することにならないよう常に注意をしていく必要がある。

　もちろん，デジタル技術の利活用において，どこまでプライバシーを保護するかは，実はそれ自体，明確ではない。プライバシーとして守られる個人の私的領域をどう設定するかは，アプリオリに決まるものではなく，社会のなかで絶えず議論して決めていく必要がある。企業も，社会の動向を注視し，その時代に合った社会的要請に敏感に反応しながら，従業員のプライバシーへの配慮をしていくことが求められる。

補　注

⑴　リバタリアン・パターナリズム　　行動経済学的な手法は，リバタリアン・パターナリズムの思想によるものである。伝統的労働法はパターナリズム（温情主義）に基づく福祉国家主義的な思想に連なるものであり，一方，労働法規制の緩和を求めるリバタリアニズム（自由至上主義）は，これと対極的なものと考えられてきた。しかしデジタル変革が進み，テレワークが広がるなど指揮命令が希薄な働き方が増えると，パターナリズムの発想を取り入れながら本人の自由意思を尊重するリバタリアン・パターナリズムが現実的な選択肢として浮上する（大内・デジタル266頁）。

（他の参考文献）
＊堀部政男・JIPDEC編（JIPDEC訳）『プライバシー・バイ・デザイン』（日経BP社・2012）：アン・カブキアンの提唱する「プライバシー・バイ・デザイン」の考え方を紹介した文献。

＊ローレンス・レッシグ（山形浩生訳）『CODE VERSION2.0』（翔泳社・2007）：「アーキテクチャ」論が展開されている文献。松尾陽編『アーキテクチャと法』（弘文堂・2017）も参照。

5　自営的就労者の活用

（1）　組織から契約へ

　デジタル変革により，産業の情報化が広がる一方，企業内では定型的業務は機械化・省人化が進む（RPAやAIの活用）。そして，人間が従事する業務は，非定型的で知的創造性を要するものとなり，企業が，組織内に抱え込んだ従業員を指揮命令するよりも，専門能力を有する外部人材（知識労働者）を活用するようになる。ICTの発達によるテレワーク環境の整備は，知識労働者が独立して働きやすい状況をつくり，デジタル・プラットフォームの発達は，そのマッチングをより効率的に実現することになろう。これは人材活用が「組織」ベースのものから「契約」ベースのものへと変わることを意味する。「雇用」から「自営」への動きといってもよい（⇒267頁）。

　指揮命令を受けずに自営で働く者（自営的就労者，フリーワーカー）は，これまで労働法の適用外だったが，そのような者も，発注企業から人格的利益が侵害されたり，契約弱者となったりすることはあるので，企業は，こうした就労者を活用する場合でも，一定の範囲では労働法の理念に配慮していくことは，良き経営をするために必要である（⇒87頁［自学］）。

（2）　自営的就労者と雇用労働者の共通性

　企業が自営的就労者を活用する場合，もちろん労働法が適用される労働者（以下，「雇用労働者」）と同じ程度に，労働法の理念への配慮が求められるわけではない。ただ，ICTの発達により，指揮命令関係の有無で雇用労働者と自営的就労者とを区別することの合理性が疑わしくなるなか（⇒269頁），現行法のように，これを労働者と非労働者とに強引に区別して，前者のみを保護するやり方は妥当性を失いつつある。

　とりわけ本書では，雇用労働者にとって配慮されるべき利益が多様であることを考慮して契約を重視し，そのなかでペナルティ・デフォルト型の任意規定を広く活用するという弾力的な規制手法を採用すべきとしている。雇用労働者

にも契約弱者性が比較的弱い者がいる一方，指揮命令下にはないものの，契約弱者性が比較的強い自営的就労者もいることを考慮すると，ペナルティ・デフォルト型の任意規定を中心とする規制手法は，自営的就労者にも適用することが適切と考えられる。

このようにみると，自営的就労者の契約については，本書で提示した標準就業規則の構想と同様，政府が，デフォルトの標準契約を設定し，企業はそれをベースに自営的就労者と契約交渉するようにすべきである。標準契約には，①仕事の内容，②成果物の納期予定日（役務の提供である場合は，役務が提供される予定期日または予定期間），③報酬額，報酬の支払期日および支払方法，④注文する仕事にかかる諸経費の取扱いなどを必要的記載事項とし，企業はそれを記入して自営的就労者に提示しなければならない。

契約の書面化は，雇用労働者でも，一部の労働条件を除き義務づけられておらず（労基15①，労基則5④），実際上は努力義務にすぎない（労契4②も参照）が，労働条件は就業規則という書面で規定されている（労基89）。自営的就労者との契約も，上記のように標準契約を採用して，書面（今後は，電子書面）において締結することを有効要件とすべきである（企業が書面化を拒否した場合には，何らかのペナルティが課されるべきである）。

契約内容については，民法の請負や準委任の規定に任せてしまわず，標準契約において望ましい条項をデフォルトとして定め，当事者がそれを取り除く合意をしないかぎり，契約内容に組み入れられることを，法律で明記すべきである。企業は，標準契約を取り込んでそれを約款として作成した場合には，就業規則とは異なり，不特定多数の者を相手にするといえるので，「定型約款」（民548の2）に該当し，その規律にも服することになる（とくに同条2項が重要）。

また，強行規定として禁止はしないものの，望ましくないとされる条項（ブラック条項）は，標準契約に注記して，自営的就労者が軽率に契約の内容に組み入れないように警告すべきである。下請法は，一定の親企業と下請企業との関係にしか適用されず，同法違反に対する救済は，公正取引委員会による勧告等の行政的な措置にとどまるが，同法で定められている親企業の遵守行為や禁止行為（下請3以下）は，自営的就労者の契約に関する一般的な民事ルールの内容として取り入れていくことが検討されるべきである。

（3）　人事労働法の準用

　自営的就労者は，雇用労働者と同様，個人の労働がかかわるものなので，企業は，本書の2章（⇒43頁以下）であげた人格的利益の尊重については，基本的には，自営的就労者にも適用すべきである。具体的には，差別やハラスメントをしないこと，人格的自由を侵害しないことなどである。個人情報保護法も，適用される。

　もっとも，「拘束なき労働の保障」（⇒43頁以下）に関する規定は，強制労働の禁止を除き基本的には，雇用労働者でも，納得同意による逸脱を認めるものであることから，自営的就労者の標準契約に組み入れる必要はないと考えられる。一方，「安全と健康の確保」（⇒48頁以下）のうち，安全配慮義務は，本来「ある法律関係に基づいて特別な社会的接触の関係に入った当事者間」における信義則上の義務であり（最判1975・2・25〔陸上自衛隊八戸車両整備工場120〕），自営的就労者にも適用されるものなので，具体化できる義務は，標準契約に組み入れるべきである（内容によっては強行性を認めることも必要だろう）。

　本書の3章（採用と労働契約）でみたような人材調達に関する雇用労働者に対する法規制（⇒87頁以下）は，現行法上，自営的就労者には存在しない。ただ自営的就労者が仕事の受注の際に利用することが多くなると考えられるデジタル・プラットフォームの事業者（オンライン仲介業者）については，「自営型テレワークの適正な実施のためのガイドライン」のなかで遵守事項がすでに定められている。これはガイドラインであるとはいえ，デジタル・プラットフォーム企業は，社会的責任（CSR）として遵守すべきである。

　本書の4章（労働契約上の義務）でみた，賃金の支払方法に関する原則（労基24①）は，デフォルトの契約条項として標準契約に定めておくべきだろう。なお，月1回以上一定期日払いは不要だが，報酬の支払期日は，前述のように（⇒283頁），標準契約の必要的記載事項とすべきである。

　本書の5章（人事）でみた内容は，人事管理の対象ではない自営的就労者には関係しない。ただし，傷病休職の保障は，傷病の場合の納期の延長や契約解除の制限という形で標準契約に組み入れられるべきである。同様に，産前産後の休業（労基65）も，産前産後の一定期間は納期延長や契約解除の制限をするという形で標準契約に組み入れられるべきだろう。一方，育児や介護の負担を

抱える自営的就労者への配慮については，政府によるサポートは望ましいが，発注側の企業に配慮を求める条項を標準契約に入れるのは，これが本来，福利厚生的な意味をもつことを考慮すると適切ではない（⇒203頁［思考］）。

　本書の6章（評価と報酬）との関係では，報酬は，前述の支払方法に関するもの以外は，基本的には契約で自由に決められる。家内労働法の最低工賃（家内8）のような規定を，職種が多様な自営的就労者に認めていくことは事実上不可能である。一方，報酬支払いの前提となる評価については，企業が自営的就労者に対しても公正に行うべきことは，企業の社会的責任として求められることだろう。もっとも，法的には，評価の公正さを基準として定めるのは困難であるので，企業に求めるのは，評価について争いがあった場合の苦情処理手続を設置することとすべきである（苦情処理手続は，この問題にかぎらず，自営的就労者の契約や就労に関する紛争処理に広く活用されるべきである）。

　本書の7章（ワーク・ライフ・バランス）で扱った労働時間や休息に関する規制は，自営的就労者には適用されない。雇用労働者も，こうした規制は健康テックを活用した自己管理に移行すべきものであり（⇒279頁），自営的就労者となるとなおさらそうすべきである。

　本書の8章（退職）との関係では，自営的就労者の契約の打切りが問題となる。すでにみたように，病気や産前産後期における納期延長や契約解除の制限は，標準契約に組み入れられるべきである。また契約が更新されて，更新への期待が合理的なものとなった場合の更新拒絶からの保護は検討されるべきだが，かりに更新拒絶が不当とされた場合でも，救済方法は更新強制（労契19参照）ではなく，不法行為による損害賠償（民709）とすべきである。

（4）　自営的就労者の労働組合

　本書の9章で扱った労使関係については，自営的就労者が労働組合を結成して，企業に団交を申し込むことができるかが問題となる。もちろん，労組法上の労働組合は，労働者（労組3）が主体となって組織された団体なので，同法上の労働者に該当しない自営的就労者の団体は，同法上の労働組合には該当しない。もっとも判例は，業務委託契約などに基づいて活動している自営的就労者の結成した団体との団交拒否を不当労働行為と判断したものがあり（⇒242頁），労組法上の労働者概念はやや広い。ただ，ウェブ上の活動が主である自

営的就労者の団体に対しても，最高裁が同じように労働者性を肯定するかどうかはわからない。

　この点では，独禁法が事業者団体の競争制限的な行為（カルテル等）を禁止する一方（独禁8），小規模の事業者の相互扶助を目的として一定の要件を満たす組合については，独禁法の適用除外とし（同22），中協法は，これに基づき事業協同組合の結成を認めていることが注目される（中協7）。事業協同組合の組合員と取引関係がある事業者（小規模の事業者を除く）は，その取引条件について事業協同組合の代表者が団体協約を締結するため交渉をしたい旨を申し出たときは，誠意をもってその交渉に応ずることが定められている（同9の2⑫）。事業協同組合は，雇用労働者の労働組合とまったく同じではないものの，団体交渉をする法的地位が認められているのである。

　いずれにせよ，企業は，自営的就労者の団体とは，それが労組法上の労働組合に該当しない場合でも（立法論としては，その審査は事前にすべきものであることについては，⇒242頁），また事業協同組合の形をとっていない場合でも，契約条件をめぐる紛争事項がある場合には，できるだけ協議の場をもって話し合いをする態度をとることが，企業の社会的責任の観点からも望ましい。

補 注

(1) **自営的就労者の事業者性**　自営的就労者は，消費者契約法上も独禁法上も「事業者」となりうる（消費契約2②，独禁2①）が，独禁法上は，優越的地位の濫用の規定で救済される可能性がある（下請法の適用を受ける場合もある）。本書では，自営的就労者の契約の相手方が企業である場合を想定しているが，もし契約の相手方が個人である場合は，自営的就労者は，その事業者性にかんがみると，とくに契約弱者とみなす必要はなく，その利益に配慮したペナルティ・デフォルト型の標準契約によるべきではないだろう。

(2) **コンビニエンスストアのオーナーの結成した労働組合**　コンビニエンスストアの加盟店のオーナーが結成した労働組合が，コンビニエンスストアのフランチャイザー（本部）に対して団交を申し込んだが拒否されたことによる不当労働行為事件において，中労委は，オーナーの労働者性を否定して不当労働行為の成立を認めなかった。ただ中労委は，オーナーらと本部との間に交渉力の格差があることは認め，「格差に基づいて生じる問題については，労組法上の団体交渉という法的な位

置付けを持たないものであっても，適切な問題解決の仕組みの構築やそれに向け
た当事者の取り組み，とりわけ，会社側における配慮が望まれる」と述べている
（中労委命令2019・3・15〔ファミリーマート〕，中労委命令2019・3・15〔セブン-イレブ
ン・ジャパン〕）。これは企業には法的な責任とは別に，社会的責任として協議に応
じなければならないとしたものとみることもできよう。

（他の参考文献）
＊小嶌典明「労働組合法を越えて」日労研391号（1992）15頁：憲法28条の保障する団体交
　渉権などが，雇用労働者の労働組合に限定されるものではないことを論じた文献。

補説　標準就業規則に組み入れるデフォルト条項について

1　総　　説

　人事労働法において，就業規則は，労働法の理念を尊重した良き経営を行うための最も重要な手段となる。

　就業規則には，集団的労働条件を記載しなければならないが，それには，絶対的必要記載事項と相対的必要記載事項とがある。絶対的必要記載事項は必ず記載しなければならない事項であり（労基89(1)～(3)［労働時間，賃金，退職]），相対的必要記載事項は企業が当該労働条件制度を設ける場合に記載しなければならない事項である（同(3の2)以下［退職手当，臨時の賃金，労働者の負担，安全衛生，職業訓練，災害補償，表彰・制裁，その他当該事業場の全労働者に適用される事項]）。

　記載事項の内容は，合理性がなければならないという一般的なルールがあり（労契7），またその前提として，強行規定（労働協約も含む）に反してはならないというルールがある（労基92，労契13）。法律上は合理性の基準は示されていないが，行為規範を重視する人事労働法の立場においては，就業規則に記載すべき労働条件のデフォルト（標準）を示すことが重視される。そこで本書では，政府に対して，合理性が推定されるデフォルト条項を定めた標準就業規則を策定することを求めたうえで，各企業が，デフォルト条項を，適用対象従業員に誠実説明すれば労働契約の内容に組み入れることができるとする解釈を提唱している（⇒36頁）。なお，デフォルト条項のなかには，試用期間や休職期間の上限のように，具体的な労働条件は示さず，自由に企業に記入させるタイプのものもあるが，これは企業にその労働条件を明示させ，誠実説明の対象とすることに意味があると考えるものである。

　企業が標準就業規則に対して条項を追加したり（例えば，労働条件に直接関係しない訓示的な内容の規定や従業員に追加的に権利や給付を認めるもの），削除したりすることはできるが，それが従業員に不利な変更となる場合には，「標準就

業規則の不利益変更」の手続（過半数の納得同意＋反対従業員への誠実説明）を
ふまなければならない（⇒37頁）。

　なお，就業規則の作成・変更の際の労働基準監督署長への届出は，労基法上
の義務ではある（労基89）が，人事労働法の観点から適正に内容決定され，労
働契約に組み入れられた就業規則の効力とは関係がないものと解すべきである。

　2 以下では，本文で言及した標準就業規則に盛り込むべきと考えるデフォ
ルト条項を，厚生労働省が作成した「モデル就業規則（平成31年３月版)」も参
照しながら説明することとする。

　なお，厚生労働省のモデル就業規則（以下，「モデル」と呼ぶ）の構成は，次
のようになっている。

第１章　総則
第２章　採用，異動等
第３章　服務規律
第４章　労働時間，休憩及び休日
第５章　休暇等
第６章　賃金
第７章　定年，退職及び解雇
第８章　退職金
第９章　無期労働契約への転換
第10章　安全衛生及び災害補償
第11章　職業訓練
第12章　表彰及び制裁
第13章　公益通報者保護
第14章　副業・兼業

2　標準就業規則で定めるべき条項

（1）　モデル第１章　総則

　モデル第１章では，目的（１条），適用範囲（２条），規則の遵守（３条）の規
定が置かれている。いずれも労基法上の必要記載事項ではなく，標準就業規則
でデフォルトとすべきものではない。

なお，「適用範囲」については，デフォルト条項は，原則として，正社員，非正社員の区別なく共通して適用すべきである。非正社員に固有の就業規則の制定も可能だが，その内容が正社員の就業規則よりも不利なものを含む場合には，「標準就業規則の不利益変更」に準じた手続が必要である（⇒84頁）。

（2）　モデル第2章　採用，異動等

　モデル第2章では，採用手続（4条），採用時の提出書類（5条），試用期間（6条），労働条件の明示（7条），人事異動（8条），休職（9条）に関する規定が置かれている。試用期間，人事異動，休職は，制度として設けていれば（相対的）必要記載事項となる。

　採用時の手続や提出書類は必要記載事項ではなく，標準就業規則でデフォルトとして設けるべき条項ではない。ただし，提出書類は個人情報の取得になるので，就業規則で条項を置くときは，個人情報保護法に抵触しないよう注意する必要がある（⇒74頁，93頁）。労働条件の明示は，企業の採用時の義務なので（労基15），就業規則では記載する必要はない。いずれにせよ，就業規則の提示によって，労働条件明示義務の大半は履行したことになる（⇒95頁）。

　試用期間については，標準就業規則では「従業員として新たに採用した者については，採用した日から○か月間を試用期間とする」をデフォルト条項とすべきである（企業は，○に数字を記入）。

　人事異動については，モデルでは，就業場所や従事する業務の変更，および出向についての規定がある（8条）。標準就業規則のデフォルト条項としては，配転については，「業務上必要がある場合には，従業員の従事する職務の内容の変更を命ずることがある」（⇒132頁），出向については，「業務上必要がある場合に，従業員を在籍のまま，出向を命ずることがある」（⇒132頁）が適切であるが，転籍は個別的同意を基本とするので，命令条項はデフォルトとして置くべきではない（⇒134頁）。なお，転勤は，ワーク・ライフ・バランスを考慮して，転居をともなうものはデフォルト条項として置くべきではない。したがって，勤務場所の変更についてのデフォルト条項は，「業務上必要がある場合には，従業員の従事する勤務場所の変更を命ずることがある。ただし，住居の移転を必要とする場合は，この限りではない」が適切である（⇒195頁）。

　休職は，傷病休職と事故欠勤休職のみを，標準就業規則でデフォルト条項と

して置くべきである。傷病休職については，「業務外の傷病による欠勤が○か月を超え，なお療養を要するため労務を提供できないとき」を休職事由とし，「休職期間は○年以内」とするという上限を定め（企業は，○に数字を記入），その他に「休職事由が消滅した場合には，元の職務に復帰させる」，「休職期間が満了してもなお就業が困難な場合には，休職期間の満了をもって退職とする」という条項をデフォルトとすることが適切である。事故欠勤休職も，これに準じた制度設計をデフォルトとすべきである。その他の休職を追加する場合には，「標準就業規則の不利益変更」の手続をふむべきである（⇒139頁）。

（3） モデル第3章　服務規律

モデル第3章では，服務規律に関する規定が置かれている。標準就業規則では，誠実義務の一つである秘密保持義務はデフォルト条項には含めず，「標準就業規則の不利益変更」の手続をふんで特定しなければ法的義務にはならないようにすべきである。また在職中の競業避止義務は副業規制に含めるべきである（⇒299頁(14)。120頁）。

また標準就業規則では，懲戒事由と結びつく服務規律の範囲は必要最小限度にすべきである（⇒122頁）。標準就業規則において服務規律としてのデフォルトとするのに適していると考えられるのは次のものである。

- ・上司の適法な命令は遵守する。
- ・勤務時間中は，無断で職場を離脱してはならない。
- ・出退勤に関しては，企業が定めたルールを遵守する。
- ・酒気帯びで就業してはならない。
- ・職場で政治活動をしてはならない。
- ・暴力や脅迫など，犯罪に該当することをしてはならない。
- ・企業施設内の指定場所以外で喫煙をしてはならない。
- ・企業の名誉や信用を毀損する行為をしてはならない。
- ・許可なく，私物の持込みや，企業内の物品の持出しをしてはならない。
- ・従業員の身分を証明するものは，随時携行しなければならない。
- ・許可なく，勤務時間内の私的面会をしてはならない。
- ・職務上の地位等を利用して私利行為をしてはならない。

ハラスメントについては，標準就業規則では，「会社は，法令を遵守して，

従業員の就業関係が害されることのないよう，当該従業員からの相談に応じて，適切に対応するために必要な体制の整備その他の雇用管理上必要な措置を講じる」という条項をデフォルトとして置き，企業が各種ハラスメントに関する指針に則して行う措置について，従業員にその遵守を労働契約上の義務として課すようにすべきである（⇒66頁）。

　個人情報保護については，モデルでは，従業員は情報管理に十分注意を払い，自らの業務に関係のない情報を不当に取得しないこと，従業員は，異動や退職の際に，管理していた情報書類等を速やかに返却しなければならないことを定めている（16条）。またモデルでは，企業による従業員の健康管理上の個人情報の適正な取扱いを定めている（60条）。標準就業規則では，「会社は，従業員および求職者の個人情報は，個人情報保護に関する法律に則して行うものとする」という条項をデフォルトとして置くこととし，これにより個人情報保護法に則した個人情報の取扱いは企業の労働契約上の義務となるようにすべきである（⇒75頁）。

（4）　モデル第4章　労働時間，休憩及び休日

　労働時間等は就業規則の絶対的必要記載事項である。基本的には法令の範囲内であれば自由に決めることができる。所定労働時間外労働（いわゆる残業）は，多くの就業規則で定めがあり，モデルにも規定がある（21条）が，標準就業規則ではワーク・ライフ・バランスを重視して，これをデフォルトとしないことにすべきである（⇒178頁）。

　また絶対的必要記載事項には含まれていないが，標準就業規則には休息時間（勤務間インターバル）として11時間を設定し，具体的にはデフォルトを「午後8時から午前7時」とすべきである（⇒187頁）。

　休日は，モデル（20条）と同様，標準就業規則でも「休日は○曜日とする」というように曜日を特定して付与するものとし，4週4日の変形休日制はデフォルトでは定めないこととすべきである。休日の振替は，モデルには規定があり（20条2項），裁判例も合理性を認めているが，従業員の休息を阻害する可能性が高いので，標準就業規則ではデフォルトとして定めるべきではない（⇒190頁補注(2)）。また休日労働も，所定労働時間外労働と同様，標準就業規則に置くべきではない（⇒188頁。なお，モデルでは21条に規定がある）。

なお，労働時間規制が適用されない管理監督者については，モデルには規定はないが，標準就業規則では，「管理監督者には，労働時間，休憩および休日に関する規定は適用されない。本条でいう管理監督者に含まれる役職名は，○○……○○とする」と定め，「○○」の範囲は，各企業で記入し，就業規則対象者の過半数の納得同意を得て特定すべきである（⇒180頁）。

（5）　モデル第5章　休暇等

　年休については，本書では，企業の年休付与義務は，従業員の時季指定を条件とするものではなく，（計画年休の場合以外は）従業員との事前調整を経たうえで，企業から年休日を特定して付与する義務と解している（⇒189頁および191頁［思考1］）。標準就業規則では，この解釈に沿って，「会社は，従業員に対して年休日の希望を事前に聴取し，その希望日が事業の正常な運営を妨げる場合には，その事情を誠実に説明したうえで，年休日を特定するものとする」という条項を置くべきである（これは強行性があり，当事者間の合意による変更は認められないので，その旨を標準就業規則で明記しておくべきである）。また，モデルの22条7項および8項は年休の繰り越しを想定した規定であるが，年休は1年ごとに消化する必要があるので，こうした条項は置くべきではない。

　法律に根拠のある休暇や休業（育児休業，介護休業等）については，標準就業規則では，出勤扱いにするかどうかを明示するよう求める規定を置くべきである（⇒202頁）。

（6）　モデル第6章　賃金

　賃金も就業規則の絶対的必要記載事項である。労基法上は，賃金の決定，計算・支払方法，締切・支払いの時期，昇給に関する事項の記載が義務づけられているが，その内容は，基本的には法令の範囲内（労基24や最賃等を参照）であれば自由に決めることができる。割増賃金の算定方法も法令の規定がある（労基則19）が，判例は，他の算定方式を採用しても，法令所定の算定による額を下回っていなければ適法とする（⇒165頁）。

　従業員の労務提供がない場合の賃金の支払いについては，標準就業規則では，通常の欠勤の場合は無給である（ノーワーク・ノーペイの原則）が，企業が休業を命じた場合には，懲戒事由にあたる場合を除き，平均賃金の6割の賃金支払

義務があると定めるべきである。業務外の疾病や休職（傷病休職および事故欠勤休職）の場合も同じである（後者については，⇒138頁）。企業が休業を命じたが，「責めに帰すべき事由」がなく，賃金の支払義務がない場合（天災地変，ストライキ，正当なロックアウト等が考えられる）については，「標準就業規則」の不利益変更の手続をふんで特定すべきである（労基26を参照。⇒107頁）。なお，欠勤が法令に根拠のある休暇や休業（育児休業，介護休業等）であっても，年休のような法令上の特段の規定（労基39⑩）がないかぎり，デフォルトは，ノーワーク・ノーペイの原則により，通常の欠勤と同じ無給としてよい（⇒202頁。モデルの43条1項は基本給の控除を定める）。争議行為の際の賃金カットの範囲についても同様である（⇒260頁）。

　年俸制を採用する場合には，次年度の年俸額の合意ができない場合についての対応を，就業規則で決めておく必要がある。その場合のデフォルトは今年度のままとすべきである（⇒161頁補注(1)。モデルでは規定がない）。

　昇給は必要記載事項だが，降給はそうではない。モデルでも降給規定はない。標準就業規則でも，降給条項は置かないこととし，これを置く場合は「標準就業規則の不利益変更」の手続を必要とすべきである（⇒160頁）。またモデルの昇給規定では，「勤務成績その他が良好な労働者」を対象とするとし（47条1項），「昇給額は，労働者の勤務成績等を考慮して各人ごとに決定する」と定めている（同条3項）が，具体的な評価の仕方は定めていない。しかし企業は，昇給の場面に限らず，さまざまな面で評価を行っており，人事管理において重要な意味をもっている。評価の公正さを担保するためには，企業は，就業規則に評価の基準や手続を定めることが望ましい。企業が，評価の基準と手続を定め，それについて労働契約に組み入れられている場合には，その基準と手続に則して行った評価は公正なものと判断すべきである（⇒155頁）。

　賞与については，モデルでは支給日在籍要件を定めていない（48条）。判例は同要件の合理性を認めているが，標準就業規則ではデフォルトはこの要件を認めず，「標準就業規則の不利益変更」の手続をふんだうえで契約に組み入れるようにすべきである。同要件を設ける場合には，企業側の都合により退職する場合には適用しないという例外を設けなければならず，このルールには強行性を認めるべきである（⇒168頁）。

（7）　モデル第7章　定年，退職及び解雇

　退職に関する事項は，絶対的必要記載事項である。定年は，それを設けるか
どうかは自由に決めることができる。ただし，就業規則で定年を設ける場合に
は60歳以上とすること，65歳までの雇用を保障することが，高年法上必要とな
る（高年8，9）。

　モデルでは，定年は，65歳とするものと，60歳としたうえで65歳までの継続
雇用を定めるものとが併記されている（49条）。標準就業規則では，後者のタイ
プの規定をデフォルトとして置くべきである（⇒224頁）。

　モデルでは「退職」という見出しの規定があり，そこでは退職事由として，
辞職または合意解約，有期労働契約の満了，傷病休職期間の満了，死亡が挙げ
られている（50条1項）。

　辞職の予告期間は，民法上14日であり（民627①），標準就業規則でも14日を
デフォルトとすべきである。したがって，これより長い予告期間を定める場合
には，「標準就業規則の不利益変更」の手続が必要となる（⇒228頁）。

　また標準就業規則では，辞職も合意解約も書面によると定めるべきである。
法律上はこうした要件はないし，モデルでも規定されていないが，退職をめぐ
る意思表示は，その効果の重大性もあって争いが起こることが多く，それを回
避することが必要である。

　標準就業規則では，従業員は，合意解約の意思表示をした場合，企業から正
式な承諾の意思表示が到達するまでは撤回できることを定めておくべきである。
撤回の可能性は，辞職よりも合意解約のほうが広いので，企業は，退職の意思
表示は，原則として合意解約の申込みの意思表示として扱うべきである

　解雇については，「解雇の事由」は絶対的必要記載事項である。合理性が認
められる解雇事由（客観的合理的理由）のデフォルトとしては，一般的な就業
規則で定めがある，①精神または身体の障害により，職務遂行に耐えられない
とき，②勤務成績または勤務態度が著しく不良で，改善の見込みがないとき，
③懲戒解雇事由に該当する事実があるとき，④事業の運営上または天災事変そ
の他やむを得ない事情により，従業員の減員が必要となったとき，とするのが
適切である。なおモデルでは，「その他前各号に準ずるやむを得ない事由が
あったとき」という包括条項を置いている（51条1項8号）が，このような条項

に基づく解雇は認められないと解すべきである（⇒207頁）。試用期間における本採用拒否は，それが解雇であることを前提として，「試用期間中または試用期間満了時に，採用時に明示した採用の基準に合致しないとき」という解雇事由を，デフォルト条項とすべきである（⇒101頁）。

標準就業規則では，企業が解雇を行う場合には，これらの解雇事由に該当していることを示して，書面で解雇をすることが定められていなければならず，このルールには強行性を認めるべきである（⇒208頁）。

解雇の社会的相当性は，主として，企業が，状況に応じた適切な解雇回避の措置を講じたことについて，納得同意を得るよう，誠実説明を尽くすことを意味する。解雇回避のための具体的な手順を，就業規則に記載し，誠実説明を尽くしたうえで労働契約に組み入れていれば，実際の解雇がその手順にしたがっているかぎり，社会的相当性は認められるべきである。この解雇の手順のデフォルトは，企業は，解雇事由を告知し，本人の意向もふまえた解雇回避策の協議をしたうえで，企業から解雇回避策の提案（配転など）について誠実説明がなされたが，それでもなお従業員がそれに同意せずに合意解約が成立しなかった場合に解雇を行うというものである（⇒208頁）。整理解雇の場合には，複数の従業員が解雇対象者となる場合には，どのように被解雇者を選定するかが問題となるが，企業は被解雇者選定基準を事前に正当な就業規則で定めて労働契約に組み入れておけば，その基準に従うかぎり，被解雇者選定の手続は相当なものと判断されるべきである（⇒210頁）。

このほか，有期契約の中途解除については，労基法20条の即時解雇事由（労基20①但）を参考に，標準就業規則においてデフォルト条項を置くべきである（⇒216頁補注(7)）。具体的には，「やむを得ない事由のために事業の継続が不可能となった場合」と「労働者の責に帰すべき事由」となるが，前者については前記の一般的な解雇事由④を用いればよく，後者については懲戒解雇事由のデフォルト条項（⇒298頁）を用いればよいだろう。

（8）　モデル第8章　退職金

退職金は，懲戒解雇された場合や，退職後の競業避止義務違反があった場合に不支給や減額が定められることが多い（懲戒解雇については，モデルの52条1項）。しかし，こうした不支給・減額条項は，企業が被った損害の過剰な回収が起こ

りうることなどを考慮するとデフォルトとすべきではない（⇒169頁）。

（9）　モデル第9章　無期労働契約への転換

　標準就業規則で設けるべき規定はない。ただし，企業は，労契法18条に則した規定を就業規則に設けることはできる。

（10）　モデル第10章　安全衛生及び災害補償

　標準就業規則では，「会社は，労働安全衛生法，労働安全衛生規則その他の労働安全衛生に関する法令を遵守して，従業員の安全衛生の確保と改善を図るために必要な措置を講じる」という条項（ブリッジ条項）を置いて，法令上の義務を，企業の労働契約上の義務に取り入れるようにすべきである。これらの義務は，基となる法令自体が強行性があるものなので，従業員に不利な変更はできないという意味で強行性が認められる。就業規則に組み入れる実益は，企業の労働契約上の義務として，従業員に履行請求の可能性を与える点にある。また，中高年齢者の適正配置（労安衛62），受動喫煙防止（同68の2）のように努力義務とされているものも，標準就業規則に組み入れるべきであるが，これらの条項は強行性はないので，「標準就業規則の不利益変更」の手続をふんで削除したり内容を修正したりすることはできる（⇒51頁）。

　また法令上の義務とされている以外でも，従業員本人から業務に関連する健康障害についての申告があった場合には，産業医との面接相談の機会を設定し，さらに産業医の意見を勘案して，一定期間の就業の禁止，就業場所の変更，作業の転換，労働時間の短縮，深夜労働の回数の減少などの措置について，従業員に提案し，その同意を得たものについては実施する義務があるとする条項も標準就業規則に盛り込むべきである（⇒51頁）。

（11）　モデル第11章　職業訓練

　モデルでは，企業が，従業員に必要な教育訓練を行い，従業員は，教育訓練の受講の義務があることが定められている（63条）。標準就業規則でも，企業は，業務上の必要に応じて教育訓練を命じ，従業員はそれに従わなければならない旨の規定をデフォルトとすべきである（⇒128頁）。

(12)　モデル第12章　表彰及び制裁

　懲戒については，その種類および程度を就業規則に記載しなければならない
し（労基89(9)），種別および事由を定めておかなければ処分を課すことはできな
い（⇒142頁）。モデルでは，懲戒手段（懲戒処分の種類）について，譴責，減給，
出勤停止，懲戒解雇が挙げられている（65条）。標準就業規則では，これらの4
つを懲戒手段のデフォルトとして挙げ，このうち減給，出勤停止，譴責のどの
処分を選ぶかは，情状によるとすべきである。各処分については，減給は，労
基法91条の内容を標準就業規則にも設けておくべきである（同条は就業規則で
減給を定める場合の規定である）。出勤停止は，「出勤停止は，○日間を限度とす
る。その間は賃金は支給しない」とし（企業は，○に数字を記入），無給をデ
フォルトとすべきである（⇒143頁）。自宅待機は懲戒処分ではないが，これを命
じるためには，どのような場合に命令できるかを正当な就業規則に定めて明示
しておく必要があると解すべきである（⇒147頁補注(5)）。

　懲戒事由については，懲戒解雇事由とその他の処分の懲戒事由とを分けるべ
きである（モデルの66条も同じ）。懲戒解雇事由とされているものは，その他の処
分の懲戒事由も兼ねることになる。

　懲戒解雇事由のデフォルトとしては，次のものが適切である（⇒144頁）。

- ・服務規律に違反し，○度の警告後も，同じ行為を繰り返したこと（企業は，
○に数字を記入）
- ・故意または重過失により企業に重大な損害を与えたこと
- ・犯罪にあたる行為をし，有罪が確定したこと
- ・職務上の地位を利用して私利を図ったこと
- ・秘密保持義務に違反したこと
- ・副業規定に反する副業をしたこと

その他の懲戒事由の例は，次のものである。

- ・服務規律に違反したこと
- ・過失により企業に損害を与えたこと

　なお，経歴詐称は，懲戒解雇事由に含められることもあるが，デフォルトと
しては，懲戒解雇事由に含めないこととし，これを追加するときは，「標準就
業規則の不利益変更」の手続をふむべきである（⇒94頁）。

懲戒手続については，書面による懲戒事由の通知と対象従業員からの弁明の聴取を，就業規則においてデフォルトとして定めるべきである（⇒146頁）。

(13)　モデル第13章　公益通報者保護

モデルでは，公益通報者保護に関する実質的な内容は別の定めに委ねている（67条）。標準就業規則でも，デフォルトとして規定する必要はないが，従業員からの内部通報に関する規程を整備することは推奨される（⇒124頁［思考］）。

(14)　モデル第14章　副業・兼業

標準就業規則では，副業は，私的自由の保障の観点から原則として自由としたうえで，ただし労務提供に支障がある場合，企業の信用や体面を毀損する場合，さらに競業避止義務違反や秘密漏洩の危険性がある場合にのみ許可を要するとすべきである（⇒73頁）。モデルでも，同様の規制となっている（68条）。許可を要する副業を無許可で行ったことは懲戒解雇事由となる（⇒298頁）。

(15)　その他

標準就業規則では，女性に対する特別な扱いは，母性保護に関するものしか置かず，その他は男女の共通規定とすることをデフォルトとすべきである（⇒61頁）。

〔図1〕 標準就業規則の組入

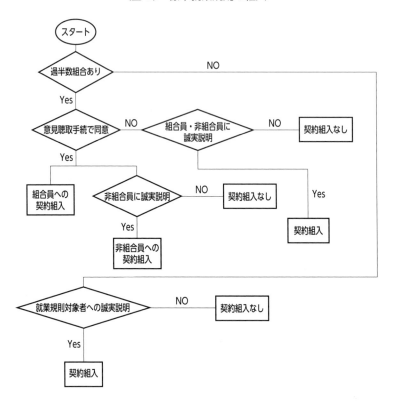

〔図2〕 標準就業規則の不利益変更(既存就業規則の不利益変更も同じ)

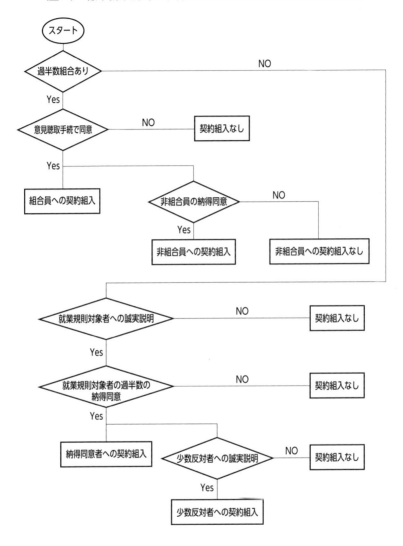

事 項 索 引

判 例 等 索 引

（判例集は，最高裁判所民事判例集・最高裁判所刑事判例集のみ掲載。
太字は，『最新重要判例200 労働法（第6版）』の判例番号を表す）

●地方裁判所

大内 伸哉 (おおうち しんや)

1963 年　生まれ
1995 年　東京大学大学院法学政治学研究科博士課程修了 (博士〔法学〕)
現　在　神戸大学大学院法学研究科教授
著　書　『労働条件変更法理の再構成』(有斐閣・1999)
　　　　『労働法実務講義』(日本法令・2002, 第 3 版・2015)
　　　　『労働者代表法制に関する研究』(有斐閣・2007)
　　　　『雇用社会の 25 の疑問』(弘文堂・2007, 第 3 版・2017)
　　　　『労働法学習帳』(弘文堂・2008, 第 3 版・2013)
　　　　『最新重要判例 200 労働法』(弘文堂・2009, 第 6 版・2020)
　　　　『労働法演習ノート』(編著, 弘文堂・2011)
　　　　『労働の正義を考えよう』(有斐閣・2012)
　　　　『人事と法の対話』(共著, 有斐閣・2013)
　　　　『解雇改革』(中央経済社・2013)
　　　　『有期労働契約の法理と政策』(編著, 弘文堂・2014)
　　　　『労働時間制度改革』(中央経済社・2015)
　　　　『AI 時代の働き方と法』(弘文堂・2017)
　　　　『解雇規制を問い直す』(共編著, 有斐閣・2018)
　　　　『非正社員改革』(中央経済社・2019)
　　　　『デジタル変革後の「労働」と「法」』(日本法令・2020)　等

人事労働法─いかにして法の理念を企業に浸透させるか

2021 (令和 3) 年 4 月15日　初版 1 刷発行

著　者　大内　伸哉
発行者　鯉渕　友南
発行所　株式会社　弘文堂　　101-0062　東京都千代田区神田駿河台 1 の 7
　　　　　　　　　　　　　　TEL 03 (3294) 4801　　振替 00120-6-53909
　　　　　　　　　　　　　　https://www.koubundou.co.jp
装　丁　宇佐美純子
印　刷　三報社印刷
製　本　井上製本所

ISBN 978-4-335-35857-9